滄海叢刊

開放社會的教育

葉學志 著

1991

東大圖書公司印行

國立中央圖書館出版品預行編目資料

開放社會的教育／葉學志著. --初版.
--臺北市：東大出版：三民總經銷
，民80
面；　　公分--（滄海叢刊）
參考書目：面
ISBN 957-19-0326-4（精裝）
ISBN 957-19-0327-2（平裝）

1.教育—論文，講詞等
520.7　　　　　　79001602

開放社會的教育

著者 葉學志
發行人 劉仲文
出版者 東大圖書股份有限公司
總經銷 三民書局股份有限公司
印刷所 東大圖書股份有限公司
地址／臺北市重慶南路一段六十一號二樓
郵撥／〇一〇七一七五一〇號
初版 中華民國八十年二月
編號 E 52060
基本定價 [illegible]
行政院新聞局登記證局版臺業字第〇一九七號

開放社會的教育
編號 E 52060
東大圖書公司

ISBN 957-19-0327-2（平裝）

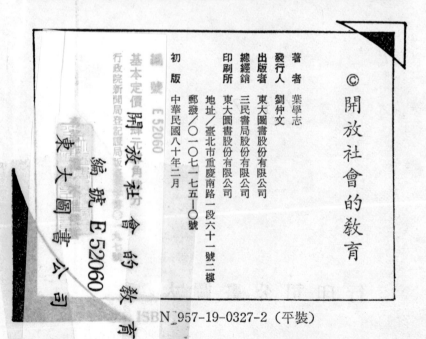

自序

余早歲負笈美國研習，除致力於教育行政與教育哲學學理之鑽研外，且多方觀摩彼邦教育之實務措施。遊學八年有餘，深悟歐美先進國家科技之昌明，實得力於教育之發達普及，而教育之發達普及又植基於民主思潮之講求。迨教育發達普及後，復回饋民主政治之發皇，是則教育實爲厚植國力，培育人才，承先啓後之必要手段。故凡世界工業先進諸國，莫不致力於教育人口之普及與教育水準之提昇，此皆有賴正確之教育政策爲關鍵之動力，並需以充裕之財力做爲後盾。師資培育制度之良窳，尤爲不可忽視之重要因素。最明顯事例乃師資之素質與學校教育之成敗關係至爲密切。我國教育素來崇尚尊師重道，視教師爲文化傳承之先驅，社會百姓之表率，故云「師者，所以傳道、授業、解惑也。」又云「經師易得，人師難求。」顯示我國師資培育，不僅重經師，而且尤重人師，我國此種傳統教育之特色，素爲西方教育學者所嚮往。不過西方教育理論，強調重視學生個別差異，善用科學研究與學習理論，發揮教學之最大效果。例如就教育活動之內涵言，除教材教法之應用外，教師與學生之互動實爲核心，教師居於主導地位，循循善誘，啓迪匡輔，其影響與貢獻至深且遠，值堪我國教育工作者借鏡。

余自學成返國後在學校從事教職及行政工作，凡二十餘載，其間未曾間斷。多年來，目睹國內社會工商發達、經濟成長，固屬政府政策領導正確，而教育普及培植人力資源亦功不可沒。惟可堪憂者，社會繁榮，民生富庶與民主推展之餘，許多國民之自我心態漸趨強烈，缺乏團體意識，價值觀念趨向現實功利，追求物質生活享受，缺乏崇高理想，造成經濟犯罪者衆，青少年犯罪更不在少數。社會治安與校園安全問題亦層出不窮，益顯猖獗。再加上我國當前民主憲政推行之初期，呈現各種黨爭、政爭與環保及勞資糾紛等諸多亂象，顯示國人有缺乏民主修養與守法觀念之缺失，追本溯源，教育功能略有偏頗亦難辭其咎，身爲教育工作者極宜省思，共謀改進之道。

作者以爲我國當前教育政策如欲配合國家整體建設與發展及適應世界潮流，應有明確而具有遠瞻之教育理念，爲今後教育之中心目標，才不致讓西方先進國家因科技發達、民主普及所帶來社會失控之問題，在我國繼續重複產生。由於我國政治、經濟、社會及文化背景與西方各國不盡相同，作者多年來鑽研我國與西方教育，深悟我國的教育理念，應以我國憲法所規定之三民主義爲教育發展之最高理念，作爲教育工作者共同努力之目標，三民主義教育理念即先總統 蔣公所闡明之「科學、民主、與倫理教育」，三者宜均衡發展，尤其我國傳統文化之倫理道德爲糾正當前社會病態之最佳途徑，否則縱然科技發達與民主普遍，想提高國人生活素質與維護福祉，終將落空。

基於此，作者多年來對於教育當前問題與政策曾先後發表若干論文，表達管見，期藉拋磚引玉或導引教育政策或匡正教育問題缺失。由於將屆退休之年，曾受何福田、何東墀、郭秋勳等及其他諸同學一再好意敦促，並協助整理，內人郭芸禮女士亦一再鼓勵與協助，爰將多年來所發表之論文，彙集成卷，承三民書局劉董事長振強先生惠允刊印問世，謹此一併表示由衷謝忱。深願藉此一文集貢獻棉薄，有助於教育工作者體察教育之功效，發揮教育之良性影響。擔任行政工作多年來，雖仍不斷從事教學研究工作，然因公務繁忙，有些論文係在匆忙中撰稿，疏漏之處在所難免，尚請海內外諸先進不吝指正。

葉學志謹誌

民國七十九年教師節，國立彰化師範大學

開放社會的教育　目次

開放社會中我國教師新的教育理念

壹、前言

在現代開放社會中一個成功而優秀的教師，不但需具有現代豐富的學識、高尚的品德與科學的教學技術與方法，而且更需要有正確方向的教育理念，才能有效地實踐一國的教育理想，教育理念是對實踐教育理想的看法與態度，影響教育目標的達成至大。

教育理想影響教師工作的方向與抱負。由於各國有其獨特的政治、經濟、社會與文化背景，因此其教育理想也就殊異。教師的重要職責在於培養國家的優秀人才，因此必須具有實踐一國教育理想的新理念，才能適應國家新需要與社會變遷。

我國教育理想是以三民主義思想為中心，具有哲學理論基礎，係 國父一方面繼承我國傳統思想的主脈，另一方面吸取西洋思想的精華，加上其獨特的眞知灼見創造而成，具有適應我國國情與世界潮流的特性，所以我國教師首要任務卽在於實踐三民主義的教育理想。

在二十世紀的今天，由於社會變遷不但重大而且迅速，使得目前我國發展面臨許多新的挑戰，三民主義教育理想亦因而面臨新的考驗。尤其目前正逢科學發達，民主意識高張，社會道德日趨敗壞的關鍵時刻，我國教師必須具有新的教育理念來適應這種時代重大的變遷，才能有效地實踐三民主義的教育理想。為使教師們能對三民主義的教育理念有進一步的瞭解，玆將三民主義教育理想與開放社會中教師應有的新教育理念分敍如后。

貳、三民主義的教育理想

三民主義是以民生哲學為中心，民生為社會進化的重心，社會進化又為歷史的重心，歸結到歷史的重心是民生。換言之，人類的進步與活動都以「生存」為中心，人類追求進步的主要目標是在求生存，而且是更好的生存。　國父認為人類求生存，是有別於動物的，人類不只求生存的維持，而且還要在社會環境中，尋求最適合生存的相處之道，以及有追求自由和獲得完善的積極含義。所以人類的生存，可分為三方面：

㈠生存維持　這是物質生活的需求，重在追求生活中衣、食、住、行的滿足與進步。　國父以民生主義為其指導的原則，先總統　蔣公則闡明　國父思想以科學為其指導的方向。

㈡生存發展　這是社會生活的需求。與人相處的社會關係。追求自由、平等，重政治制度改革。 國父以民權主義爲其指導的原則，先總統 蔣公則闡明 國父思想以民主爲其指導的方向。

㈢生存自由 這是精神生活的需求，是提昇生活的精神層面，包括宗教、道德、藝術等等。國父與先總統 蔣公均以精神生活重在倫理，爲其指導的原則或方向。

足見一個幸福人生的內涵不僅包括要求個人生活的滿足，社會生活的滿足，更進一步要求精神生活的滿足，這樣方是一個完善、幸福的生活，才是走向世界大同的理想社會。 國父的三民主義與先總統 蔣公的科學、民主及倫理的理論已成爲我國立國原則與教育理想。因此我國三民主義教育理想可分爲下列三大原則：

1. 三民主義教育最高理想是世界大同。
2. 三民主義教育理想的功能是培養追求物質生活，社會生活與精神生活滿足與進步的能力與條件。
3. 我國教育理想的內涵是培養國民科學知能與方法，民主觀念與修養，及倫理觀念與行爲，以符合三民主義理想。

叁、科學教育的新理念

(一)科學發展與其影響　科學對於人類物質生活的改善有很大的貢獻，二十世紀是科學最發達的世紀，但是科學並非開始於廿世紀。在科學發展史上，比較顯著的大幅度進展是開始於十六世紀，英國學者培根以歸納方法來研究學問，歸納法卽是以科學方法代替傳統的演繹法，凡事要根據事實歸納成爲假定，並經證明後成爲定理，此時已具備明確科學思想的傾向。十七世紀科學開始受到重視和肯定。十八世紀瓦特發明蒸氣機，引發工業大革命，以機器代替勞力，生產效率超過一般勞力，經濟逐漸加速繁榮，物質生活大爲改善。十九世紀生物科學有三大突破：一是了解生物的基本構成單位爲細胞，並從細胞的進一步分析，知道它是一切生物的構成基本單位；二是所有有生命的生物都來自有生命的上一代；三是達爾文發現一切生物是不斷地在進化中。到了廿世紀的今天，科學是空前的發達，在廿世紀初發現物質的基本單位分子，可再分解爲原子，甚至再分解爲質子、中子等等。藉從對較大單位的研究，發現到更小的單位，使得原子彈的發明成爲可能。化學也有長足的進步，從對分子構成種類加以鑑別分類，化學家因而發明了許多新產品，例如化學織料尼龍、達克龍等的製造，就是這樣被發明出來的。生物學在十九世紀孟岱爾發現生物生長靠遺傳因子，到了二十世紀，諾貝爾得主美國女生物學家梅克托尼更發現遺傳因子除了靜態因子外，還有動態因子，對遺傳工程與癌疾的研究有很大的貢獻。

今日科學與科技的發展，對人類的生存與發展，裨益至大。例如：

1. 衣食住行的改善　廿世紀人類能穿花樣衆多而質料好的衣服，能吃山珍海味，能住高樓大厦，與能乘坐迅速而方便的交通工具，這種物質生活的享受顯然遠比二十世紀以前進步得多了；

2.健康的維護與壽命的延長　由於生理學，營養學與醫學的進步，人類健康較以前容易維護，壽命普遍比以前延長；

3.經濟的繁榮　由於科技發達，管理科學化、生產力與市場行銷力均增加，促進經濟繁榮；

4.國防的鞏固　國防不但靠軍事人員，更需要尖端科技武器，才能確保國防安全，否則一旦戰爭，再多的士兵也抵擋不住威力強大的武器；

5.行政管理的科學化　由於資訊科技進步，一切行政處理愈來愈賴行政電腦化，才能提高行政效率；

6.大衆傳播的發達　今日報紙、雜誌、廣播、電訊等大衆傳播媒體，不但提供迅速訊息，而且提供社會教育與娛樂身心節目，成爲現代生活必須之一部分。

所以科學與科技對現代人的生活已產生了極大的影響。

(二)今日科學的問題　科學固然對於人類生存與發展有貢獻，但也可能帶來威脅與困擾，最顯著的問題有三：

1.科學愈發達，可能對人類的威脅愈大　科學愈發達，武器毀滅性愈大，對人類的威脅也就愈大，例如第二次世界大戰美國在日本廣島與長崎投下原子彈，日本政府只好馬上投降，因爲一個原子彈可以殺傷十萬人以上，如果不投降，日本將全部毀滅。原子彈已有這樣大的威力，後來又有氫彈，核子武器相繼發明，氫彈的威力已相當原子彈二百五十倍，核子武器威力更是驚人。所以一旦再發生一次核子大戰，人類將遭到浩刼悲慘的命運，所以美國總統雷根與蘇聯領袖戈巴契夫簽訂核子武器限制談判，是全世界共同關切與高興的。

但是科學是否必然帶來災害呢？那倒不見得。因爲科學本身是一種工具，關鍵在使用工具的人類思想。例如：手槍在強盜手上是用以傷害善良生命、搶刼財物的工具，確實對人威脅很大，但是槍如果放在警察手上，是用以維護治安，保護安全的憑藉，那就不會帶來威脅，所以今日科學必須要與道德結合，才不會產生科學成爲對人類威脅的工具。

2.科學易使價值觀念趨向重視物質現實功利　科學固然促進物質生活的改善，但是往往忽略精神生活的重要，使一般人只想追求物質生活的享受，而缺乏崇高理想，因而影響到對人與做事過於重視現實與功利，今日有許多青年犯罪案，多爲經濟性犯罪，不是因爲眞正沒有飯吃，沒有衣服穿，無法活下去因而迫得偷竊、搶刼，而是由於科技進步帶來經濟繁榮及城市化，增加了舞廳賭場，黃色電影種種城市不良生活方式。青少年目睹社會一般人生活高度享受，自己無此境遇，如果缺乏人生崇高理想則容易受感染或誘惑，產生希望過奢侈生活而且又馬上可以得到的歪念。幻想不擇手段奪取錢財，以獲得同樣高度的生活享受。愈是科技進步的國家，犯罪率愈高。我國今日青少年犯罪問題日趨嚴重，就是一般青少年缺乏崇高理想，只追求現實的享受。許多青年攻讀大學電腦、醫學及理工系所，係以出路與待遇爲其選擇來讀科系的最高原則，因爲目睹這些學科比較熱門而出路好，忽略自身專長是否適宜所選所系，以及對社會能否有較大的貢獻。我國目前有些教師因股票狂飆與房地產狂飆，目睹投機賺錢比按部就班工作賺錢容易，竟而辭退或提早退休而經營股票生意，忽略了教師之重要價值與人生意義，這些事實顯示今日社會趨向現實而貪圖生活享受，忽略了人生的崇高理想。爲了導正這種思想，需要科學與人文精神相結合，從人文教育激勵人生崇高的理想，求得物質生活與精神生活平衡享受，才是最幸福的人生。

3.科學愈發達環保問題愈嚴重　科學愈進步，工商愈發達，工廠林立，因而環境污染問題愈受社會大衆關切。因爲許多廠家爲節省投資成本，不顧鄰居住民生活環境。汽車工業發達，私人用車數量大幅度增加，但汽車排氣，增加了都市空氣污染，其他如垃圾處理以及生態保護問題也在在使今日環保問題日趨嚴重，如果追根究底，要解決環保問題需要國民應有公德心，使企業家不自私做好防止環境污染的設備，一般人民自已設法使其私用汽車不致大量排油煙污染空氣，居民不亂倒垃圾，不破壞生態等等。所以公德心成爲現代科學發達的社會，國民所應特別重視的品德。

㈢今後科學教育的新理念　基於以上科學發展的趨勢與實際上的問題，現代教師必須認清今後教育仍需繼續重視科學，教導學生具有科學知能、態度與方法，凡事講求效率，以促進民生富裕。達到物質生活滿足與進步，同時運用科學研究，以促進教育的發展。教師對科學教育應具有下列新理念：

1. 加強教育科學化

(1)行政科學化　一九六〇年代以來，資訊科技突飛猛進，對教育發展有很大衝擊。今日各級學校都逐漸地推展行政電腦化，無論教務處、訓導處、總務處、人事室、會計室、圖書館等各單位均需要電腦來處理其文件或資料，既迅速而又確實，教師應接受此種新觀念，視電腦爲必需的科學工具，不但自己應透過在職進修而學習電腦，同時亦應鼓勵學生學習。其他行政處理亦著重科學方法，以提高工作效率。

(2)教學科學化　今日教學理論受科學進步的影響不斷有改變，教師的教學方法與技術更應重視配合科學研究而改進，不能像以往靠在學校修讀某些科目與專業訓練即試圖終生使用，相反地應在教學中不斷自我進修，尤其以科學研究代替過去自我經驗來改進教學，這樣，其教學才能更有效而客觀。例如教學內容配合電腦統合運用，利用視聽教具包括電視、錄音機、錄音帶與電腦等增進學習效果，以及研讀各種新學習理論或自我實驗新教學法或技術等，都是教學科學化的重要途徑。

2. 加強科學與道德結合　科學固然對民生與國防有其正面的貢獻，但也帶來可能威脅與困擾，因此教師應有重視科學與道德結合之新理念，科學教育內容必須兼重科學與道德並重，導正學生只熱衷科學，忽略道德配合之重要，培養出具有道德之科學家，使科學進步有益於人類生存，而不是災禍。

3. 加強科學與人文結合　科學固然有促進效率與改善物質生活享受的功能，但亦易於玩物喪志，缺乏崇高理想，所以今日教師應有重視科學與人文結合之新理念，鼓勵喜愛或選讀有關科學科系的學生亦應重視人文學科，培養科學知能與人文修養兼備的人才，則科學發達有助於社會理想的實現，而非沉淪於喪失人性與崇高理想的惡劣社會。

肆、民主教育的新理念

(一)民主發展與其影響　民主對於人類社會生活的改善有很大的貢獻，二十世紀是民主最普及的世紀，但是民主不是開始於二十世紀。民主的發展最初開始於歐洲十六世紀末葉英國。如最早的英國光榮革命，而後又有一七八九年法國大革命。不過到了二十世紀各國都承認民主是最理想的政治制度。今日就是共產國家也假借民主，以達到其專制統治的目的，例如，中共稱為人民共和國。到了一九八〇年末期，即使是共產專制的國家，也興起追求民主的暗流。例如，蘇聯領袖戈巴契夫倡導改革，接著波蘭、匈牙利、東德以及其他若干東歐國家，亦如雨後春筍地要求民主，改革政治與經濟。尤其本（七十八）年十一月十日柏林圍牆拆除及十二月廿四日羅馬尼亞推翻共產暴政，更象徵著共產專制已擋不住民主的潮流。其所以民主目前如此的普及，因為民主的發展對人類社會有二大貢獻深受廿世紀大衆的嚮往。

1.人權的保障　民主政治是以人民爲主的，是民治、民有、民享的政治，享有自由與平等，是消除過去專制帝王時代，只有皇帝與貴族有特權，人民沒有一樣的自由與平等，因爲民主保障人權，保障全民的權利，是二十世紀的人類所共同嚮往的願望。甚至連共產國家雖然是極權政治，也假借民主名義欺騙人民，不敢反對民主。當前東歐國家民主運動，更證明人類愛好民主爭取人權的渴望。

2.社會的開放　民主社會享有公平競爭的權利與機會，每個人都可透過自己努力而接受教育或從事任何職業，沒有階級的限制。所有言論、通訊、信仰、結社集會、遷移與居住等等只要不牴觸法律，均享有合理的自由。不像以往專制帝王時代，有階級之分，有世襲職位與社會地位。民主社會是開放的、社會地位可以彈性的流動。人民享有充分發展的機會。

㈡今日民主教育的問題　固然民主是對人類社會生活有貢獻，但實踐民主的初期過程中，常發生若干不正常的現象，最顯著者有二：

1.政治觀念偏差　解嚴以後，政府開放黨禁，實施民主憲政，走向更開放社會。由於開放社會言論自由，社會人士對政治看法紛紛表示不同看法，甚至一些學者誤以爲美國民主政治制度是最理想的，應作爲我國民主政治的模範制度。其實，任何一國政治制度不但要適合世界潮流，而且要適合其自己的國情。日本明治維新時最初訂定憲法，不去英美國家研究，而去歐洲奧地利研究，原因是其當時背景與奧國相似。我國民主制度是以　國父三民主義爲指導原則，憲法已有明文規定。國父三民主義是繼承我國傳統，吸取西洋精華，再加上其獨自創造的思想體系，當然與西方民主政治制度不盡相同。目前社會上由於一些人不明政治思想的正確性，往往有似是而非言論，影響政治發展與政治穩定性。

2.脫法脫序　今日我國推行民主憲政，開放黨禁，建立政黨政治，選舉競爭至爲劇烈。但是有些社會大衆不明民主必須與法治相結合，有些參選人不擇手段，用謾罵、暴力或賄賂來爭取選票。而選舉人不知「選賢與能」，而是由於情感，利害因素而投票給不應投給的選舉人。而社會常有所謂「自力救濟」的遊行，國會議員有人身攻擊與打架等情事，都是缺乏法治觀念與修養，影響民主理想的實現。

㈢今後民主教育的新理念　青年學生爲國家未來優秀的公民，爲民主政治的中堅份子，在當今開放社會中，如何適應新趨勢。教師必須要以民主教育的新理念，才足以教導學生具有正確民主觀念與行爲，使其在未來民主政治擔任促使更趨進步與理想的角色。所以欲達到此目的，教師必須有下列民主教育的新理念：

1.堅守我國三民主義的政治觀念　在美國的政治思想日漸對我國民主化的過程產生影響力時，身爲教師者必須對世界與國情具有正確之認識，尤其對三民主義思想有深入研究。國父所倡導的三民主義，既合乎國情並爲憲法所明文規定，即是我國立國原則，即「中華民國基於三民主義，爲民有、民治、民享之民主共和國」。所以教師必須遵照三民主義中「民權主義」爲我國民主教育的中心思想，「政府有能，人民有權」的權能劃分理論與五權憲法作爲民主教育的主要內涵。使學生未來均能成爲三民主義新中國的優秀公民。

國父其所以採取民權主義爲我國民主政治的理念，是因爲他研究了西方民主思想之歷史淵源，發現了其優缺點，經參酌我國傳統歷史背景，而獨創了符合國情的民權主義，西方民主政治思想主要淵源是洛克的民主思想。他認爲在原始社會，個人已具享有生命、自由及財產的自然權利，在自然狀態中，人類受到人存我存自然法的自我約束，唯自然法則旣無立法，更無具強制執行力的行政機構來推動，於是人人遂以契約方式，與政府合作，但是政府係由個人組成，得以隨時改選，而政府的功能則在充分保證人民（信托者）的權益，如果政府濫權戀棧，人民可以隨時革命，卽使政府改組或推翻，社會亦不致解體，也應不受損害，美國獨立宣言就蘊含有這樣的精神。這種民主政治顯然是以天賦人權與個人主義爲中心，使政府必須基於民意，政府權力是有限制的，並且對民意負責任。所以人民個人有法律保障的各種自由權利。人民確切享受了充分自由與平等的權利。近年來，美國自由的個人主義，由於過於放任，導致社會道德敗壞，法院犯罪案件的累積與審判程序的曠日持久，暴力事件的層出不窮，色情書報的過分氾濫，少年犯罪不斷日增，毒品服食的公開與逐漸普及，這種現象是因個人過度自由，而危害社會安全。而在政治上有無數特權利益團體，爲爭取一己的利益，爭取立法的不公正特權，犧牲國家的利益，大企業家只顧自身利潤，工人隨時罷工，影響到社會的不安全，因此，發生了像六十年代的反越戰運動，和八〇年代初期的片面凍結核子武器遊行等等。鑑於放任的自由已對社會帶來動盪和不安，所以美國已有逐漸加強法治的傾向，法院判例亦漸由自由而趨於保守。　國父所倡導政府是萬能的，充分發揮可爲人民服務之功能，不像美國過於重視個人自由，而過度限制政府的權力，同時人民應有權利行使選舉、罷免、創制與複決四權，以制衡政府的濫權，不像共產國家無產階級專制，無法保障人民的自由與平等。所以我國憲法明定了三民主義的民主法治，不僅是獨創一格，也凸顯出其優越性，因此，我們當然應堅守三民主義的民主理想，而不抄襲其他民主國家的制度，更不應仿照共產國家集權的制度。

2.培養學生守法的觀念與行爲　今年推行民主憲政，社會上所表現脫法脫序現象，益感民主必須與法治結合的重要，先總統　蔣公認爲民主是保障個人的權利，法治是保障大家的權利，兩者缺一不可。所以民主與法治猶如鳥之兩翼，車之兩輪。民主的社會必須是強調法治，以預防無規範的個人主義，固然任何人都可以追求一己的權利，但必須用正當而合法的方法，否則社會則必出現強凌弱，衆暴寡的情勢，成爲反民主的結果。我國社會一向講「情、理、法」，把「情」擺在第一位，從我國小說上常常可以看到「路見不平，拔刀相助」的情節。而西方小說如「福爾摩斯探案」，所強調的辦案精神則是一定要查證據，一定要合法，因此要有效實踐民主政治的理念，必須加強法治教育，今日學校教育除了要重視道德教育，更要重視守法，學生與教師均應遵守校規做起，教師以身作則，學生體認守法的重要，將來到社會才能成爲優良的公民。

伍、道德教育的新理念

㈠道德發展與影響　二十世紀是科學最發達，民主最普及，但也是道德應該要重振的世紀。道德是維護人類社會秩序的重要規範，國父認為沒有道德便沒有國家，所以人類一有社會便有道德的存在。西方教育的傳統一向以智為中心，接受蘇格拉底所謂「知識即是道德」與培根所謂「知識即權力」的觀念，因此道德教育不受學校所重視，尤其中古時期宗教的影響，一般人道德行為係以宗教來規範，當西方宗教因科技進步，人民生活趨向陶醉於物質的刺激與誘惑，把心靈中的上帝漸漸淡薄，造成了社會價值趨向現實功利，國際間呈現權力至上的觀念。雖然在一九三四年後一些具有宗教信仰、道德情操、救世苦心的先覺者，發起道德重整運動，以佛蘭克卜克曼(Frank Buchman East)為領導❶，向社會不斷作公開演講，到了一九三八年，在英國倫敦以「道德重整運動」為題發表演說，作為運動正式開始。其主要目的在：⑴致力改造人性；⑵謀求世界和平；⑶反對極權唯物思想；⑷確立民主憲政形態。採用團契、集會、演劇與合唱團等方式來推動運動，可惜如今已無多大影響力。而我國傳統文化一向以德為主，與西方重智不同，

❶　龔寶善編著《德育原理》，國立編譯館，六十五年頁一〇四—一一五。

今日政府一再強調倫理道德，道德教育更是學校教育之中心。沒有宗教色彩，而以我國傳統倫理文化爲道德之規範。東西方有識之士，其所以重視道德，主要因爲道德對人類精神生活有很大貢獻：⑴個人品德修養的依據；⑵社會善良風俗的維持；⑶國際間和平與正義的維護。

㈡今日道德的問題　今日道德敗壞現象，最顯著有二：

1.自私自利，缺乏理想與團體意識　今日美國由於科技進步，工商發達，加上個人主義的民主思想，一般青年價值觀念趨向現實功利，個人自我心態濃厚，缺乏團體意識，充分表現出許多青年自私自利，缺乏崇高理想，有爲社會、人類服務的抱負。我國受西方科學民主思想影響，亦有逐漸同樣的趨勢。而二十世紀的今天最嚴重的問題就是人類遭遇到空前道德沈淪的危機，所謂「重財輕德」，世風日下及個人自私現實，導致犯罪率日趨提高的危機，有待道德重振，挽救人類的厄運。

2.品德不健全　由於今日升學主義及崇拜科技的影響，一般學生只重知識的追求，忽略品德修養，家長只要求其子弟能用功考上大學，並考取出路好的熱門所系，不太要求其如何做人。而學校只希望學生升學率高，不太澈底要求生活教育與道德教育要有效實踐，導致許多青年學問固然有所專長與成就，但做人品德太差或不健全的結果。甚至許多學生書不念好，犯規與犯罪時有所聞，對我國以德爲重文化的國家，實在值得檢討與改善。

㈢道德教育的新理念　目睹當前青少年的犯罪與墮落，學校品德教育的沒落，做爲開放而現代社會的教師，必須有新理念，在道德標準有正確選擇，在道德教育上有正確而有效的教導方法，以重振道德，其改進重點有二：

1. 堅守我國傳統倫理與互助服務新道德爲道德教育的規範，我國既以 國父三民主義爲立國原則，因而三民主義倫理思想當然是我國道德教育之規範， 國父的三民主義倫理思想是融會中西倫理精華所得的結晶。 國父說：「中國有一個道統，堯、舜、禹、湯、文武、周公，孔子相繼不絕，我的思想基礎，就是這個道統，我的革命，就是繼承這個正統思想，來發揚光大。」❷所以國父繼承了我國固有倫理道德，尤其孔子的「仁愛」思想。並且參照俄人克魯泡特金的互助論與耶穌基督的博愛精神， 國父進而獨創了其「服務利他」的道德哲學。如果與歐美道德哲學相比較，西方倫理思想大概有主內、主外及折衷三派，康德道德哲學是主內派，認爲內在動機是善惡判斷之對象，善惡標準係視其動機是否符合道德律，認知善惡純靠良知，其有效實施道德權威則爲培養內在義務心；快樂主義是主外派，認爲行爲結果爲善惡判斷之對象，其善惡標準則視其行爲結果是否使人快樂或幸福，認知善惡則靠其以往經驗，而有效實踐道德權威爲賞罰；杜威道德哲學思想則折衷主內派與主外派，認爲存心與行爲結果均爲善惡判斷之對象，善惡標準則視其行爲是否調和個人福利與團體福利，認知善惡則靠智力與環境經驗交互作用，有效實踐道德權

❷《先總統蔣公訓詞：三民主義之體系及其實施程序》，中央文物供應社，頁五—六〇。

威則是現實的我與理想的我相調和，擴充自我喜愛與應該做的行爲相調和。而 國父思想也是折衷主內派與主外派，但與杜威思想不盡相同， 國父認爲存心與行爲爲善惡判斷之對象，善惡視其行爲是否符合固有倫理與其互助及服務新道德。倫理道德是所謂「忠孝仁愛信義和平」八德及「智仁勇」三達德。認知善惡是靠人的良知、經驗及力學，有效實踐道德權威是由內而外，即「格物、致知、誠意、正心而修身」。顯然這和中西道德哲學不盡相同，康德道德思想之優點在具有崇高理想之道德律，強調高尚人格之重要與 國父見解相似，但其純憑義務心之培養，缺乏自我情願之因素，又純憑良知而無具體明確之德目，且與經驗分離，致道德標準抽象而格調又過高，實踐可行性較爲不易；快樂主義重視外在行爲是否使人快樂或幸福，既有明確而可行之道德目標，復有賞罰之外在約束力，容易激勵一般人遵行道德，養成道德習慣，但缺乏內心義務感，易流爲「沽名釣譽」之僞君子，格調過低；杜威道德思想重實踐品格，調和了現實的我與理想的我，惟道德無固定標準，缺乏道德標準之指引，對於人類向上能力過於樂觀； 國父道德思想一方面發揚我國固有道德，另一方面又倡導互助服務新道德，既無康德道德理想過於高調，忽略了自我意願之滿足，亦無快樂主義過於現實，忽略理想之重要，也無杜威道德思想缺乏固定之道德標準，無所遵從。因此，以 國父道德思想爲主體的倫理道德思想，實爲當前開放社會中教師應該培養學生道德觀念與行爲的依據。切勿受到別國道德文化之影響。

2. 實踐道德教育的途徑 欲使道德教育有效的推行必須具有下列兩個原則：

(1)道德觀念內在化　國父認爲實踐道德權威，先從格物致知，卽先有道德判斷或道德認知，而最重要是「正意」而「誠心」，是使道德觀念內在化，依照目前教育心理學觀點，一種行爲如果要求其遵照某標準，必須使其有滿意感，才能發揮「強化」的功能，換言之，道德教育要有效果，不但要學生對我國倫理道德有所認知，還要使其有奉行的意願，卽認知與情感相結合。例如對各種宗教有認知不一定就是敎徒，要加上喜歡、信仰、能奉獻，才算是眞正的敎徒。所以要使道德教育能落實，必須道德觀念能內在化。

(2)道德實踐生活化　學生有了自我道德觀念，還有能使其在學校生活中表現出來，言行一致，因此生活教育便成爲學校教育之一部分，如果學生在學校生活中薰陶了修己爲羣的行爲，將來到社會上便不會違反社會規範。

陸、結　語

在開放社會中，敎師應配合社會變遷，對學校敎導採取新的教育理念。當今二十世紀是科學最發達、民主最普及，而道德必須重振的世紀，我國　國父及先總統　蔣公所倡導三民主義及科學、民主與倫理教育理想，是適應二十世紀教育需要的時代產物。但是欲使三民主義教育理想能落實，必須敎師有新理念，如此，則除了能有效推展科學、民主與倫理教育理想外，也能導正科學發展可能帶來道德缺乏、人文精神式微與公德心低落的現象，亦可矯正因爲偏差的民主運動所帶來政治觀念偏差與脫法脫序的現象，更可匡正功利主義社會，人人自私自利及缺乏團體意識與道德不健全的現象。三民主義最高教育理想是世界大同，它應該是永恒不變的，而達到其教育最高理想之內涵所包括物質生活、社會生活與精神生活能力與條件之培養必須同時兼重的，而達到教育理想之步驟與實踐途徑必須教師對於我國國情與世界潮流有深入研究與瞭解，隨時配合時代的變遷，具有正確與新穎的教育理念，才能有效擔負良師與國與作育英才的時代使命。

師資培育政策

壹、前言

世界先進國家莫不重視師資的培養，並且設有培養師資的機構。師資教育的主要目的卽在培養中小學之師資，擔負起教育國家未來主人翁的責任，因此中小學師資之量的發展與質的改善，對一國教育的成效，具有深遠的影響。我國政府遷臺後，各方面的建設均有長足的發展，教育事業的發展及普及尤屬一大特色，此固由於國人的觀念向來重視教育，更有賴於政府教育政策重視師資的培育，方能提供足夠的師資，以因應學生接受教育的需求。

我國師資培育體系向來卽有良好的傳統及制度，目前國民小學師資主要由師範專科學校負責培育，中等學校（含職校）主要由師範院校及教育院系負責培育，所培養的中小學師資不僅成爲我國中小學教育發展的主力，亦對國家整體建設提供相當的貢獻。由於世界潮流的趨勢，社會的變遷，人口的成長等因素，我國中小學師資教育發展至今，已面臨若干值得檢討的問題，爲謀解決的途徑，以提昇教學環境的品質。本文擬從三方面來探討我國中小學師資教育的培養：⑴量的發展⑵質的改善及⑶面臨的問題與解決的途徑。

貳、量的發展

從量的發展來看，根據教育部發表的教育統計資料，我國中小學師資的培育已有相當的成就，以國民小學師資而言：三十九學年度僅有二萬零八百七十八位，七十三學年度則有七萬一千五百十二位，增加了三．四二倍；以中等學校師資而言，三十九學年度僅有六千二百位，七十三學年度則有七萬五千七百七十五位，增加了十二．二三倍，其間由於五十七學年度開始實施九年國民義務教育，需要大量國民中學教師。另外由於人口的自然成長及教育普及，中小學生的人數亦有增加，以國民小學而言：三十九學年度僅有學生九十萬六千九百五十位，七十三學年度則有學生二百二十七萬三千三百九十位，增加了約二．五一倍。以中等學校而言：三十九學年度僅有學生十一萬四千三百八十五位，七十三學年度則有學生一百六十七萬七千九百二十四位，增加了約十四．六七倍，若從教師（包括兼行政工作人員）和學生的比例來看，以國民小學而言：三十九學年度教師和學生的比例是一比四十三，七十三學年度的比例則爲一比三十二。以中等學校而言：三十九學年度教師和學生的比例是一比十八，七十三學年度的比例爲一比二十二。根據上述教師和學生比例的資料，國民小學教師和學生的比例由四十三成爲三十二，可能是由於小學每班師資員額的數量增加及科任教師的增加所致，而中學教師和學生的比例由十八增至二十二，可能是由於五十七學年度實旅九年國民教育，國中學生衆多，教師與學生之比例比初中增加，而師資增加的數量尚不及學生的增加速度所致。總之，若從師資數量的發展而言，政府遷臺之後三十餘年，中小學師資的培育已有大幅的增加，然而，若從教師與學生比例人數加以分析，則發現中等學校教師與學生之比例不但沒有減少，反而增加，顯現教師負荷已逐漸加重，其比例有待調整。

叁、質的改善

光復以來，教師素資不斷地提高：一是教師學識趨向高深化，教師學歷逐漸提高及在職進修更普及，使教師學識水準提高，增進教學內容之充實；二是教師教學技術與態度趨向事業化，合格教師均修讀規定教育科目之若干學分，使教學方法更專業化，更敬業與樂業，增進教學效果；三是教師教學科目趨向專門化，每位教師登記任教科目須爲本科或相關科，使所教與所學相一致，教學更專門，教學效果更佳；四是教師任務趨向多元化，教師不但應有教學能力，而對於學生也應兼具輔導學生思想與生活之能力。

就小學師資而言，光復之初，小學教師主要由師範學校培養，並有學歷不足經試驗檢定及格者亦可擔任，自從四十九學年度起，開始分年改制爲師範專科學校，六十學年度起已無師範學校，試驗檢定者亦逐漸消失，從此之後小學敎師已大多由師範專科學校培養，不但其具有專業訓練（修讀教育學科與接受生活敎育），而且因爲有公費與分發制度，吸收許多優秀國中畢業生，培養爲國小優良教師。政府又將於明（七十六）學年度將師範專科學校改制爲師範學院，國小敎師學歷提高爲大學畢業，其素質更加提高當在意料之中。

就中等學校師資而言：最初中等學校師資來源頗爲廣泛，不純由師範院校與教育院系培育，所有大學院校畢業生均可爲中等學校師資，自五十七年實施九年國民敎育，開始幾年，因一時師資特別缺乏，有許多專科學校畢業生亦可充任國中敎師，顯然敎師素質降低，嗣後教育部規定凡非師範院校及敎育院系之大專畢業生，均應修讀規定敎育科目二十學分，成爲合格敎師。又另行規定中等學校敎師任敎科目限於本科或相關科。甚至有人主張今後高中高職敎師，應由研究所畢業生擔任，又近年前敎育部李部長宣佈各級學校敎師聘函明定除負有敎學之責任外，並擔負協助訓導學生之責任。這些措施使中等學校教師更趨向高深化、專業化、專門化與多元化，是可喜的現象。

可是近年來，中等學校師資的培養，缺乏整體的規劃，師範生的分發成爲困擾教育行政當局的問題，有些科目已造成無法分發或超額分發的現象，使教學科目無法專門化，有開倒車之現象，有些科目則發生師資不足的現象，如何解決師資供需問題並兼顧教學品質，確爲當前師資敎育的重要問題。師資供應問題有下列若干基本事實值得注意：

㈠師資數量不因教育進步而減少　教育是一種大規模的事業，但與工商業不同，工廠或公司可因技術進步而減少員工。教育不斷進步，但教師卻不因而減少。相反地，因求教學效果提高，往往減少班級內教師對學生數的比例，以增加師資供應，增加教學效果。

㈡師資素質必須不斷提高　由於社會變遷與新知識劇增，以及教育本身要求進步。教師素質必須不斷提高，如何利用在職進修，延長職前修業年限或加重修讀學分，使教師素質提高，更能有效地教學。

㈢師資待遇往往是教育經費重要的負擔　教師薪俸往往佔教育經費較大部分的開支，當通貨膨脹或財政困難的時候，教師待遇日趨降低，產生教師轉業而缺乏的現象。地方政府也由於財政困難，以致對教育環境品質的改善，常是心有餘而力不足。因而教師流動性大，優良教師轉業，產生良師難求現象，故須在財政許可之下特別注意教師之待遇問題。

肆、面臨的問題及解決的途徑

我國中小學師資的培育雖有長足的發展，同時也引發出若干值得深思的問題。

㈠教師供需的問題　近年來，教師人力供需不平衡的現象頗爲嚴重，每年師範校院的畢業生分發已感困難，雖然今（七十七）年國中與國小教師缺額竟達四千多人，這由於受龍年及其他流動因素的影響，今後師範生分發仍然有困難，近年來許多非師範院校畢業生因出路困難，擬從事於教書工作，產生了要求修讀教育學分機會的社會壓力也愈來愈大，又在可預見的未來，我國在發展「以延長職業教育爲主的國民教育」與經濟發展的過程中，必定需求大量的工商職校專業科目的師資人力，這些供需不均衡現象均必須及早謀求解決。

㈡班級學生人數的問題　根據教育部的教育資料，七十三學年度全國（含金馬地區）國民小學學生人數是二百二十七萬三千三百九十名，班級數是五萬一千七百十八班，平均每班的學生人數是四十四人，就國民中學而言，七十三學年度全國學生有一百零七萬七千七百三十二名，班級數是二萬三千七百六十八班，平均每班的學生人數是四十五名。上述平均班級學生人數顯然是教師在教學過程中的沈重負擔，若是在非偏遠地區的學校，教師的負擔更形加重，此種沈重的負擔對教學的品質，必然會造成不利的影響。

㈢教師素質的問題　目前先進國家的中小學師資均已提高至大學程度，獲有碩士學位者亦甚普遍。我國師專自上學年已改制爲學院，在我國師範教育史上實爲一大創舉。國民小學師資雖是主要由師專培養，然而以七十三學年度爲例，國小教師中非師專及大學教育院系畢業者，仍佔百分之十四強。國民中學教師中師專、其他專科及軍事學校畢業者，佔了百分之二十五強，這些資料均顯示中小學教師中需要在職進修者仍不在少數。

為謀上述教師供需、班級學生人數及教師素質諸問題獲得改善，並展望未來中小學師資教育的發展，允宜及早籌謀解決途徑。

㈠推估所需師資人力，均衡師資供需結構　由於師範院校若干科系公費名額過多，分發困難，故應推估所需師資人力，酌予減少招收一些科系之公費名額，並提高公費待遇，吸引有志青年以師範為榮，安其位，樂其業，亦可考慮採用公自費併行方式，彈性調整公自費名額，以均衡師資的供需。同時宜設法提供非師範院校畢業而擬從事於教書者更多修讀教育學分的機會，成為合格教師。並按師資缺額予以甄試錄用，如此不僅可增加師資來源，亦有助於師資供需調節功能。

㈡縮減班級學生人數，減輕教師教學負擔　目前歐美先進國家之班級學生人數維持約在三十人左右，我國中小學教師之教學負擔顯然過重，我國在邁向現代化的過程中，政府似宜寬籌經費，謀求擴充校舍，逐年遞減班級學生人數，且可紓解教師供過於求的問題。

㈢加強教師在職進修，提昇教師教學品質　目前辦理中小學教師在職進修已著有成效，但各校辦理在職進修，常感缺乏專責機構，且教師兼授，負荷過重，未來的趨勢，在職進修必不可免，對於目前中小學中需要在職進修者，也應有長期計畫，置專責機構，增加專任教師員額，提供各種有效管道，鼓勵教師參加進修。

伍、結　語

我國中小學師資教育面臨了師資供需迫切的問題，班級學生人數的問題及教師素質提高的問題，因此必須配合國家建設，推估所需師資人力，調整師資供需結構，以因應未來整體建設的需求，同時應該遞減班級學生人數，以減輕教師的教學負擔，並改善其教學的品質及加強其擔負輔導學生思想與生活的任務，此外仍宜繼續提供教師在職進修的機會，鼓勵研究所畢業生多擔任高職與高中教師，以提高教學效果。總之，今後師資教育必須配合教師素質四大趨勢，卽高深化、專業化、專門化與多元化，方能趕上世界教育新潮流，並能發揚我國傳統經師與人師兼重之特色。

教師的社會責任

壹、前　言

我國傳統一向尊師重道，強調教師不但爲經師，而且亦應爲人師，所以身爲教師固然工作繁忙，生活較爲清苦，目睹許多學生畢業後有光明前途，則心滿意足。但是目前由於科技發達，許多學生價値觀念趨向現實與功利，缺乏崇高理想與倫理道德。由於民主浪潮的衝擊，許多學生偏重自我中心的心態，缺乏團體意識與民主正確觀念。由於經濟繁榮，中共統戰的陰謀，許多青年學生缺乏憂患意識與反共思想。這些現象使得有識教師深以爲憂，因而教師的社會責任便成爲當前教育人士所重視與關切。玆就一爲什麼教師有其社會責任?二什麼是教師的社會責任?三如何有效地實踐敎師的社會責任?等三方面分別列述如後：

貳、爲什麼教師有其社會責任？

㈠教師與社會有密切的關係　任何人出生之後，都無法孤立而生活，因爲人類必須依賴社會而生存而發展。根據三民主義互助思想，個人物質生活、社會生活以及精神生活，必須社會中每個人分工合作的努力與貢獻才能獲得滿足與進步，社會與個人是合而爲一。教師是社會中堅份子，根據互助的原則，對社會當然有其責任，所謂「國家與亡，匹夫有責」，所謂「我爲人人，人人爲我」。

㈡教師擔負社會重要的角色　社會的組織與功能是靠許多不同人擔負各種角色共同合作，方能產生整體的功能，教師擔負了三種重要的角色或任務：

1.教師是社會人才的培養者，社會人才主要靠教師的培養，其教學效果影響學生將來對社會的貢獻。

2.教師是社會價值觀念的傳授者，每個社會都有其獨特社會價值觀念，包括政治、經濟、文化及社會各種傳統觀念，構成了每個社會不同的背景與特徵，教師必須傳授社會價值觀念，使社會傳統能長久保持下去。

3.教師是社會發展的促進者，教師除以本身教學專業訓練，擔負培養社會人才及傳授社會價值觀念任務外，與其他社會成人擔負一般公民應負的角色，其爲社會福利與發展的促進者。

由於以上三種角色的擔負，顯然對社會具有重要的責任。

叄、什麼是教師的社會責任？

㈠培養社會人才　社會設立學校聘請有教學專業訓練的教師，培養學生成爲將來社會有用的人才，所以教師的工作是傳授學科知識或技能，教導其品行或團體活動，或訓練其體格，使學生德智體羣均衡發展，尤其發揮其專長，俾有所貢獻於社會。

㈡傳授社會價值觀念　社會對學校必然要求教師社會價值觀念，這也是社會設立學校主要目的之一，一般來說，各國一般社會都強調要求教師擔負培養下列三種價值觀念的教育：

1.思想教育：任何國家國民必須要有共同的政治信仰，思想才能統一，國家民族才能興盛。誠如先總統　蔣公訓示：「一個國家的建立，民族的復興，一定要有全國一致的共同思想。思想之於國家民族，正如靈魂之於軀體，是不可須臾離的」我國是以三民主義爲立國最高原則，必須每個人都能信奉三民主義，這是每個教師都應教導學生的責任，不只是教公民、三民主義或國父思想科目的教師才有責任。尤其我國目前際此戡亂時期，反共復國是當前的國策，對大陸共匪作戰的主要武器就是思想。三十年來已證實以三民主義建立富強康樂的自由、開放、平等社會，遠勝過共產主義所建立民不聊生的不自由社會，所以故總統　蔣經國先生昭示「以三民主義統一中國」，正是當前教育必須加強三民主義思想教育關鍵時期，每位教師應義不容辭地負起三民主義思想教育的責任，使學生認清共產主義的邪惡，產生呼籲大陸同胞放棄共產主義的共鳴！

2.民族精神教育：教育傳統任務是傳授文化，教師因而具有傳授文化的責任，我國有優良的傳統文化，尤其文化所表現民族精神的倫理道德，成爲東方文化的典範。先總統　蔣公曾訓示：「大家如要實行反共的教育，那首先就要知道什麼是共匪最怕的，而且是他最恨的教育，無他，那就是唯物史觀所最反對的民族教育和精神教育。什麼是民族和精神的教育？這就是我時常所說的，我們『固有的民族德性』教育。」所以每位教師應該加強負起傳授民族精神教育的責任。加強培養學生倫理道德的教育，以發揚我國固有的文化。

3.愛國教育：歷史上有許多國家運用教育的力量來復興民族與國家，例如：一八○六年普法戰爭，普魯士失敗後，普魯士哲學家斐希特（J. G. Fich'ete）在一八○七年和一八○八年呼籲全德民族，統一團結，並主張以教育來激發愛國心。教育當局採納他的計畫，推行愛國教育，終於戰勝奧國及法國，完成德意志的統一，因此每個教師都負有激發學生愛國心的責任。

㈢促進社會發展　教師是具有專業知能的成年人，是社會中的知識份子，在一般國民中較具有領導與示範的才能，如果教師在教學之餘，熱心公益，以公民身份擔負服務社會部分的責任，對於社會發展的促進大有助益。一般來說，教師可擔負下列各項責任：

1.實踐模範公民的責任：目前政治建設首重在建設三民主義，而現代化的民主政治，其目標在使人民能有效行使民權，使政府是能爲民服務的廉能政府。縣市長及民意代表的選舉，正是大衆所關切，爲行使民權的考驗，其成敗有賴於全體公民關心、參與與支持，使選民能明智的判斷，候選人能循著民主法治的途徑競選，教師知識與才能均不亞於其他公民，能明智的判斷與政治認識，且與學生家長接觸方便，如能宣揚政府選舉政策，協助實現公開、公平與公正選舉，定有所貢獻。

2.倡導善良的社會風氣：教師爲人師表，在生活上本來就應爲學生表率，如果擴充其責任倡導善良的社會風氣，是比其他職業的人更有示範的功效，政府正倡導勤儉建國，並頒佈革新風氣應行注意事項，教師自應以身作則，爲公教人員之表率，爲社會大衆的楷模。

3.參與促進社會福利的活動：教師教學固然很忙，但教學之餘能注意到公益與社會重要活動，儘可能參與，表現熱心，對於地方發展與社會福利定有所貢獻，美國教師在這方面活動頗爲踴躍，值得我國教師參考。

肆、如何有效地實踐教師的社會責任

(一)培養三民主義社會人才方面　培養學生爲將來社會優秀的人才，當然在培養學生德智體羣美各育均有均衡的發展，其中最重要目標是培養學生潛能的發揮，就是使學生德性、學識或技能有長足的進步，這需要學校教學目標、教師素質、教學內容、教學方法及學生本身條件相互配合。教師本身素質最有影響力，爲實踐教師教學重大責任，必須教師本身素質應有相當的水準，包括豐富的學識或熟練的技能、優良品格及專業教學技能。這三方面素質的條件需靠教師不斷地檢討、研究、進修與改進。如此始可發揮教師教學最大的效果，最能順利達成培養的任務。

(二)培養三民主義社會價值觀念方面　教師培養學生社會價值觀念，應運用教學理論與學習心理，使其理想與態度能深入地受教學的影響，也就是其觀念能內在化，成爲自已的觀念，如培養學生三民主義理想與觀念的思想教育，能使學生成爲三民主義的信徒，不只是當作學科來認識，只是應付考試的資料。而且當學生觀念內在化後，並能在生活上實踐，成爲生活的方式，一言一行均符合思想教育的要領。思想教育、民族精神教育及愛國教育可分開給予特別指導：

1.思想教育方面：首先要激起學生對思想有關教材產生興趣學習的動機，儘量利用機會教育，例如引用日常電視、廣播、報章雜誌等重大新聞或資料，介紹給學生，並引起其對「三民主義何以比共產主義好」急於需要的瞭解。其次採用討論式的教學，讓學生自由討論三民主義與共產主義的不同，並提供許多事實供討論的參考。過去美國教美國民主觀念是採灌輸式，不談及共產主義，後來覺察許多學生不認識共產主義，反而產生對共產主義好奇而神祕的感覺，常常詰問教師，未能有堅定對民主的信仰。近年來趨向討論式教學，讓學生自由討論與比較美國民主與共產主義的不同，結果反而更有效。但必須教師對民主與共產主義有深入的研究，能給予學生適當的指導。我國目前大學已陸續開授大陸問題研究，或暑假開辦大陸問題研究講習班，大衆傳播儘量揭發大陸共產主義統治下的悲慘事實，讓國民出國觀光自由報導大陸實況，並且利用各種機會舉辦有關三民主義研討會，這些措施是教師用以介紹給學生的資料，讓其切實瞭解共產主義的惡劣，讓其由討論的結果一致深信三民主義統一中國的需要。這樣教學需要教師精心設計教學過程，其效果較大自不待而言。

2.民族精神教育方面：我國在課程上已有加強之措施，如小學有「生活與倫理」的科目，在國民中學有「公民與道德」的科目，在教材上，如公民、歷史、地理及國文等科教材，都盡量引用民族精神資料。但在教學上：首先要從學生生活經驗與教學配合，加強其認同民族精神，如常引用時事、生活事實，來闡明我國民族精神的重要，尤其許多學生受到外國電影、電視節目、或小說雜誌的影響，可能對本國文化及倫理道德產生歧見，應時時予以適當輔導；其次教師不但爲經師，而且爲人師，以身作則，崇尙我國倫理道德，學生常以教師爲模仿對象，無形中影響其人格的形成。

3.愛國教育方面：教師不但自己愛國而且鼓勵學生愛國。首先鼓勵學生參加愛國活動，學生年輕，有熱忱、有衝勁，最易表現愛國的行爲，不過要不影響學業，而且配合學校訓導處適當的安排，才能收更大的效果。其次，教師旣鼓勵學生參加愛國活動，自己應以身作則，例如：中美斷交後，許多學校及機構發起捐款充實國防運動或升旗運動，如果教師能領導參加，效果更大。

㈢促進社會發展方面　教師教學之餘應踴躍參與促進社會發展各種活動。

1.實踐模範公民責任方面：目前一般社會大衆最關切的是政治建設，近年來民意代表及各縣市長選舉，在過去選舉過程發現一些公民缺乏正確的政治認識，往往誤以美國式民主來衡量我國民主的標準，有些候選人在競選活動過程中，缺乏法治觀念與民主風度，這些不成熟政治行爲，有待繼續改進，因此教師以公民身份可以協助政治建設：首先做爲有見識的公民，有明智的判斷，不受任何私情或煽動言論所左右，確實選舉賢與能的候選人，可爲民服務；其次做爲公正守法的公民，在政府宣佈公正、公開、公平的選舉原則，應予積極擁護與支持，對於不正確選舉言論與觀念，予以駁斥。

2.倡導善良社會風氣方面：社會風氣是多數人的習尚，由於臺灣近年來經濟繁榮及工業進步，也帶來了社會奢侈及其他不正當的風氣，有待改善。教師爲人師表，可協助倡導善良風氣：首先在生活方式上爲大衆的楷模，扮演示範的角色，例如：勤儉的生活習慣、利用大衆傳播加以介紹；其次在課堂上與輿論上積極宣揚勤儉建國，扮演社會導師的角色。

3.參與促進社會福利方面：近年來政府重視基層建設及社區發展，教師教學之餘可以協助社會發展；首先儘量抽空參加社區活動，多與地方人士接觸，共謀社區發展；其次熱心公益，爲造福地方而貢獻所能。

伍、結　言

做爲現代社會的教師，所負社會責任不只是教學而已，其社會責任包括培養社會人才、傳授社會價值觀念及促進社會發展。培養社會人才方面，實際上每位教師都在做，只是有些教師做得不夠理想，只顧知識傳授，而忽略了爲人師表的重要性。傳授社會價值觀念方面，有更多教師還沒有做，尤其促進社會發展方面，則更少教師做到。而今天科技發展，工商發達的社會，所帶來的青少年犯罪日增，價值觀念趨向現實與個人主義，愛國情緒不夠熱烈，民主憲政實施過程中，呈現缺乏守法與正確政治認識，以及目前生活富裕，缺乏憂患意識，在在使我們教師們必須檢討與重視，必須共同認識教師之社會責任，已經明確地趨向多元化，不只是教學單方面而已，因而教師教導亦應從多方面著手。爲了改進當前教育之缺失，教師必須明確體認社會趨勢，具有導正社會風氣擔當與熱忱，努力研求各種妥善教育策略。相信定可更有效擔負社會各種責任，對社會提供更大的貢獻，願大家共勉之。

美國教育

壹、美國教育的社會——經濟背景

要瞭解一個國家的教育，不能單純從其教育資料來分析，因爲教育只是一個國家整體發展的一部分；學校是社會機構之一，所以教育不但受其歷史傳統的影響，而且與社會其他因素交互作用。進而言之，要深入地瞭解美國教育發展的全貌，必須瞭解其歷史背景、政治、經濟、文化及社會各種因素。除其歷史背景另在第二節敍述外，本章專敍美國教育受其政治、經濟、文化及社會四大因素的影響，固然宗教對其教育也不無影響，但在規定上，教育與宗教分開，所以目前宗教對公立教育無明顯的影響力，擬從略。

一、政治因素

美國政治有三大特徵：一是聯邦制；二是總統制；三是民主政治。這三種特徵對其教育有相當的影響。

㈠聯邦制　美國是聯邦制由五十州聯合而成，根據憲法修正案第十條的規定：「凡憲法所賦于合衆國之權力，而又未經限制各州行使者，均保留於各州或人民。」❶所以教育最高權力不在於聯邦政府，而在於各州，各州大多將其權力委託於地方管理教育。其教育行政制度便自然是地方分權制，教育不受聯邦政府直接管理。

㈡總統制　一般民主國家政治制度，大體上可分爲三種：一是總統制，以美國爲代表；二是內閣制，以英國爲代表；三是委員制，以瑞士爲代表。美國政治制度是總統制，其最主要的特徵如下：

1. 立法與行政分立　國會與行政首長各有獨立職掌，各有獨立地位，國會既不能侵越行政的權力，而行政首長也不能侵越立法的權力。例如總統及各部長不兼議員，國會既不能強迫總統辭職，而總統也不能解散國會。

2. 行政與立法的互相制衡　參議院對總統任命高級行政人員有同意權，對總統制訂條約有批准權，但總統對國會所通過的法律有覆議權。

3. 司法對行政及立法兩機關的制衡作用　最高法院對法律及命令均可因其違憲或違法而宣判

---

❶ James A. Johnson and others, *Introduction to the Foundations of American Education* (Boston: Allyn and Bacon Inc. 1969), p. 117

無效。

可見總統制國家立法、行政與司法機構之間各自獨立而相互牽制。總統不一定屬於國會多數議席的政黨。換言之，總統屬於執政黨，而國會可能爲反對黨所控制，所以執政黨對於教育的影響力不如內閣制國家之大；而且美國教育最高效力是在州，實際管理權在地方學區，所以政黨影響教育的力量更加小，地方學區學校董事會董事並無政黨色彩。不像英國，英國是內閣制國家，行政對立法負責，內閣是由國會多數議席的政黨組閣，執政黨對教育較有影響力，其地方教育當局就是地方議會，教育局對地方議會負責，所以教育行政受政黨的影響力遠超過美國。

㈢民主政治　美國實施民主政治，所以要求民主教育，民主教育目的是培養學識豐富的明智公民，爲民主政治的基礎。而且其民主教育政策是提供所有人民享受均等的教育機會，爲民主政治的條件。所以美國教育強調實施大衆教育制度，每個國民都可接受充分而均等的教育機會，從小學到大學沒有入學考試。中學制度採用綜合中學，不論家庭背景、種族及性別的學齡學生均可進入同一公立綜合中學，其教育機會的普及爲全世界之冠。

二、經濟因素

美國爲世界上富強的國家，其科學與工業技術的進步爲其他國家無法匹比。其經濟有三方面對教育有相當影響力：一是經濟繁榮與科學及工業技術的進步；二是自由經濟政策；三是職業平等。

㈠經濟繁榮與科學及工業技術的進步　美國經濟發展迅速，其國民每年所得雖然不是全世界第一，但其享受生活水準相當高，則為一般人無法否認的。尤其其科學及工業技術的進步在世界上遙遙領先，太空梭發射的成功，資訊科學的優越，顯然表現其科學及工業技術的高水準。這種經濟繁榮，使得教育經費充裕，美國投資教育的總經費根據一九七二—七三年統計佔國民生產毛額百分之七點七，公立中小學每一學生單位經費總額則為美金一千一百八十二元。所以促進教育的財力相當雄厚，加上科學及工業技術的進步，使得校舍的建築、教學設備的充實及教育研究的推展更能現代化，影響到教育素質的提高更加迅速。

㈡自由經濟政策　美國經濟多少是放任的，許多經濟活動是自我調適的，非經濟因素是視為無關於經濟活動過程的決定。換言之，美國經濟政策有二個基本原則：一是貨品價格調整是基於公開市場供需關係；二是限制用政治命令為決定經濟政策的功能❷。所以其教育培養人才也限制人力計畫的嚴格控制，學校量的發展不是由政府預先計畫加以控制，學生有自由選擇其修讀院系或學校的機會；不過其畢業後出路往往影響到以後學生選讀院系或學校志願的改變，猶如以市場供需關係產生自動調節的作用。

---

❷ Robin M. William Jr., *Amecican Society*(Mew York: Alfred A. Knopf Inc.), 1970 p. 171

㈢職業平等　美國為新興國家，由於經濟發達，就業機會較多，且有職業無貴賤的觀念，所以每逢假期學生到大城市旅館、餐館或娛樂場所擔任暫時勞力工作，高級知識份子兼任勞力的工作，也至為普遍。如教師夜間兼任計程車司機，或早晨兼送牛奶，無人會予鄙視；所以影響到學校職業教育至為普及。如許多學生一面在工廠工作，一面在學校修讀課程，至為普遍。所以各中等學校職業教育是相當普遍而有發展。

三、文化因素

美國一般人重視的社會價值觀念，根據社會學者威廉斯（Robin M. Williams Jr.）的研究，其重視的是：⑴個人成就與成功（achievement and success）；⑵勤奮工作（activity and work）；⑶清教徒的倫理觀（puritan ethical）；⑷人道主義（Humanitarian Mores）；⑸效率與實用（efficiency and practiculity）；⑹進取（progress）；⑺物質享受（material comfort）；⑻平等（equality）；⑼自由（freedom）；⑽科學與無宗教色彩的理性；⑾愛國主義（Nationalism-patriotism）；⑿民主（democracy）；⒀個人人格（individual personality）；⒁種族主義（Racism and Related Group-superiority Themes）❸。但歸納起

---

❸ 同註❷ pp. 452-500

來，一般人認為對教育比較有影響力的美國文化特色至少有三點：一是實用與現實；二是重視個人成就與成功；三是重視民主觀念。

㈠實用與現實　美國人思想因深受詹姆士（William James）實用主義及杜威（John Dewey）實驗主義的影響，而且是工業與科學進步的社會，一般人民趨向實用與現實，一般人講究個人物質生活的享受。這種文化的特質對教育影響很大，使得教育趨向實用教育，學生選擇科系係以其出路好壞與待遇高低為優先的考慮；課程較偏重實用與實務，以適應就業需要，科學與技術研究較受重視。自從第二次世界大戰以後，尤其一九五七年蘇俄發射第一顆人造衛星，科技人才的培養被列為首要。

㈡重視個人成就與成功　美國文化是以個人主義為其特質，民主原則是重視個人的價值與尊嚴，天賦人權說為絕對先決的原則，所以個人自我發展是不可否認的權利。因此，鼓勵個人成就與成功，在高度競爭社會中鼓勵個人奮鬪、以爭取個人成就為榮、爭取個人職業成功為幸福。有人認為美國生活是兒童的樂園、青年的戰場及老年人的墳墓；這意味着年輕人在美國必須靠自力更生，其競爭猶如在戰場，其成敗在於自己，無人可予援助，也無人有權加以阻撓。這種個人主義的色彩非常濃厚，對教育影響也很大；例如學業成績評分在大學是採用常態分配法，學生之間必然要競爭，而一切學校措施包括輔導與教學都重視個別差異、個人發展與成就。

㈢重視民主觀念　美國民主不但是政治理想，而且是生活方式，顯示着其文化的特質。重視個人的價值與尊嚴，父母與子女之間猶如朋友，沒有明顯長幼尊卑之分。所以在教育上也深受民主觀念的影響，最顯著的是師生間的關係，採取友誼平等的方式，使學生對老師感到親切，而非權威的長者。教學方法也儘量尊重學生的意見、興趣與需要。一切活動鼓勵用輔導及自治方式，而非權威的督導。教育行政亦趨向民主的領導。

四、社會因素

美國雖然是民主開放社會，但仍然有社會階級，不過這些階級是美國社會學者根據國民社會經濟地位來劃分的，而且下層階級可以流動到上層階級，不是世襲不變的。每個階級家庭財富、職業、宗教信仰及教養不同，所喜愛的學科不同，所面臨教育的問題也不同。根據學者哈米赫斯與紐米卡登（Robect J. Havighurst & Bernice L. Neugarten）的研究，在美國中小城市社會階級有下列五種：

㈠上層階級（Upper Class）　上層階級一般家庭富有，其房子、服裝及汽車都是講究華麗堂皇。在職業上，往往是兼任藝術博物館、交響樂團、戲劇協會或私立學院董事長，或慈善事業及教會領導者。在宗教上，以信仰基督教居多，尤其是屬於英國國教（Pretestant Episcopal Church）、長老會（Presbyterian）、公理教會（Congregational）及唯一神教會（Unitarian）。在子女教育上，女孩子往往在大學主修法文、藝術、音樂與文學；男孩子則在大學多主修建築、醫學及法律；而且均以念私立學校者居多。

㈡中上層階級（Upper-Middle Calss） 中上層階級一般家庭收入不錯，其房子、花園、汽車及服裝也相當講究。在職業上，往往是商業經理、專業人員或社會各種俱樂部領導者。在宗教信仰上，大都屬於長老會、公理教會、美以美會（Christian Methodist）、浸信會（Baptist）及唯一神教會。在子女教育上，其子女大都進公立學校、州立大學或私立文理學院，而且大學畢業者居多。

㈢中下層階級（Lower-Middle Class） 中下層階級一般家庭經濟小康，房子雖不大但相當舒適。在職業上，大都是白領的書記、推銷員、工廠領工或小地主，而且是地方某些俱樂部會員。在宗教信仰上，大都屬於浸信會、路德教會（Lutheran）或美以美會。但有許多人是屬於天主教會，也有些人是猶太教會。在子女教育上，其子女大都只是中學畢業，只有三分之一進大學。

㈣下上層階級（Upper-Lower Class） 下上層階級一般家庭生活勉可維持，房子太小、居住在僻陋地區，其中有許多人是移民；如意大利人、波蘭人、捷克人及日本人。在職業上，大都是藍領的技術或非技術工人。在宗教信仰上，大都屬於天主教會，也有許多人不信仰任何宗教。在子女教育上，其子女受教育的水準很低，只有百分之五至十進大學。

㈤下下層階級（Lower-Lower Class） 下下層階級一般家庭生活貧苦。在職業上，大都擔任佣人或臨時工人。在宗教信仰上，有些人屬於基督教會，有些人屬於天主教會，更有些人不信仰任何宗教。在子女教育上，其子女受教育水準非常低，在學校內大都是不守校規甚至有些少年犯罪的學生。

由於上述各種不同社會階級存在：在學校教育上，學校必須認識這些不同家庭背景的學生所產生可能的問題，予以不同的教育措施，尤其下下層社會階級子女在學校內多為問題學生，必須在生活輔導上及學業輔導上特別予以加強。在學校制度上，採用單軌制及大衆教育制度，不因家庭背景不同而影響其受教育機會或學校；公立中小學採用學區制，使同地區學齡相同的兒童有同樣機會進同一學校，而且中學採用綜合中學制度，無論將來升學或就業均念同一學校，使各階級子女接觸在一起，產生同化作用，而且避免因社會階級或升學與就業的不同所產生優越或自卑感的不正常心理。雖然公立大學院系較為差異與專門，但凡中等學校畢業生都可免試進入州立大學；使得下層階級子女可能接受較良好教育，有機會向上層階級流動，成為民主開放的社會。

貳、美國教育發展簡史

美國建國只有二百多年，其教育制度的演變也不是一蹴即成的，其教育由下列若干階段演進而來的：

一、殖民地時期（一六〇七～一七八七年）

早期歐洲移民到北美，有三個地區：一是南部地區，以維基尼亞州（Virginia）爲中心；二是中部地區，以紐約州（New York）爲中心；三是北部地區，以新英格蘭州（New England）爲中心。

南部地區主要以耕種煙草爲主，除了少數富有的地主來自歐洲移民外，就是大量勞工，勞工中大多是來自非洲的奴隸。地主子女的敎育大都是聘請私人敎師擔任家敎，或被送到歐洲留學；大部分勞工所接受的敎育是敎會爲了傳敎而提供的。

中部地區歐洲移民的宗敎與國籍背景較爲複雜，包括荷蘭人、淸敎徒、孟諾派敎徒（Mennonites）、天主敎徒及瑞典人。由於來自不同宗敎背景，所以就有許多不同宗敎派別的敎會學校，不易建立統一的共同學校；其大部分子弟係以學徒方式學習各行業技能。

北部地區歐洲移民主要是淸敎徒，居住於波士頓（Boston）地區，城鎭分佈，船港林立，工業發達，社會需要大量技術及半技術工作人員；而且人口大半是中產階級，所以公立學校制度最易建立。

在這時期，各級學校制度已開始發芽，敎育素質卻是談不上。玆簡要敘述敎育的發展如下：

㈠小學方面　當時小學並未具規模，大半是敎會所辦理。例如有主婦辦理的學校（Dame

School)；有慈善機構或教會辦理的學校，叫做寫作學校 (Writing School)，所教的課程都是最淺而基本的科目。

㈡中學方面　美國第一所中學是於一六三五年在波士頓所創辦的拉丁文法學校(Latin Grammar School)，其設立的宗旨是升大學的準備。到了十八世紀中葉，由於社會上技術工人日趨需要，佛蘭克林 (Banjamin Franklin) 於一七五一年在費城 (Philadelphia) 又創辦第二類中學，叫做阿克登米中學 (Academy)。這種中學與拉丁文法學校不同的是其強調職業訓練，以適應社會實際需要；大半是私立學校，男女兼收。

㈢大學方面　於一六三六年所創辦的哈佛學院 (Harvard College)，其設立主要目的是培養牧師，每年畢業生有百分之七十是擔任牧師。

㈣師資方面　早期教師在社會地位上是不大受尊重的。例如有些新英格蘭州學校教師的責任規定是：「擔任法庭傳訊人、傳喚工作、主持教會某些儀式、領導禮拜日唱詩班、為崇拜而敲鐘、掘墓為死者安葬以及其他特別場合的責任。」❹當時有許多白人的佣人依照訂約擔任學校教師；小學教師大多也只有小學畢業，畢業於拉丁文法學校者究竟少數，根本沒有接受教學技術的專業訓練，只是懂得所教學科內容而已。

---

❹ 同❶ p. 225

二、國家獨立的早期（一七八七～一八二〇年）

美國脫離英國而獨立的初期，顯然忙於解決各種迫切的政治問題，對於教育問題也就無法很重視。新憲法並沒有提到教育，依憲法第十條修正案的規定，凡憲法未列舉屬於聯邦的權力，歸屬於州或其人民，所以教育便歸屬於州，聯邦只是關切與支援教育。在一七八七年國會通過西北法案（Northwest Ordinance of 1787），這法案顯示對教育的重視，其聲稱：「宗教、道德及知識是良好政府與人類快樂所必需的，學校與教育工具將是永遠被鼓勵的。」❺並要求西北地區每州政府每鎮提供十六塊土地供教育使用。但是學校教育並沒有多大進展，尤其美國開始向西部開發，許多學校素質極為低劣，有許多私立學院因財政困難而關閉。當時學校設立既無規定標準，師資也無檢定資格的要求，人人可以辦學校，人人可以做老師；所以這時期教育發展是非常緩慢。

三、教育覺醒時期（一八二〇～一八六〇年）

由於一八一二年內戰結束，教育開始有發展的動力，原有政治問題大體解決，可以更積極注

---

❺ 同❹ p. 225

意到教育。愛國之相士當普及，公民更加關切國家的團結，有遠見的人士瞭解民主的成功是依賴着有受教育的公民，這些有見識人士因而發起改進教育的運動。同時因爲有許多移民，來自不同國家及政治背景、說不同語言，必需要美國化的陶冶，才能融合成爲愛美國的公民；這又非靠教育來達此美國化功能不可，所以教育便開始受重視。在這時期，州長及議員、城鎭委員會及其他各種會議，莫不熱烈討論如何推展教育，其發展的重大成果如下：

㈠小學方面　於一八三五年第一所幼稚園創辦在威斯康辛州水城（Watertown, Wesconsin）當時由斯秀爾蒂斯太太（Mrs. Carl Schurtz），用德語教導。到一八六〇年皮巴蒂（Elizabeth Peabody）在波士頓亦創辦一所幼稚園，開始用英語教導。學前教育已見端倪．而小學也開始分年級，形成現代小學雛型。

㈡中學方面　由於阿克登米中學大半是私立學校，學費過於昂貴，拉丁文法學校課程又不能適應社會需要，所以於一八二一年在波士頓創辦第三類中學。這種中學最初稱之英語古典學校（English Classical School），三年後又改稱爲英文中學（English High School），招收十二歲兒童。到了一八二七年麻州通過法案要求規模大的城鎭設立中學，這種中學名稱殊不一致，在一八六〇年中學（High School）已有三百多所；從此以後中學變成最普遍的學校，拉丁文法學校與阿克登米中學便也逐漸消失了。

㈢大學方面　除了繼續增加大學校數外，並創辦第一所婦女大學，稱之突羅伊學院（Troy

Seminary)。

㈣師資方面　於一八三三年賀爾(Rer. Mr. Samuel Hall)在佛蒙特州康科特鎮(Concord, Vermont)創辦私立師範學校，是美國第一所正式培養師資的學校。賀爾著了一本有關教育的書《談學校管理》(*Lectures on School Keeping*)，作爲教師的指導，當時單單紐約就印了一萬本，足見其影響力之大。

㈤教育行政方面　當時值得一提的是教育行政專家孟英(Horace Mann)及巴納德(Henry Banard)，對教育行政有重大建樹。於一八三七年麻州議會通過法案建立美國第一個州教育董事會(Board of Education)，孟英擔任該教育董事會秘書，執行該教育董事會的決策，在實際上是教育行政領導者。他認爲教育水準提高是依賴着師資的素質，所以他積極推動建立州立師範學校；終於一八三九年創辦了第一所州立師範學校。除此而外他並實施許多教育改革計畫，尤其對建立普及、自由及無宗教派別的公立學校制度的推展不遺餘力，被稱之爲美國公立學校之父(Father American Common School)。巴納德赴歐洲研究教育返國後，被選爲康乃狄格州(Connecticut)議員；由於他的努力，康乃狄格州也設立教育董事會，他被任命爲該教育董事會第一任秘書。倡導設立州立師範學校，他爲首任校長，後又任羅島(Rhode Island)教育廳長，威斯康辛大學校長及首任聯邦教育署長；並先後主編康乃狄格州公立學校雜誌及美國教育雜誌(*The Connecticut Common School Journal & American Journal of Education*)；

他有許多教育的建樹，尤其他倡導教師在職進修，爲人所稱道。此外於一八五二年第一個強制學生入學法案在麻州通過，因而學生註册人數急劇增加。

㈥教育學會方面　教育學會的成立對於教育推展大有助益，美國於一八五七年成立全國教師協會（National Teachers Association），於一八七〇年改爲全國教育協會（National Education Association），該協會對教育的進步有相當的貢獻。

四、教育發展時期（一八六〇～一九〇〇年）

在這時期不但各級學校數量的擴充，而且由於教育學者與心理學者的創導各種有關教育理論、認可協會的成立以及聯邦政府的大量補助職業教育，使教育素質大爲改善。例如：

㈠教學法方面　由於紐約州奧斯韋哥州立師範學校（Oswego State Normal School）在一八六一年創設，培養老師採用教育家裴斯塔洛齊教學理論；裴斯塔洛齊主張對兒童教學應該用「愛」與「瞭解」，重視兒童本位。又於一八五七年在伊利諾州布魯明頓鎮（Bloomington, Illinois）創設師範大學，培養教師採用科學之父赫爾巴特的五段教學法；所謂五段教學法就是準備、提示、聯合、概括及應用五個教學步驟，又稱啓發教學法。在本時期以前師資培養只重學科知識的科目，自從裴斯塔洛齊及赫爾巴特的教學理論介紹到美國，教師素質提高，已開始學習教學理論，在教學上才迅速地進步。

(二)教育心理學方面　在十九世紀末，教育心理學趨向成爲科學。詹姆士(William James)是美國早期研究心理學最負盛名的學者，他出版了一本《心理學原則》(*Principle of Psychology*)；其次爲賀爾(G. Stanley Hall)從事兒童研究；接着格蒂羅(James Cattell)及桑載克(Edward E. Thorndike)先後研究教育心理學；德門(Lewis B. Terman)研究心理測驗。這些著名教育心理學者在學術上的創新與貢獻，使教育理論更進步，因而使美國教育水準更提高。

(三)認可學會（Accrediation Association）的成立　認可學會的功能在評鑑新設立中學與大學院校素質水準是否符合標準。這些認可學會包括一八七九年成立新英格蘭學院與中學協會(New England Association of Colleges and Secondary Schools)，一八九二年成立的大西洋中部海岸諸州中學與學院協會(Middle Atlantic States Association of Secondary Schools and Colleges)，一八九四年成立的中北部協會(the North Central Association)，一八九五年成立的南部諸州學院與預備學校協會(Colleges and Preparatory School of the Southern States)及一九一八年成立的西北部中學與大學協會。

(四)聯邦政府大量補助職業教育　在一八六二年聯邦政府通過摩利土地撥助法案(the Morrill Sand Grant Act)，按每州每名議員由聯邦政府撥給各州聯邦土地三萬公頃，提供作爲設立農工學院之用，所以這法案不但促進各州農工學院的設立，而且加速州立大學的發展。

(五)設立研究院　在一八七六年設立霍金斯大學(Johns Hopkins Uninersity)是美國第一

所眞正研究院。在這研究院成立以前，有許多不同美國學院授予一些碩士或博士學位，只是繳費輕易而得到；而霍金斯大學研究院仿照具有盛譽的德國大學研究院制度，要求相當嚴格，其成就也影響其他大學提供類似研究院計畫。

五、敎育精華時期（一九〇〇年～）

二十世紀初期，美國敎育已步入精華的境地，當時許多現象象徵敎育的發展：⑴是各級學校學生註册人數急劇增加，在一九三八年左右，美國所有各州都已通過義務敎育法案，使公立學校學生註册人數不斷增加；⑵是每學年上課時數增加，從一八九〇年一百卅五天增加到一九六〇年爲一百八十天；⑶是重視敎師資格檢定制度，因而提高了敎育的素質；⑷是一九〇四年芝加哥大學校長哈伯（William R. Harper）建議創辦初級學院，首先在伊利諾州實施。在加利福利亞州初級學院發展很快，一九一〇年在加州佛里斯諾（Fresno）創設第一所初級學院，十年內已先後設立二十所。其他各州相繼增設，目前已有八百所以上，學生達一百五十萬人以上；⑸是初級中學的創設，在一九〇九年俄亥俄州哥倫比亞鎭（Columbia, Ohio）首創初級中學修業三年與高中修業三年，是目前最普遍的中學制度。

叁、美國學校制度

美國學校制度有下列六項的基本原則：

㈠地方分權制　美國教育行政制度是地方分權制，因此教育最高權力是在州，學制則因州而不同，所以全國無劃一的學校制度。

㈡免費、強制及普及的義務教育　美國人普遍認爲教育是培養公民實施民主自治的基本能力，所以各州都規定實施義務教育的年限與年齡；自六歲起接受義務教育八年至十二年，因州而不同。

㈢單軌制　美國人認爲所有人民教育機會一律平等，不分姓別、貧富、種族及宗教都在同一類型的學校接受教育。從小學，而中學，到大學，一脈相承，上下貫通，且無入學考試。

㈣容許私立學校有高度的自由發展　美國固然中小學實施義務教育，政府可以強制學生家長送其子女進學校，但是不能強制其進公立學校。換句話說，學生家長可以送其子女進私立中小學或教會學校，而且私立學校較公立學校可以自由表現其特點及實驗的精神。

㈤宗教與教育分開　根據憲法的規定，教會與政府分開，不像歐洲有的國家受教會的控制；所以美國學校不准設置宗教科目。

㈥全民教育　美國重視天賦人權，尊重個人尊嚴與價值爲其民主的基本觀念，所以學校目的重視發展個人的特長，學制重視所有人民均能按其能力享受同樣的教育機會。例如天才、普通及低能或生理缺陷的兒童都有適當的教育機會、課程與教學方法重視個別差異，即所謂因材施教。

美國學校制度大體上分爲學前教育、初等教育、中等教育與高等教育四階段。玆分述如下：

一、學前教育

學前教育分爲兩階段：第一階段稱爲托兒所，通常招受年滿二歲或四歲的幼兒；第二階段稱爲幼稚園，則招受四歲或五歲幼兒，各州情況不一。托兒所有公私立之分，以私立者居多，有的托兒所附設於公立小學、中學或大學做爲實驗學校。托兒所教育通常在教師指導之下，提供學生遊戲、講故事、唱歌、跳舞以及其他相似活動，使幼兒由家庭轉到學校環境適應困難程度可以減少，使其更能適應將來進幼稚園較爲大班制的學習。

幼稚園教育著重奠定將來進小學學習的基礎，輔導其心理上、社交上、情緒上及生理上有正常的發展，最普通的課程是遊戲、講故事、音樂、韻律、活動、美術及手工的創造活動。

二、初等教育

美國初等教育學制較普遍的有新舊兩制。舊制小學是招受六歲的兒童，修業年限爲八年；目前加尼福利亞、新澤西及伊利諾等州採此舊制。新制小學也招受六歲的兒童，但修業年限爲六年。目前小學學生佔其年齡人口百分之九十五以上，其中七分之一小學生是念私立小學。小學各地規模大小相差很大，在農村有小型的小學，只有一位教師與一個教室，第六、七、八年級學生同在一個教室，一位教師每天可能教三十班之多；在一些鄉村或小城市有中型小學，通常一位教師教一班或一年級；在人口密集的城市，則有大型的小學，二、三位以上教師共同教一班，或有分科別的行政組織由專人主持。一般小學師資是由大學或師範學院培養，素質高而整齊，甚至有碩士學位或博士學位的教師。

小學教育通常重視發展兒童適應基本學習過程的要求與工具，一般來說特別重視民主價值觀念的培養及身心健全的發展。對於低能兒童或生理殘廢的兒童提供特別班或特別學校，天才兒童也特別注意，給予不同的學習，頗具有重視個別差異的特色。

三、中等教育

美國中等教育學制各州不一致，以修業年限來分，大多爲舊制中學、完全中學及三三制中學三類：舊制中學與舊制小學相銜接，修業年限爲四年；完全中學與新制小學相銜接，修業年限爲六年；三三制中學包括初中及高中二類學校分開設立，初中與新制小學相銜接，修業年限爲三年，高中與初中相銜接，修業年限爲三年。其中三三制中學最普遍，完全中學次之。

以學校類別來分，有職業中學(Vocational School)、普通中學(General High School)、單科中學 (Specialized High School) 及綜合中學 (Comprehensive High School) 四類。其中以綜合中學最普遍，也是美國中學的特色。

美國綜合中學教育主要功能有三方面：一是文化陶冶；二是就業準備；三是升學準備。即職業學校與普通中學的合併，使所有學齡的中學生不分貧窮、階級、種族及性別均同進綜合中學，符合民主教育的原則。其課程通常由州教育行政當局規定必修科目及其學分數，其他選修科則由地方學區自行決定，彈性相當大。一般中學課程多採分科課程，就業準備的職業科目與升學準備的學術科目由學生自由選修，但選修升學準備課程者居多；必修科目中以語文、社會、數學、科學及體育最爲普遍。

美國中學師資素質相當高，根據一九七〇——七一的統計：中學師資學歷中，學士學位者佔百分之六十四點二；碩士學位者佔百分之四十二點六；博士學位者佔百分之零點八。而且各州均有規定中學師資檢定資格的標準，要求教師應具有大學畢業，並修滿某些教育科目及其學分數。

美國中學校長待遇比教師高得多，甚至有二到三倍之多，但有些州規定校長除有教學經驗外，並應修滿某些教育行政科目及其學分數，以維持其素質水準。

四、初級學院

初級學院收受高級中學畢業生，修業二年，其課程包括：⑴提供不準備升大學的高級中學畢業生最後階段的普通教育；⑵提供技術與次專業化科目，具有就業準備的課程；⑶提供與大學第一及第二學年相同的課程，以便於轉學大學三年級；⑷提供成人普通的、文化的及職業的進修教育。

目前初級學院愈來愈普及，其所以日受重視的原因是由於：

㈠一般學業成績中等的中學畢業生進初級學院只要修畢二年，即可就業。而使其他成績優良學生升入大學繼續專門學術研究，初級學院與大學功能劃分。

㈡初級學院只修業二年比大學修業四年可吸收較多的學生，對於經濟建設的人力資源有所貢獻。

㈢初級學院的設立可減少大學容納大量學生的壓力。

五、大學院校

大學院校大概分爲獨立學院、專業學校及大學三類。茲分述如下：

㈠獨立學院　獨立學院包括文學院、市立學院及公地學院。文學院是美國最早與獨一無二高等教育機構一直繼續存在到現在的學院；修業年限爲四年，第一及第二年修讀普通科目，第三及第四年修讀專門科目。其教育目的是培養完善的人，能夠縝密與有建樹地思考、能明晰與明確地與人溝通、謹愼地辨別、明智地決定與高尚生活。大約有七百以上文學院是私立的，其學生數佔所有文學院（包括大學之文學院）學生數四分之一。市立學院固然校數不多，但頗有影響力。公地學院（Land Granted College）是始於一八六二年，國會通過莫利法案（Morrill Act）由聯邦政府提供各州公地創辦農工公地學院。公地學院任務主要有三：一是教學；二是學術研究，特別是實驗中心；三是推廣教育。

(二)專業學校 (Professional School) 專業學校是始於一六三六年哈佛學院的創立，當時是培養教會的牧師。自十八世紀中葉，專業教育才漸漸在美國學院與大學中發展，並分開獨立成爲培養牧師、工程、醫學、牙醫、藥劑、數學及其他專業與技術領域的專業學校。

(三)大學 大學有公私立之分，公立大學都是州立，其中有若干州立大學爲公地大學；私立大學學生數約佔所有大學學生數四分之一，若干私立大學爲全國最負盛譽之大學。一般大學收受高級中學畢業生，大學文理學院修業年限爲四年，法學院五至六年，醫學院八年。

一般大學提供專門教育與普通教育，大學四年課程中幾乎一半爲普通教育的課程，其餘爲專門教育的課程，培養其專門知識，所以有人認爲大學教育爲大衆教育。高深學術研究須進至研究院，大多大學均設有研究院，其研究生人數多於大學生也甚爲普遍；碩士學位修業年限因學校與學科性質而不同，通常爲一年半至二年，博士學位修業年限至少爲二年，通常爲三年，有的研究院從大學畢業後逕讀博士班。

美國大學目的極不一致，一般而言，大學是培養有能力學生，個人發展的機會，傳授文化遺產，透過研究與創造性活動以增進知識，培養學生將來生活與社會的適應並可服務社會。

肆、美國教育行政制度

美國是一個聯邦國家，教育行政制度採地方分權制。其組織系統分聯邦、州及地方三級。教育行政最高的權力是屬於各州，而州政府往往又將其權力付託於地方政府及人民，使其實質上具有制定所轄區內各類學校行政組織系統及實施方法的權限。茲將其各級教育行政機關組織、職權、經費與特徵分述如下：

一、各級教育行政機關組織與職權

㈠聯邦教育行政機關組織與職權　美國自一九七九年十月十七日卡特總統向國會提出單獨成立教育部，卽將原衞生教育福利部的教育部分單獨成立教育部，並於同年十月卅日經國會通過成立。一九八〇年五月廿七日正式成立教育部。教育部設部長一人、副部長一人、助理部長六人，均由總統任命並經參議院同意。教育部之下設置高級部務中心（包括副部長及助理部長）(Principal Office)、人權司 (Office for Civil Right)、中小學教育司 (Office of Elementary and Secondary Edlucation)、專科學校以上教育司(Office of Postsecondary Education)、職業與成人教育司 (Office of Vocational and Adult Education)、特殊教育與輔

導殘廢就業服務司 (Office of Special Education and Rehabilitative Service)、海外人員子女教育司 (Office for Overseas Dependents)、教育研究與改進司 (Office of Educational Research and Improvement)、兩種語言併用與少數民族語言司 (Office of Bilingual Education and Minority Language Affairs)、法律顧問司 (Office of General Counsel)、(Office of Inspector General)、「各級政府間教育顧問委員會 (Intergovernmental Advisory Council on Education) 及聯邦政府各機構間協調教育委員會 (Federal Interagency Committ of Education)。

教育部設立的目的是在公共利益上將促進美國一般福利，教育課題在聯邦方面將能適當處理以及將能使聯邦政府更有效地協調其教育活動。詳細言之：

1. 加強聯邦承擔促使每個國民享有平等教育機會之義務；
2. 補充各州與地方學校的努力以及各州、非公共戰區、公私立教育機構、公私非營利教育研究機構、社區組織，學生家長與學生的協助，以改進教育素質；
3. 鼓勵增加大衆、學生家長與學生包括在聯邦教育實施方案之內；
4. 透過聯邦補助研究、評鑑與分享資料，促進改善教育素質與用途；
5. 改進聯邦教育實施方案的協調；
6. 改進聯邦教育活動的管理與效能，特別關於分配教育經費的方法、程序與行政結構，以及接受聯邦經費時，減少不必要負擔與限制，包括不必要公文來往；

7.增加對總統、國會以及公衆有效說明聯邦教育實施方案的會計責任❻。

可見教育部並非全國教育最高決策與督導機構，只是協助各州推行教育，提供教育研究、評鑑與資料服務以及補助性各種教育措施。惟聯邦政府歷來對教育補助，尤其是職業教育的補助，具有推動改進教育重大影響力。

(二)州教育行政機關組織與職權　各州有二個重要教育機構：一是教育董事會；二是教育廳。玆分述如下：

1.教育董事會　大多數州通常均設有教育董事會(State Board of Education)，名稱各州不全一致。其董事普通產生方式是由州長任命或人民、議會或地方學區學校董事會在地區選舉；一九六三年的統計，大多數州是由州長任命，但由人民選舉的州則比一九四七年的統計增加六州，教育廳長全國協會(The National Council of Chief State School Officer)曾建議董事應由人民選舉。教育董事會主要的職權是：(1)決定政策的機構，在州議會立法規定內決定教育政策；(2)有些州教育董事會任命教育廳長(State Superintendent)；與(3)批准由教育廳推薦所屬教育人員及建議預算與計畫。

❻ American Public Law 96-88 96th Congress, Oct. 17, 1979

2.教育廳　教育廳爲執行機構，各州名稱不一。教育廳設廳長一人，其產生方式有人民選舉、州長任命及教育董事會任命三種。一九四七年的統計多數州由人民選舉，但一九六三年的統計多數州則由教育董事會任命。可見由州教育董事會任命廳長已日趨普遍；白宮教育會議（The White House Congress on Education）曾有此建議，並爲許多教育專家所贊同。教育廳長通常是教育董事會政策的執行人。教育廳主要職權是：

(1)規劃——依據憲法及州立法規定內，規劃全州教育最低水準與要求，使地方教育行政機關依照實施，其方式鼓勵重於強制。例如規定教師與教育行政人員檢定資格，義務教育年齡與年限、中小學課程必修科目及其教學時數，學區大小與性質，學生安全及健康有關規定；

(2)實施——包括以州整體着想及爲協助地方學區教育而提供各種教育活動。例如設置師範學院、盲啞學校、工業學校、函授學校及成人班與社教機構、舉辦教師職業輔導及退休服務，對於地方學區無法單獨舉辦的各種教育活動予以協助擴大舉行，以及提供教育資料；

(3)領導——有創造性領導，例如鼓勵長期計畫，專業領導，提供專業諮詢服務，領導研究，協調與推動州教育計畫，維持良好公共關係，以及提供教育人員在職進修。

可見美國教育行政機關組織不盡相同，但其較相似之處，是各州教育行政機關大都分成兩部分：一是教育董事會，負責決策功能；二是教育廳，負責執行功能。值得注意的是其趨勢，教育董事會董事趨向由人民選舉，而教育廳長趨向由教育董事會任命；教育董事會代表民意機構，並非教育專家，教育廳長代表教育專家，執行教育董事會決策；與我國權能劃分理論相似，即教育董事會有權，教育廳長有能。各州教育行政機關職權依照憲法規定的解釋是教育最高的權力，但各州往往將實際管理學校權力，付託於地方，所以州教育行政機關只是規劃教育最低要求水準，使各州內地方學區必須達到其要求最低水準。所以各州所要求教育水準不盡相同，即同州各地方學區之間教育水準也不劃一。又美國爲民主政治國家，教育廳職權上偏向民主領導，對下級教育行政機關不是監督與指揮，所以地方學區享有較獨立自主的教育權力。

㈢地方教育行政機關組織與職權　美國各州地方教育行政機關極不一致，有下列各種學校區域組織：

1.州制　例如阿拉斯加州（Alaska）及夏威夷州（Hawaii）；

2.縣制　例如佛羅尼達州（Florida）、西維基尼亞州（West Virginia）及內華達州（Nevada）；

3.鎮制及鄉制　例如新英格蘭州（New England）、新澤西州（New Jersey）及印第安那州（Indiana）；

4.學區制　例如大部分西部各州，加上米契根州（Michigan）、俄亥俄州（Ohio）及德拉威州（Delaware）；

5.市制　在大多數州之大城市。

在五十州中以學區制佔最多數，目前美國有三十四州設置中間學區或中間行政單位，其中有二十七州以縣爲中間學區；中間學區並非一種管理單位，故通例不設學校，其主要任務是對縣內地方學區提供必要的服務。故地方學區爲美國地方教育行政的基本單位。

各地方學區有三個重要教育機構：一是學校董事會；二是教育局；三是學校。玆分述如下：

1. 學校董事會 (School Board of Education)　各地方學區設學校董事會，其董事通常爲三至五人；大多地方學區董事是由人民選舉，其中董事可能是一或二位婦女、商業業主、行政人員、專門人員、技術人員或技術工人。其教育程度爲大學畢業者大多不超過半數，董事是公共職務，通常爲無給職，即是有待遇，也只是象徵性。學校董事會主要職權是：

(1)任用教育局長。

(2)核定教育局長所建議有關學校計畫。

(3)任用教育局長所推薦校長、教師及所屬行政人員。

(4)審核教育預算。

(5)依法頒有規程及章程。

(6)維持學校與社區良好公共關係。

2. 教育局 (Office of Superintendent)　教育局設局長 (Superintendent)，局長之下分設各種單位，組織規模相當大。教育局長是學校董事會執行首長，同時是地方學區教育領導者，地位至爲重要。美國學校行政人員協會曾經作調查研究，以問卷調查教育局長的學歷；在被調查一千二百六十九位教育局長中，有百分之九十五點六的教育局長學歷是超過學士學位；其中百分之五十六點三具有碩士學位，有百分之十七點六在獲得學士學位後，又修畢六十學分，有百分之二十一點七具有博士學位；可見一般教育局長的學歷相當高。教育局長向學校董事會建議教育計畫及推薦人事，實際上學校董事會大體均會接受，所以教育局長實際上是地方學區的主要教育領導者，對美國教育發展影響至大。

3. 學校　地方學區內各級學校包括中小學、職業學校及技術學校；各級學校設有校長一人，大的中等學校設有副校長一人或若干人。校長的主要職權爲：

(1) 規劃校務。

(2) 視導教學。

(3) 處理校內各種行政事務。

(4) 對校外公共關係的維繫。

可見美國地方各級學校校長行政權限不大，有些行政事務部分由教育局統籌管理，例如教師的任用，校長應先向教育局長推薦；或由校長與教育局長共同洽商決定新教師甄選名單，再由教育局長向學校董事會推薦任用；諸如課程、校舍建築、設備及教科書均需經教育局核定，甚至教育局統籌處理之。同時表現出美國地方學區實際上由人民管理公立學校，學校董事會代表民意機關，是決策機構，教育局長爲教育專家，是執行人，所以教育局長對人民負責。如此地方分權的教育行政制度，一方面能因地制宜，更符合各地方學區人民的願望與實際需要；另一方面地方學區人民更熱心教育，直接主動地支助教育。但是也可能因而使地方學區間之教育發展有顯著差異，其中差異原因之一是優秀教師與教育行政人員往往流動到富庶的地方學區，例如移到北部與東部或大城市，享受較高待遇；而其他差異原因是地方學區設置各級學校經費充裕程度不同，影響學校的發展水準與速度；造成美國各地方學區發展不均衡的現象。同時學校往往無法超然於社會，時受地方人士不合理的干擾與批評，甚至學校董事會與教育局長難免有歧見。所以教育局長必需注意校外公共關係。

二、教育經費

教育經費的分配是教育行政主要任務之一，從中央、州與地方學區對於經費的負擔，可以看出其對教育控制的程度。美國公立中小學經費大體上由聯邦、州及地方學區共同負擔；根據一九七一—七二年的統計，擔負中小學教育經費方面：聯邦政府佔百分之九；州政府佔百分之三十七；地方學區佔百分之五十四。可見地方學區自己負擔最多，聯邦政府最少。

三、教育行政特徵

美國教育行政制度與其他國家比較有其獨特之處：

㈠教育行政制度是地方分權的美國教育最高權力屬於州，而州大都又將其實際管理教育權力付託於地方學區。這種制度不但與法國中央集權制的教育行政制度不同，就是與地方分權制的英國與西德教育行政制度也不盡相同。英國教育行政制度是分層負責，中央與地方關係實際上是如夥件（Partnership）的合作關係；西德教育行政制度是邦集權制度，教育最高權力是在邦，而邦不將其實際管理權付託於地方。

㈡所有教育基本政策，人民有最高權力來決定　美國州與地方學區均各有教育董事會或學校董事會為教育決策機構，並代表民意，教育廳長與教育局長只是執行者。這種制度與中央集權制的國家不同，例如法國教育基本政策是由教育部長決定，沒有特別專門教育機構代表民意來決定教育基本政策。

㈢私立學校可相當自由的發展　美國雖然強調公立學校的發展，但對私立學校也容許有相當自由的發展；美國人民一般相信公立學校對於美國生活方式的發展與統一，具有重要的意義，要求普設公立學校，提供所有國民均等的教育機會。各州均有義務教育的規定，要求在規定義務教育年齡之兒童及少年必須入學，但是學生家長可以送其子弟進公立學校或私立學校，而且私立學校經營相當自由，學費不受政府規定限制。

㈣教育與政黨分開　美國教育行政不受政黨直接參與影響，地方學區學校董事會大多既非政府官員，又非政黨的黨員，這點與英國及法國均不相同。英國地方教育當局就是地方議會，議會具有政黨代表性，佔議會議員席位最多者足以控制地方教育；例如英國工黨爲執政黨時對於綜合學校之普設大有影響，保守黨爲執政黨時則反之。法國教育部長爲教育決策者，且爲執政黨組閣的閣員，其政策與執政黨有密切關係，由於法國是多黨政治，容易倒閣，內閣變動頻繁，致法國經常有教育改革。

㈤教育與宗教分開　美國傳統樹立教育與宗教分開的體制，教育不受宗教控制所以沒有宗教色彩，亦不容許有宗教課程；卽私立學校亦不容許學校強制接受宗教教育，這方面與英國及西德不同，英國與西德中小學都有宗教課程。

伍、美國教育的問題與未來動向

由於時代的進步，社會的重大變遷及國際形勢的演變，產生許多教育的新問題，往往影響教育的改革。

在第二次世界大戰以後，由於國家經濟困難，人口急遽上升，教育的數量過分擴充，而發生教育素質低落的嚴重問題，因而要求教育改革，提高學生學業水準，反對只求個人的興趣，而忽略社會需要的適應。

在一九五七年蘇俄發射第一枚人造衛星後，美國學者認爲美國科學教育比蘇俄落後是由於教育的失敗，因而呼籲應檢討教育，採取新措施以改進教育，聯邦政府特別重視這種教育改革的需要，大量撥款補助推展教育改革的計畫。首先改革中小學的課程，加強數學、科學及外國語言三科，在一九六〇年代初期，盛行帶有革命性擴大教育觀念的思潮，與當時人權與社會公平觀念的浪潮相結合。促使教育重視教育機會眞正平等的問題，教育機會平等已不只是提供同樣入學的機會，而是使學生因個別差異接受不同而有效的教育，以達其最大的成就。大城市許多貧窮地區兒童因家庭經濟或種族的因素，雖然接受同樣入學的機會，但其教育經驗背景的失調，發生學習困難的嚴重問題，因而產生對教育經驗背景失調兒童（Disadvantaged children）實施補償教育的要求；聯邦政府撥助大筆款項，支持補償教育計畫。美國總統、國會、各州以及地方表現空前對教育的關切，例如前任總統甘迺迪（John T. Kennedy）在一九六三年致國會咨文說：「就國家而言，提高教育的素質與機會對我們國家安全與福利都是很重要的，一個自由國家無法提高其水準超過學院與學校所培養學生的優異水準。」❼可見教育素質與國家發展的密切關係。教育改革的趨向不只是增設學校，而且是使教育的素質不斷的提高。在一九七〇年代教育仍然需要不

❼ B.J. Chandler and Others, *Education and the New Teacher* (New York: Dodd, Mead & Company 1971), p. 6

斷的改革以求進步，在一九七〇年前任美國總統尼克森（Richard M. Nixon）致國會咨文說：「美國教育的新現象是象徵着教學與學習改革及進步的開始，我國學校對我們提供偉大的貢獻已有數世紀之久，並且發揚光大我們的教育傳統。在一九七〇年代教育需要縝密地重新修正，改進我們能力以補救貧苦兒童環境的缺點；長期規劃學校經費的支持；有效運用教育經費，改革制度結構以利新發現，以及充實學前及校外的學習。」❽茲將美國教育的問題與未來動向分述如下：

一、課程與教學法方面

美國在一九六〇年代最顯著的教育改革是課程的改革，由於一九五七年蘇俄發射第一枚人造衛星後，美國教育界呼籲改革中小學課程，特別加強外國語言、數學與科學。在一九五八年國會通過國防教育法案（National Defense Education Act）撥助巨款，加強數學、科學及外國語言三科，以鞏固國防。除了蘇俄太空科學的刺激及國際局勢緊張的影響，而且還有人口的劇增、農村人口流至城市的趨向、大衆傳播工具的進步、交通工具的快速、科學的發達，以及社會、經濟及政治問題的發生等都是促進課程改革的因素。就目前課程及教學法改革的趨向大體如下：

㈠課程趨向學科知識的加強　美國在一九二〇至三〇年由於進步主義教育的運動，重視學生

❽同❼，頁八。

整個的發展（whole child approach），對於學生個人的社會關係與情緒發展相當重視，教學也偏向學生興趣與需要。但在一九五九年課程改革運動，中小學教材改由大學教授編訂，要求學生熟習學科內容，糾正過去學業水準低落的缺點，所以課程偏向智力發展的培養；不但個人有最大的智力發展而且國家可獲得高度智力的資源，以適應競爭而複雜的社會。

㈡重視數學、科學及外國語言三科　由於一九五八年國防教育法案補助加強數學、科學及外國語言三科的教學，這三科在中小學課程特別受重視。社會學科、體育及職業科目雖也加強，但不如這三科那樣受重視。

㈢課程改革偏重在中學的階段　雖然課程是包括各級學校，但最基本與重要的改革是中學課程。

㈣教學方法的創新與實驗　教學方法是不斷的修正與實驗，如採用不分年級制度、能力分組，協同教學法及編序教學法。

㈤課程類型趨向分科課程　分科課程是美國最早而普遍的課程，在一九二〇至三〇年除分科課程外，採用活動課程相當普遍，尤其是小學。在一九三〇年又增加核心課程，初中採用者較多。但自一九五九年課程改革運動，趨向分科課程。目前中小學均採用分科課程、核心課程及活動課程。分科課程又有修正爲相關課程（Correlated Curriculum）、合科課程（Fused Curriculum）及廣域課程（Broadfield Curriculum）。

㈥課程與教學法趨向工業技術的應用　在一九五〇年代後期，美國教育受工業技術革命的影響。首先應用工業技術在個別教學工具的是外國語言實驗室，在一九五八年只有四十六間外國語言實驗室，到了一九六七年左右已增至七千間。電視教育自一九五三年後有長足的進步，一九六五年至少有一百十八個教育電視臺；此外使用電腦、教學機器（teaching machine）及錄音機等亦相當的普遍。

二、城市教育方面

聯邦政府近來對城市教育的問題相當重視。在第二次世界大戰以後，流入大城市的人口與原住在城市的人口，在品質上有很大的差異；流入芝加哥、紐約及洛杉磯等大城市的人口大都是黑人（Negro）、波多黎哥人（Puerto Rican）、墨西哥人（Mexican）以及其他少數民族，尤其黑人居多。這些人流動性大且多貧窮，在城市中構成了貧窮地區。城市貧窮人口的增加影響學生註册人數增加，教育經費不夠，師資缺乏，設備簡陋以及家教不良的問題，與郊區的教育恰恰相反。住在貧窮地區的兒童被稱爲教育經驗背景失調的兒童（Disadvantaged children）主要是指貧窮黑人兒童的隱語。美國社會教育學家哈米赫斯（Robert Havighnrst）指出在大城市有八分之一是貧窮，教育經驗背景失調的兒童佔一般城市總人口約有百分之十五，而佔紐約、底

特律 (Detroit) 等大城市總人口則為百分之三十❾。目前城市教育改革的趨勢如下：

(一)實施補償教育計畫 (Compensatory Program)　所謂補償教育計畫，是適應貧窮兒童特別需要的教育計畫。補償教育計畫是一種新觀念，因為傳統觀念認為教育機會平等是提供同樣教育措施；如同樣教科書、課程，每班學生數及圖書數量等，如果學生學習有了問題，只是歸咎於學生，而非學校。可是補償教育計畫是認為教育機會的眞正平等應使教育計畫適應個別學生的需要，使其有同樣機會能夠發揮最大的潛能，不受經濟、種族、社會或文化背景的限制。教育經驗背景失調的兒童對於一般學校措施無法獲得有利的發展，甚至不願學習。所以補償教育計畫設計提供補救這些學生的教育措施。例如「擴充學生視界計畫」，提供學生旅行參觀以及其他活動，使學生接觸更廣泛的環境與文化，可以擺脫目前不良環境的影響。或提供「矯正或補救閱讀困難的教學」、「個別輔導計畫」、「健康與營養服務」、「混合各種族學生活動」等，使其與一般正常背景學生享有同樣有效的教育機會。根據一九六五年學者柯門 (James S. Coleman) 的考察報告，教育經驗背景失調的兒童是由於經濟因素多於種族因素，所以聯邦政府撥助推展補償教育計畫。在一九六五年國會通過中小學教育法案 (Elementary and Secondary Educa-

---

❾ C. Daniel Jordan *The Disadvantaged Child* Dwight W. Allen and Eli Seifman (ed.) *The Teacher's Handbookc* Glenview, Illinois: Scott Foresman and Company, 1971 c, p. 665

tion Act）的第一項計畫就是補償貧窮學區的學校，補助款項的計算標準是以其貧窮學生家庭每年收入美金在二千元以下的人數乘以各州對每個學生費用負擔的一半。一九六六年貧窮學生家庭收入標準提高至美金三千元以下，一九七〇年又提高至美金四千元以下，由於國會補助每年約有十二億美元推展補償教育計畫，加州許多大學區已利用這些補助款，對教育經驗背景失調的兒童實施補償教育計畫及黑白合校計畫。

聯邦政府推展補償教育計畫，補償的對象大都是黑人兒童，引起黑人爭取自己設計這種計畫，認爲黑人可設計比白人更完善的補償教育計畫，黑人學生家長開始參與學校計畫。根據若干研究的結論發現小學一年實施補償教育計畫已嫌過遲⑩，因此在一九六五年有黑斯達（Heat Start）學前教育計畫，由聯邦政府補助，使補償教育計畫提前於學前教育階段開始。

㈡實施混合各學區學生制度　目前城市學區人口趨向家庭不健全而導致教育經驗背景失調的兒童同在一學區內，不易擺脫家庭環境的影響，因爲彼此接觸的兒童都屬於類似的家庭環境。所以有的大城市採用教育公園制度，例如紐約市採用教育公園制度，使中小學學生同在教育公園念書，所謂教育公園（Educational-Park）就是規模較大綜合學校的校舍，在教育公園中所有中小學共同使用設備，並集中行政管理。施雷丘斯計畫（The Syraxuse Plan）是關閉目前小

⑩ 同註❻，頁二三二—三。

學，重新分發小學生到市郊教育公園。伊利諾州埃門斯敦計畫（Evanston Plan）將黑人學區學校關閉，有計劃地分發鄰近學區的學校，使黑白合校。在一九七〇年芝加哥成立米多羅中學（Metro High School），從市內任意選取學生，而且使用與市區相似文化、商業、運動及其他設備⓫。

三、職業教育的方面

美國職業教育一向是聯邦政府補助各州教育的重要計畫，美國國會在一八六二年通過莫利法案（Morrill Act），建立公地學院制度（Land Grant College System）是最早的職業教育法案，在一九六三年國會通過職業教育法案，一九六八年又加以修正。近年來職業教育更愈受一般社會的重視。美國教育署長馬林（Sidney P. Marland Jr.）認爲職業訓練是教育最重要的先決原則，根據勞工部的研究，預估在一九八〇年左右所有工作有百分之八十工作者所需要的學歷是低於大學畢業，但很少工作可以讓無技能的人擔任。目前美國聯邦預算有百分之二十是用在職業教育，在一九七〇年聯邦、州及地方經費用在職業教育約十八億美元，比一九六〇年增加七億以上。一九七一年接受職業教育訓練約有一千零五十萬人，預計在一九七五年增至一千七百萬

⓫ Robert A. Diamond (ed.) *Education for a Nation*, Washington: D. C. Congressional Quarterly Inc. 1972 p. 20

人。學者柯卿（Calkins）估計每年缺乏職業訓練青年失業約有七十五萬人，每個青年訓練估計費用爲一千五百美元，將要十一億一千二百五十萬美元，如果讓這些同樣數目的青年回到中學，加強職業教育，只要花費訓練費用百分之二十五，可見職業教育不但重要，而且可節省國家經費⑫。

職業教育改革的趨勢如下：

㈠職業教育實驗計畫的實施　美國教育署長馬林主張職業教育（Vocational education）改名爲事業教育（Career education），以代替傳統普通與職業教育。全國教育研究與發展中心（The National Center for Educational Research and Development）已設計三種職業教育實驗計畫如下：

第一種實驗計畫是從幼稚園至第十二年級加強事業教育。在小學就提供廣泛的工作觀念，在初中學生選一種專長，在高中就下列三種途徑選擇其一：⑴畢業後卽就業；⑵畢業後再念二年初級學院；⑶升大學。

第二種實驗計畫是十三歲至十八歲學生卽可擔任學徒式的工作，這些學生可以回到學校肄業，校外工作可算成績，或且繼續工讀。在校外接受工作證件可視同學校所提供的職業訓練。

⑫同註❽，頁四九五。

第三種實驗計畫是使已離校青年或成人接受事業教育—使用視聽教學或函授方式以傳播事業教育。

美國教育署已撥助四百八十萬美元推展這三種實驗計畫，奧亥俄州立大學已接受二百萬美元的補助，推展第一種實驗計畫；費城改進學校研究實驗室(Research for Better Schools in Philadephia) 及加州柏格萊遠西實驗室(The Far West Laboratory in Berkeley Calif.) 兩單位共接受二百萬美元的補助，推展第二種實驗計畫；麻州牛頓教育發展中心(The Educational Development Center in Newton Mass.) 接受三十萬美元的補助，推展第三種實驗計畫。此外各州許多地方學區也推展職業教育的實驗計畫。

㈡擴充職業教育的觀念　職業教育觀念已趨向擴充成為更廣泛的事業教育，為人類資源發展的中心，職業教育除了特別職業準備外，並協助學生發現、瞭解與改善其才能，而發展其才能是為將來事業工作的基礎。

㈢加強中學畢業生及成人職業教育　未來職業的要求大多趨向低於大學畢業的學歷，職業教育已擴充加強中學畢業生及成人的職業訓練。

㈣重視特殊兒童的職業教育　特殊兒童包括教育經驗背景失調學生及心理或生理缺憾學生。

㈤趨向工讀計畫與建教合作　在校學生可參加工讀計畫，並加強建教合作，使學生未就業先有實際工作的訓練。

㈥職業教育的廣泛目的趨向改爲可評量的職業技能目的　課程是以可評量職業技能的組合而成爲教學的內容。

㈦職業教育重視地方實際需要　職業教育計畫鼓勵地方自由創造與設計，以適應地方需要。

四、師資教育的方面

美國師資教育的改革來自各方面的要求或影響，大體來說有下列七方面：

1. 近來教育著作顯示學者建議創造新的師資計畫。
2. 美國教育署在一九五八年以後有力的領導，例如在一九五八年國防教育法案提供大學攻讀師資教育學生獎學金，一九六五年高等教育法案（Higher Education Act）提供補助研究院師資教育計畫，一九六七年教育專業發展法案（Education Profession Development Act）廣泛補助配合培養師資計畫。
3. 大學文科與自然科學教授因聯邦的補助而參加師資教育計畫的教學者，提出改進師資教育的建議。
4. 攻讀師資教育課程的學生，要求放寬課程的限制及注重實用的課程。
5. 教育行政人員對於培養師資的課程表示不滿。
6. 現任教師對於改進師資教育的要求。

7.培養師資的大學提出改進師資教育的計畫。

由於上列各方面的要求與影響，師資教育的改革有下列的新趨勢：

㈠師資教育實驗自由學習制度　在一九六〇年後期，有兩個州立大學開始採用開放制度，容許學生免上課數週或數月，從事獨立研究，有些研究具有創造性的效果，有許多大學趨向放寬修讀規定與課程的限制，並免除強制上課的規定及以ABCD等字母爲評分等級。

㈡師資教育課程範圍擴充　師資教育課程已不只限於教育科目教授授課，其他科目教授包括心理學家、人類學家、哲學家及數學家等均擔任授課，若干教育系或學校已成爲科際中心。

㈢師資教育採用系統分析（System Analysis）　美國師資教育趨向仿效工業機構及政府採用系統分析，先將教師應具有的教學技能與品質用具體行爲表明，然後有系統地搜集最有效學習而適用的資料及運用科學與數學的資源，而設計培養理想教師的有效計畫。在一九六七年這種改革有很大的進展，美國教育署開始推動一種新計畫，這計畫是可以適用任何地方的培養小學教師完整系統，引起了各學校立卽的響應，目前有些教學者已實驗能力本位師資教育，採用行爲成就(Performance)　標準，開闢了評鑑實習教學的新途徑，構成師資教育計畫的新方向。美國史丹福大學（Staford University）有兩種方式的實驗頗爲流行，第一種方式是將學生編成小組，每一小組學生數很少，指定學科教材的一小部分爲範圍，加強實習某一小部分的教學技能，然後分析評鑑其教學成就，有時重複教學數次，稱爲精細教學技術（Micro Teaching）；第二種方式是與精細教學技術相關的，是用手提電視錄影機（Protable Video Tape Recorder）將一種教學情況錄影，讓學生及其他人在空閒時將所錄影的教學情況各部分加以分析與批評。

五、學校制度方面

美國公立學校的組織是基於傳統，而非邏輯，原始公立學校是以小學型態爲主，十九世紀末葉中學才開始發展，小學學區是配合政治、教育及財政的需要，中學學區主要是配合財政需要，藉以劃分稅收能力的安排，未必基於兒童學習的因素。目前除大學外各學區將學校劃分爲小學、初中、高中及初級學院。學前教育不列入正式學校組織，而初級學院也非入大學必經的教育階段，但學前教育及初級學院則日漸受更加重視，目前學制的改革趨勢如下：

㈠學前教育趨向免費與普遍　目前美國一般人士不認爲學前教育是列入普及教育範圍內，但是美國教育計畫者確已認爲學前教育爲整個教育制度的一部分。例如在一九六六年全國教育協會教育政策委員會（Educational Policies Commission of the National Educational Association）和美國學校行政人員協會（The American Association of School Administrator）建議所有兒童自四歲起應該有機會免費入學。在一九六八年前任美國教育署長賀偉（Harold Howe）預測在二〇〇〇年左右，四歲兒童免費入學將普遍實施。在一九七〇年新繼任教育署長奧林（James E, Allen）設計一種教育制度，包括每學區有一個中央診斷中心，二歲半的幼兒由父母或監護人陪伴來校，診斷其現況與背景，並代爲設計個人學習計畫，計畫中的一部分是二歲半到五歲要逗留這中心一段時間，與不同背景的幼兒一起玩與學習，而且有些幼兒接受特別幫助⓭。

㈡初級學院的推展　創辦初級學院固然是很早的事情，但是近來初級學院的發展卻非常迅速。初級學院的設立係基於前任芝加哥大學校長哈伯（William Rainey Harper）的建議，他主張大學四年分開成爲兩部分：第一部分是大學第一、二年，著重普通教育，稱爲中學院（Academic College）是中學的延長，屬於中學範圍；第二部分爲大學第三、四年級，著重專門學術研究，稱爲大學院（University College）。後來中學學院改爲初級學院，大學學院改爲高級學院。初級學院創辦於一八九六年，最初初級學院教育是偏重大學性質，沒有自己獨特的課程，後來逐漸發展有獨特的課程，趨向生活準備爲其教育目標。課程包括普通科目及技能科目：普通科目是升學準備的科目；技能科目是就業準備的科目。但有的學區初級學院擔負成人教育的任務成爲社區學院（Community College）。目前初級學院學生數及校數劇增，在一九二〇年初級學院不超過二百個，學生數只有一萬六千人；在一九五〇年初級學院已有六百個以上，學生數增至約四十九萬六千人；目前初級學院已超過八百個以上，學生數竟達一百五十萬

⓭ 同註❻，頁二三七。

⓮ 同註❿，頁四八。

人⑭。所以初級學院已成爲美國學制重要的一部分。

六、教育行政觀念方面

教育行政是包括理論與實際，教育行政觀念是與其理論有關，教育行政觀念的改革有顯著的趨向，值得提出。美國教育行政觀念是不斷修正中，在一八七〇至一八八五年教育行政觀念是著重督導教師教學；在一八八五至一九〇五年教育行政觀念是著重應用哲學（Applied Philosophy)，認爲教育行政主管應具有智慧與道德判斷，足以指導教育人員，並且居於權威的地位；在一九〇五至一九三〇年教育行政觀念是著重科學管理，在一九三五至一九五〇年教育行政觀念是著重人際關係；在一九五五年以來教育行政觀念是著重教育行政行爲。在一九四七年美國教育行政教授協會（The National Conference of Professors of Educational Administration）成立，由於其每年會議與活動，會員彼此溝通教育行政的意見，共同主張提高培養教育行政人員的素質；在一九五〇年由於基洛克基金會（Kellogg Foundation）的補助，設立教育行政合作計畫（Cooperation Program in Educational Administartion）。教育行政人員與社會科學家得以交換意見，並發現以往彼此看法不一致，甚至有敵對的態度，因此在九個大學設立中心推展教育行政合作計畫。在一九五六年大學教育行政協會（University Council for Educational Administration）接受美國教育署的補助，與教育測驗服務中心(Educational Testing

Service）及教育學院合作，研究教育行政人員的行爲成就。這種研究對於教育行政觀念影響很大，其改革趨勢如下：

㈠以行爲科學及社會科學研究教育行政　教育行政借助心理學、社會學、人類學、政治學及經濟學等研究，以建立教育行政的理論，目前教育行政的研究偏重於教育行政行爲，趨向科學化。

㈡培養教育行政人員課程趨向增加社會科學有關學科　教育行政觀念趨向重視教育行政行爲，有關行爲研究與社會科學成爲教育行政人員必具的知識，所以培養教育行政人員課程不只限於教育科目教授授課，並增聘社會科學教授授課。

㈢教育行政採用系統分析　教育行政人員的決策趨向合理決策的過程，在量的分析趨向系統分析。尤其系統理論在教育行政上的應用，日趨受重視。

七、學校財源方面

美國教育經費不夠是教育重大的問題，美國教育署統計及預計一九五八年至一九七八年學生人數如下列表一⑮：

---

⑮ 同註⑩，頁九一—一〇〇。

表一　美國一九五八年至一九七八年學生人數表

年度	小學學生數	中學學生數	大學學生數	備註
一九五八	三〇・九	一〇・九	九・〇	一、大學不包括研究院
一九六八	三七・二	一五・一	一四・三	
一九七八	三五・五	一六・八	一六・九	二、百萬爲單位

由上列表一可見一九六八年比一九五八年學生數增加很多：小學學生數增加二〇%；中學學生數增加三九%；大學學生數增加五九%。一九七八比一九六八年學生數增加已稍緩和：小學學生數反而減少五%；中學學生數只增加一一%；大學學生數只增加一八%。但學生費用負擔及學校經費負擔則逐漸增加如下列表二及表三：

表二　美國一九五八至一九七八年度每個學生費用負擔表

年度	每個中小學學生費用負擔	每個大學學生費用負擔	備註
一九五八—五九	四四〇	一、三五五	（美元爲單位）
一九六八—六九	六九六	一、七七二	
一九七八—七九	八八五	三、〇八九	預估

表三　美國一九五九至一九七九年度學校經費表

年度	公立中小學經費	公立大學經費	備註
一九五九—六〇	二一·一	二六·一	（十億元爲單位）
一九六四—六五	二九·二	三八·一	
一九七〇—七一	四四·六	六二·七	
一九七四—七五	四五·二	六七·六	預估
一九七九—八〇	四九·七	七八·四	預估

由上列表二及表三，可見政府對學校經費的負擔日漸加重，目前美國學校經費遭遇兩大問題：一是有許多地方學校預算不夠實際需要，尤其以大城市的中心學區爲然；二是學校經費因州而不同，甚至同一州因學區而不同，彼此財源差異很大，影響不同的發展。有許多研究教育稅收，最先全國性學校財政（School Finance）研究是在一九六八年由佛羅里達大學主持，並與佛羅里達州教育廳合作進行，其結論發現教育經費分配平等比教育上種族（黑白合校）問題更爲困難。美國前任總統尼克森在一九七二年提出改革有關學校財源稅收的建議，被稱爲革命性的改革。州長、市長、法庭、各州議會、教育人員以及學者專家均提出各種不同的看法，學校財源改革趨勢如下：

㈠增加聯邦政府負擔學校經費的比例　全國教育協會（National Education Association）建議聯邦應負擔全國經費三分之一，有些建議聯邦、州及地方應分擔比例爲四比四比二；根據一九七一至七二年學校經費來源的統計：聯邦佔九％；州佔三七％；地方佔五四％。在一九一九—二〇年聯邦補助教育經費只有二十五億美元，在一九七一—七二年已增至三十三億美元，雖然增加很多補助費，但只佔全部學校經費百分之九，所以今後仍然有增加聯邦補助學校經費比例的趨勢。

㈡加強州政府負擔學校經費的責任　近來各方面建議各州面臨學校經費困難問題之下，應加強負擔學校經費的責任，如州際關係顧問委員會（The Advisory Commission on Intergovernmental Relations) 建議州應負擔所有學校的經費，密西根州州長米利琴（Governor William G. Miliken) 及前任哈佛大學校長柯南特 (James B. Connant) 都也如此主張；總統的學校財政委員會 (President's Commission on School Finance) 建議州政府應提高預算以負擔學校經費，聯邦政府教育補助應透過州的分配，而州政府應配合聯邦政府補助費、編列相同預算，以五年爲期，補助大城市學區及私立學校。在一九六〇至一九七〇年教育稅收增加一倍者計有三十五州，有些建議將地方財產稅歸屬州政府，以增加州政府對學校經費的負擔，所以今後州對學校經費的負擔可能加強。

㈢教育經費分配趨向促進教育機會平等的實現　教育機會平等的實現並非教育經費的均等分配，因爲費用與需要因學區與兒童而不同；例如對於教育經驗背景失調學生的學校應給予較多經費的補助。目前許多教育人士建議應訂定公認公式計算所需經費，以適應學生教育需要，但是欲求得公認的公式也至爲不易。

八、未來改革的動向

綜觀美國上述各項教育的動向，顯示缺乏全國統一而明確的教育計畫，因爲其教育行政制度是地方分權制，所有改革並非聯邦政府可以統一規定，而是由於專家學者、教育人員及社會人士的建議，尤其由於聯邦政府領導與補助，以推展各種教育改革的計畫，所以教育的改革往往是先從局部的實驗，緩慢地進行，甚至有時不容易察覺的。不過從聯邦政府各種補助教育計畫及許多教育著作中，仍然可發現目前教育改革的動向，其未來中心的動向可歸納如下：

㈠促進教育機會眞正平等　全民教育是美國傳統教育的原則，但促進教育機會的眞正平等並非一日可蹴。並非提供同樣入學的機會、學校經費、師資、設備及課程等等，而是提供不同教育環境，使所有學生都能得到教育最大的益處；目前重視對於教育經驗背景失調的兒童提供補償的教育計畫就是一個例子。

㈡教育範圍趨向廣泛　教育範圍趨向廣泛：一是基於全民教育原則；一是基於教育有效原則。基於全民教育原則，普及所有人民的教育機會，對於學校制度趨向包括學前教育，使六歲以下四歲以上的兒童可享有免費入學的機會；對於教育經驗背景失調的兒童及心理與生理缺憾的特殊兒童趨向給予充分的特別教育；對於成人教育趨向更加普及與有效。基於教育有效原則，對於教育環境不但擴充爲無牆的學校（Schools Without Walls），校內外均包括在內；對於教育的社會生態（Ecology of Education）也予重視，包括所有對教育有影響的環境，例如空氣污染對於學校環境的影響；對於教育研究範圍趨向包括社會科學與行爲科學，不只限於教育本身的領域。

㈢教育改革基於科學的研究與應用　美國教育改革重視客觀的研究與實驗，聯邦政府對於此方面的計畫、研究、發展、實驗、評鑑及廣播（Dissemination）特別努力與推展。有許多大學由於美國教育署的補助，已建立研究與發展中心，研究學習問題，如哈佛大學與波士頓（Boston）、劍橋（Cambridge）、牛頓（Newton）、康果（Concord）及黎克斯英頓（Lexington）等學區學校合作，研究學生心理與文化的差異。哈佛大學課程中心使教授與中小學教師合作實驗使用新教材，其他基金會與公司對於教育研究與發展也有相當的貢獻，如麻州劍橋教育發展中心由於福特基金補助，與哈佛大學心理學家布魯納（Jerone Bruner）合作，從事於學習過程及新教學法的研究。而教育措施趨向用可評量成就標準加以科學的評鑑。

㈣教育發展趨向教育素質的提高　根據美國教育署的預估，一九七〇年代公立學校學生數無多大增減，而私立學校學生數反而減少五%，可見今後美國學生數在一九八〇年前是相當穩定；而課程的改革、教學法的創新與實驗、教育經費的增加、研究與發展的重視、教育行政的科學化及師資教育的改善等均趨向力求教育素質的提高。

㈤教育改革配合社會實際需要　美國教育改革均由社會重大的變遷：如一九五七年蘇俄發射第一枚人造衞星引起一九五九年課程改革運動；人口大量流入大城市引起城市教育的改革；工業社會的發展引起職業教育的改革。聯邦政府近年來積極籌劃與推展教育改革趨向配合國家與社會的需要，各大學接受聯邦政府補助，研究各種改革計畫，亦多偏向社會實際問題的解決。

一九八〇年代世界教育的趨勢

一九八〇年代教育發展，從世界各國面臨教育問題與措施，可以看出有以下幾種較顯著的趨勢：

壹、一九八〇年代有些開發中國家仍然有大量失學的兒童與少年，需要加強普及教育，消除文盲。

根據聯合國統計資料，開發中國家地區在一九七五年，六至十三歲兒童只有百分之六十二進學校，十二至十七歲少年中只有百分之三十五進學校，預估在一九八五年，六至十一歲兒童中只有百分之六十八進學校，十二至十七歲少年中只有百分之四十二進學校。在一九八五年左右，拉丁美洲廿四國中只有七個國家，其六至十一歲兒童可能有百分之八十進學校，非洲四十六國中只有十八國可能達相同的比例，南亞廿七國中只有十三個國家可能達相同的比例。開發中國家自一九七五年至一九八五年之間必須增加學生註册人數百分之三十，才能維持一九七五年六至十一歲註册人數所佔的比例。而且還要假定人口增加是中度，實際上是不容易做到。再說教師缺乏也是問題。例如從人口增加趨勢來看，一九七八年世界人口是四十二億一千九百萬人，在一九七六至一九七八年之間，世界人口增加了二億一千萬人，平均每年增加七千萬人，這數字是出生及死亡人口相抵之下計算，實際上全世界每年平均增加學生數將是八千萬人至九千萬人，大約需三百萬教師，可是一九六九至一九七六年教師人數從一千九百十萬人增加到二千二百九十萬人，只增加三百八十萬人，平均每年增加五十四萬人，如與所需要增加教師相比，只是其五分之一，相差太多。又因開發中國家學生中途停學的比率很高，在一九六五與一九七〇年小學一年級學生念到四年級者，各爲百分之五十與百分之五十四，而且留級重讀學生人數在一九七〇年約百分之十五至二十。

從以上的分析，在一九八五年開發中國家有一半以上兒童沒有受到基本敎育，教師缺乏問題也相當嚴重，如何克服這些問題，以消除文盲，將是一九八〇年代有些開發中國家教育發展必須重視的趨勢。

貳、一九八〇年代各國趨勢向城市化，形成遠離的新教育型態，可能需要空中教育來適應。

在一九七〇年代初期，全世界各國趨向增加城市，在一九〇〇年代世界上只有十一個城市是超過一百萬人口，在一九五〇年增加七十五個城市，在一九八五年可能達到二百七十個城市，這種趨勢產生教育兩種型態的問題：一是開發中國家城市人口逐漸增加，農村人口流動到城市，農村人口因逐漸減少，學生數減少，尤其優良師資均流入城市，學生享受不到城市一樣良好的教育機會；二是已開發國家城市中富有人口遷移到郊區，享受幽靜與廣濶郊外生活，避免城市嘈雜與空氣汚染，因此這些郊區家庭子女有些需在城市居住上學，週末始能返郊區，或每日通學的感到不便，而在郊區增設學校，往往各校學生寥寥無幾。因此各國在一九八〇年代將會考慮到遠距離的新教育問題，如果大衆傳播工具發達，顯有優先採用空中教育以資補救的趨勢。

叄、一九八〇年代教育觀念更趨向終生教育，老人與成年人求知慾日增，需要大量正規與非正規教育來滿足大衆各種不同的求知慾。

由於現代醫藥進步，營養豐富，加以身體適當的保健，一般人壽命普遍的延長。老人的人數佔總人口比例愈趨增加，美國一九九〇年代預估六十至六十五歲有一千四百萬人，六十五歲以上者有二千九百八十萬人，比一九八〇年增加百分之二十。歐洲六十五歲以上者佔總人口百分之十二，美國佔百分之十，非洲與南亞洲只有佔百分之三，可見愈開發國家老人佔總人口比例愈高，這些老人在年青時，受高等教育機會極其有限，在進修風氣日盛之下，極思能與應屆高中畢業生同樣在大學進修，像美國大學生年齡不受限制，且無入學考試，老少同班，極爲平常。許多成年人及主婦極思有進修的機會，不過這些老年人及成年人進修的目的，不全爲完成學位，有許多人只求充實生活的樂趣，所修科目爲普通科目、休閒科目或嗜好研究科目，甚至有些人興趣於觀光的常識，或學習些旅行國的語言、歷史及地理。因此將趨向以正規教育的配合，尤其是空中教育，提供各種不同課程，以滿足大衆不同的求知慾。

肆、一九八〇年代在職進修普及，職業技術更趨專業化，新知識增加速度更快，各種行業人員均需要在職進修，因此需要正規與非正規教育提供各種在職進修的機會。

由於科學與工業技術進步，職業分類愈多，所需專業知能水準日趨提高，加上新知識日新月異，一般學生畢業後從事各種行業，必須不斷地在職進修，才能吸收新知能，使工作可勝任愉快，而且個人較有發展機會，是以各先進國家在職進修至爲普遍，一九八〇年代在職進修教育將是更受重視，需要正規與非正規教育配合提供各種在職進修機會，尤其空中教育將是提供在職進修教育最有效工具之一，因爲空中教育可利用公餘時間播授進修科目，既不影響白天上班工作，而且容納進修人數也不受限制。

伍、一九八〇年代教育發展趨向繼續加強配合科技進步與工業化，將仍重視科學教育、技術教育與職業教育。

由於教育與經濟關係日受重視，尤其在一九六〇年美國芝加哥大學蕭而治(T.W. Schults)教授在其《教育形成資本》一書首先提出人力投資的觀點，認爲人力素質的改善，是由於正規教育、成人教育、在職訓練、健康及營養的增進，是促進一國經濟成長的主要因素，並引證美國在二十世紀上半期經濟成長有百分之二十是來自教育投資，欲達成迅速經濟發展，現代科學與工業技術普遍地採用與利用。根據人力研究，許多開發中國家技術人員普遍缺乏，因此教育必須提供人才培養或訓練，而且根據經濟發展中所需高級及中級人才來計劃主修的年限、種類、課程及數量，以配合經濟發展。一九六〇年代發展觀念根本就是經濟發展，由於今後世界經濟普受重視，科學技術人才仍最受重視，一九八〇年代教育發展顯然將繼續加強科學教育、技術教育與職業教育。

陸、一九八〇年代教育發展趨向促進國家現代化，國家整體的發展。

由於一九五〇年代早期許多非洲及亞洲國家獨立，教育觀念有很大轉變，由個人主義導向趨向集體主義導向，新建立國家必須建立本國自己教育制度，其教育發展必須配合本國政治、經濟、社會與文化的背景，成爲尋求國家獨立與統一的重要工具，誠如美國學者柯門 (James S. Coleman) 所說:「教育是打開通往現代化道路大門的鑰匙。」因此教育目前已成爲世界各國政府所關切的課題，將與一九八〇年全球發展策略有關，多數政府都面臨能源危機、通貨膨脹，失業及環境缺乏維護等問題，這些問題必然影響到教育政策，例如政府教育經費因受通貨膨脹影響而支出拮据，雖然各國所受影響程度不盡相同，但是很顯明的，政府教育政策必須配合節省能源、經濟導向與維護環境免受污染，而且各國政府必須有適合本國背景的教育措施，顧及本國政治、經濟、社會與文化發展。因爲這些發展均會產生交互作用，國家現代化必須有整體統整最有效的發展。例如原認爲經濟發展有利於其他發展，尤其是有利於社會發展，從聯合國第一個十年發展的評估，發現原希望的效果，並不眞正地實現，因爲經濟發展往往帶來了對大部分農民經濟競爭的不利，如果經濟發展產生某一部分人口的不利，則回頭來又變成經濟發展的阻力，不得不採取對這些不利的人口予以補救，這些經濟失利的人口包括農業人口，婦女、貧民區居民及少數人團體，使得經濟與社會均能有均衡發展，因此許多開發中國家政府一面積極推動經濟發展，另一面不能不普及教育，消除文盲，提高一般人經濟競爭能力。又如學者丘羅 (A. Curle) 研究平等政治 (equalitarian) 與寡頭政治 (oligarchic) 下教育影響不同，發現在平等政治國家，教育普及與迅速，雖然教育可以有助於政治發展，但是當教育擴充快過經濟發展的時候，證明對統一有威脅，產生政治不穩定。在寡頭國家，教育擴充速率緩慢，教育常常促使領導人才與受教育知識份子發生衝突。因此在一九八〇年代各國教育發展趨向配合國家整體的發展，促進國家現代化。

柒、一九八〇年代教育發展趨向加強本國文化價值觀念的培養。

現代經濟發展與工業技術進步帶來了物質價值觀念導向，與傳統價值觀念相牴觸，最近在世界一些部分發生事件表現出，有些國家匆促而單純推動現代化與工業技術，可能產生面臨嚴重的絕境，除非對大眾個人的期望與文化價值觀念能夠受重視與承認，而文化價值觀念是來自本國傳統，而非外國輸入，因此教育擔負傳授文化價值觀念的最重要角色。在一九八〇年代各國教育發展將覺醒地加強本國文化教育。

終生教育的興起

壹、前　言

終生教育在古代早就有終生學習的觀念❶。近代教育學者柯美紐（John A. Comenius）與阿諾第（Matthaw Arnold）亦提到。六十多年前終生教育（Lifelong education）一詞已出現在英文著作中，在第二次世界大戰後不久，終生教育則開始引用，但是引起一般教育學者極大興趣而且形成一種運動，則開始於一九六〇年代中期，特別由於聯合國教育科學文化組織（UNESCO）所倡導，使終生教育普獲接受與重視，在這時候最早受讀者注意而且有影響力的作者是豪爾（E. Faure），他在一九七二年出版了一本書，名叫《學習什麼》（*Learning to be*）❷，

❶ A. J. Cropley, *Lifelong Learning and Systems of Education: An Overview*, UNESCO Institute for Education, 1980, p. 1.

❷ W. Rue'gg W. Le Role de Université dans l'Éducation Permanente CR E-Information, 1974, p. 7.

他列舉了一些終生敎育的原則。在一九七五年大衞（R.H. Dave）所著《終生敎育概念》，頗負盛名，聯合國敎育科學文化組織敎育研究所（UNESCO, Institute of Education）開始進行科際整合研究，由敎育哲學、歷史、社會學、心理學、人類學與經濟學者共同從事研究，探求在現代條件之下敎育應有的方向，以及如何充分發揮個人自我敎育導向的潛能，並且有一系列之研究著作發表，對於終生敎育概念之澄清，理論基礎之建立與各國實際發展之瞭解，均有相當的貢獻。玆就終生敎育意義與內涵、終生敎育受重視的因素、各國終生敎育的發展趨勢，以及終生敎育未來的展望分別列述如下。

貳、終生敎育的意義與內涵

終生敎育的意義因不同作者使用在不同途徑而有不同的含義。在美國通常認爲終生敎育與成人敎育或生計敎育相關聯，如在一九七六年終生學習法案，曾經與多種彈性的敎育活動相關聯。在歐洲終生敎育更常與學習及工作相關聯，特別與更新敎育（Recurrent education）、繼續敎育或者空中大學的開放學習的規定相關聯。

就終生敎育內涵來看，大衞以終生敎育概念特徵分析如下：

1 終生敎育概念之意義是基於「生活」、「終生」與「敎育」三個名詞，對這些名詞的解釋，大體上就等於決定了終生教育的意義與範圍。

2 教育不是只限於人生當中的某一階段，它是終生的過程，接受所有階段的教育，包括學前教育、初等教育、中等教育、大專教育與成人教育。

3 終生教育是具有彈性地接受各種教育的典型與形式，包括正規（Formal）、非正規 (Nonformal) 與非正式 (Informal) 的教育。

4 教育事業機構（如學校）固然是終生教育機構之一，但是除此之外，家庭教育也是對個人初期與繼續發展及學習有很大的影響。

5 終生教育是根植在社區，因爲社區對於終生教育扮演了很重要的教育角色。

6 終生教育是對於個人一生中，每一階段生活在橫的與深的教育層面尋求統整。

7 終生教育也是對於個人一生中，每一階段生活在縱的教育層面尋求繼續與銜接。

8 終生教育是象徵教育民主化，不是基於精英教育，而是基於大衆教育的原則，應用在一生中各個階段的教育。

9 終生教育是動態的導向，當產生新的發展，其學習資料與媒介要跟著配合，學習工具與技術，學習的內容與時間，都是有彈性與許多差異的。

10 在終生教育中，學習過程 (Learning process) 是所有教育的關鍵。

11 終生教育有兩大廣泛部分：一是普通教育；二是職業教育。兩者是交互關係與交互作用的。

12終生教育提供個人與社會一種機會，不但是適應社會變遷，而且參與改革社會變遷。

13終生教育是對現行正規教育制度的缺失，提供補救的對策。

14終生教育的最終目的是在維持與改善生活品質。

15終生教育有三個主要先決條件：那就是機會、動機與可教育性。

16教育在運作水準上，終生教育是一個組織原則，提供所有教育的整體制度❸。

聯合國教育科學與文化組織教育研究所負責人柯伯勒（Cropley）對終生教育的倡導與研究不遺餘力，他被認爲是終生教育運動的重要人物，他分析終生教育的內涵頗爲清晰，他認爲終生教育是終生學習的制度，其含義如下：

1從接受教育時間來說　終生教育是個人所受教育持續到一生，過去學習通常指在五歲左右與十歲左右至二十五歲左右之間的學校教育，這種學習因各國教育制度不同而異，終生教育強調在學齡之外，仍然有接受有目的的教育機會，包括正式教育與非正式教育；

2從適應生活變遷必須具備條件來說　終生教育指引著對知識、技能與態度有系統的獲得、更新（Renewal）、提昇（Upgrading）與完整，使能適應不斷變遷的當前生活需要，以達到

❸ H. B. Long, *Lifelong Learning: Pressure for acceptance*, Journal of Research and Development in Education, 1972, 2-12.

促進每個人自我實現的最終目的；

3從重視學習者個別特質來說　終生教育依賴著能成功地實現的目標是增加能力與動機，以從事於自我導向的學習活動；

4從學習環境的範圍來說　終生教育是凡具有教育影響的環境均包括在內，諸如正規的、非正規的與非正式的教育，除正規學校、非正規補習學校與空中學校外，以在家庭、社區、工作場所、商業工會、教會、博物館、圖書館、休閒活動中心等場所，一切會影響自我實現與生活的教育環境，均包括在內❹。

從以上各種說法，可知終生教育是包括一個人一生中，為適應不斷變遷的現代生活，及促進自我實現所接受的一切正規、非正規與非正式教育，及各種學習活動。

叁、終生教育興起的重要因素

終生教育所以比以前更受重視，主要原因是受下列各種因素影響：

---

❹ R. Pucheu, La Formation Permanente: L' Idée neuve? L' Idée fausse? Esprit, 1974 10, 321-336, P. 375.

一、現代生活的迅速變遷

現代社會、經濟與文化生活的變遷速度遠超過以前的傳統生活，這是促進終生教育發展的原因，這種變遷阿哥斯當（Agoston）指出係因科技的革命，斯當理耳（Stoneir）則認爲是日常生活的兩大革命：一是科技的變遷；二是資訊支配的變遷。

變遷本身並不一定是壞的，在生活方面與全球各地區的更迅速變遷，可能是我們所願見的，但是從人類文化進化過程看，這種變遷則呈現出兩種具有破壞性的影響：一是現代生活變遷過程迅速，而且個人一生中的變遷週期，可能經歷好幾次，使得個人感到比以往傳統生活的適應更顯得特別困難；二是現代生活變遷的範圍超出國界，國際間交互影響顯著。因此過去傳統的學校教育，甚至加上成年教育，不再容易適應如此迅速的變遷，因爲傳統教育的構想，只是認爲成人可以重覆應用舊時所接受的教育，其實這是不適合現代的變遷需要。

二、職業知能需求變遷

促使職業知能需求的變遷之因素，包括了科技進步、生產技術改良、生產品層出不窮與知識爆炸等，使得有些行業被淘汰，因這些行業的基本技能變遷非常劇烈與迅速。早期所受的教育已不可能一生均能適用於工作需要。這不但手工業與商業如此，專業性行業也是如此。例如醫學，當化學療法不斷有新的發明，則其診斷程序也受科技進步影響而不斷轉變。達賓（Dubin）指出，在一個美國大學一般工程班級所教的內容需要繼續不斷修改，花費相當長時間教學的結果，有大半教材會被淘汰，所以今日所學的職業技術可能過了幾年就變成沒有用處，甚至連低級工人一生中其基本技能至少改變一次，因此傳統教育內容如不繼續修改，即無法適應新需要。

三、社會文化的變遷

由於科學與技術的革命，使得大衆傳播發達，兒童所接受大衆傳播（尤其是電視）的影響，產生對父母價值觀念的衝突，減弱家庭教育的效果；另外由於是城市化更加速，失業、工作角色、勞資關係以及性別角色的變更，使得人在生活與心理上所受不斷的壓力難於適應，且產生各種危機，因而需要終生學習，協助尋求適應生活的新典型，俾能滿足其社會的、情緒的、與審美的需要，甚至在迅速進步的社會，亦可隨時適應其變遷。

四、特殊團體的需求

終生教育最能適應社會中某種特定團體的需求。因爲這些特殊團體在傳統學校制度下，被剝奪其適當學習的機會，這些特殊團體包括低社經地位者、移民、生理缺陷者、農民與婦女等。這些人往往在兒童時期，因難於有效的學習，例如因爲缺乏對學校教育益處的領悟，缺乏學習所需語言的能力，離學校太遠、家庭負擔太重，或者根本厭惡學校教育，因而需要提供各種彈性的教育，包括學校教育與非正規教育，以適應其個別特別需求。

五、職業地位的分化

芳柏（Geipi）強調教育制度與生產制度的交互關係，職業職位是有階層的，不是都相同的，工作者專業知能水準愈高，升遷機會愈大，終生教育使工作者增進其知能，有繼續發展的功能，影響其職位的提升，不致常留在原有較低之職位。

足見終生教育的產生主要是由於現代生活迅速變遷，以終生學習謀求自我實現與增加適應現代生活能力。

肆、各國終生教育的發展趨勢

在過去十年中，終生教育的概念已經開始被政治者與教育者採爲教育政策的一個原則，終生教育已經被認爲不只是教育制度的一部分，而且成爲轉變教育制度的一種工具，包括正規教育與非正規教育制度的重新調整，這種發展顯示許多國家已有新興趣於終生教育這種發展，已不限於在經濟繁榮階段終生教育只是與成人職業教育相結合。但是一方面，終生教育在實質上並沒有太多進展，另一方面在終生教育實際上則有阻力的現象，列起了其內容、方法以及教育過程等課題的爭執，變成教育爭執顯著的課題。

一方面教育可能是爲發展創造、發明、合作、民主、參與、自我發展、追求有意義價值觀念、個人與團體言論自由，每個人審美經驗的權利及基本與非基本需要的滿足。而另一方面教育也可能是壓制、控制、分裂、殘忍、或多或少程度種族主義、壓惡、官僚化、社會重建、陳腔濫調、道德主義及重要價值觀念具體化的工具。在一九七〇年代在有關終生教育的研究、理論、政策與實際就有這兩方面相互鬪爭的發展。

在一九六〇年代與一九七〇年代，各國終生教育發展有兩方面：一是關於學校教育與成人教育之間的教育政策；二是爲了發展具有生產與彈性的教育結構的社會與經濟政策。前者是從成人教育有限的實際學習趨向終生教育的整個一生的學習。後者是從狹窄職業訓練趨向各國因社會、經濟與科技轉變而對整個教育制度加以重新調整。各國由於終生教育造成的進步，還不是直線的(Linear)發展，也不一定是民主化的過程，在一九六〇年代，顯示在工業化國家終生教育的進步與社會科技變遷有密切關聯，只是最近有其他國家也將終生教育列爲主要政策的選項，但是終生教育是否對於某種社會團體，或某些第三國家是一種正面的發展或反面的發展，還是一種疑問。

有一種新穎與令人感興趣的現象發現，實施終生教育對於已經有接受教育機會的人與沒有接受教育機會的人有不同的影響，在一九七〇年代，沒有接受教育機會的人，接受教育機會有限的人或者有特別教育問題容許有權接受正規教育的人，例如移民身份的工人、等待工作機會的青年、尋找工作的婦女、老年人、生理缺陷的人、難民、以及失業的人這些團體能夠進入教育制度機構修讀，特別是進入生產機構工作是不顯著的，而且是很困難的。事實上，終生教育運動不是這些人所能掌握。結果就民主化而言，其教育量與質的發展還沒有令人滿意。已經有接受正規教育機會的人，都能配合終生教育達到較高教育水準，而沒有接受正規教育機會的人，或者接受有限教育機會的人，並沒有享受新的終生教育的益處。因此教育改革的先決原則是：終生教育的實施，必須是整個教育制度的重新調整，而非局部的平行制度，否則不正確推行終生教育的改革，將導致民主化的阻力。

與終生教育結構有關聯的是曾有一種運動，脫離終生教育中心的建構，而趨向行動，目的重在轉變正規教育的整個制度，以及這種制度與非正規教育的整個制度之間的新關係。學校與社區的關係，尤其學校與職業界的關係已經加強了，但是生產結構與學校結構的關係繼續顯出不易加強，教育空間與時間顯然需要重新組織，包括教育與區域的關係，分權制度、參與、休假進修、從教育轉渡到工作、工作場所授課、更新教育 (Recurrence)，以及克服在教育、工作、休閒與退休等之障碍。

關於終生教育內容，開始要求能配合科學與技術的發展，以及包括有關現代的問題，例如裁軍、和平運動、文化反應等等。學校訓練與非正規教育內容之關係顯然不相配合。有些不相配合事實，常常由於缺乏溝通，這不配合事實是指在學校制度與現行動態的文化之間。動態的文化包括科學、技術、與日常生活的創造與普通熟悉文化等。在一些國家已經努力加強教育的文化內容，把握非職業性生活的文化層面。在教育、文化、工作與休閒的結合常常是很困難，因爲其挑撥性質與教育制度的官僚化抗拒，但是由於探求城市文化、工作場所以及不同休閒活動的結果，使得可能設計出一種合乎現實教育內容。這種內容或許可以受重視。

終生教育有新的方法論出現：包括個人與集體學習的自我發展、參與、自主、自我實現、創造、探究與行動研究等方法。

特別與終生教育有關的成人教育在第二次大戰以後開始萌芽滋長，尤以在一九五〇年代與六〇年代爲甚，不問是已開發或開發中國家，都在急遽開展。各主要國家實際發展情形，簡述如下：

㈠英國成人教育之特色是複雜而多樣化：英國的成人教育可溯源於中世紀，但目前的主要實施方式則源自十九世紀。最近十五年來之重要措施有：

1.社區學院　由地方教育當局（L．E．A）大量設置，提供成人學習機會，其目的爲在終身教育的原則下，把學校以外、學校以後的教育和其他社會文化活動密切連結，成爲統整的教育。

2.大學的成人教育　大學辦理推廣教育爲英國成人教育特色之一。英國大學的推廣教育很少開辦授予學位的課程，並以開設博雅教育的科目爲主。其經費由地方教育當局（L·E·A）及大學撥款補助委員會（University Grants Committee）補助。

3.開放大學　開放大學是基於適應成人進修需要，謀教育機會均等及配合廣播教育之發展等教育思潮滙集成的。雖係一種隔空學習的機構，但以函授、廣播、電視教學爲主，另輔以面授，提交書面報告作業方式，經考試及格，始能取得學分、普通學位。

4.成人識字教育運動　爲重視教育不利者需要，由政府撥款，補助地方辦理此類班級，有助於幫助文盲的讀寫能力，對國家社會的影響很深遠。

5.成人教師的訓練　爲便於推廣成人教育運動，而注意成人教師的訓練，這些業務由教育學院負責。

㈡西德的成人教育在第二次世界大戰後重建，作爲朝向政治民主化的重要工作，邦政府和很多私人機構都在辦理，以作爲幫助個人職業進展，改進生活及休閒的活動。其重要發展措施有：

1.夜間民衆高等學校　由政府支應經費，此類學校開設科目偏向非職業性的課程，教學方式採班級教學、團體研究、討論、演講等方式。

2.住宿民衆高等學校　提供十八至三十歲男女青年擴充教育性質的短期住宿課程。內容主要爲博雅教育而非職業教育。

㈢法國有系統而非職業性的成人班級才開始建立。成人學習機會的提供存於商業教育、職業訓練和社會文化的進昇運動中（Sociocultural animation），二次世界大戰後，法國爲因應經濟上的急遽發展，很重視工人的技術訓練。一九六八年通過的高等教育法規，規定大學有辦理成人教學的責任。爲當前法國實施成人職業教育的基礎。目的在適應工人技術的改變，鼓勵工人作社會的進昇和幫助社會文化、經濟的發展。

㈣美國的成人教育，範圍甚廣，種類亦多，且極具多樣化與複雜化。境內有很多機構根據不同的目的，對不同對象實施成人教育。其重要發展趨勢：

1.制定成人教育法案　一九六〇年代以後，聯邦政府通過不少的成人教育法案，對成人教育經費的提供，協助各州辦理繼續教育，老年人的工作訓練，對未就業或低就業率者提供職業訓練，由大學辦理推廣教育等之規定。

2.辦理成人基本教育　由聯邦政府提供經費，而由各州政府及地方，對未受完義務教育者以及新移入美國者辦理成人基本教育，主要內容爲英語之讀、寫和電腦的能力。此類班級大多設於中小學內，亦有設於其他機構的。

3.公立學校的成人教育　在很多地區成人教育已成爲公立學校教育的第三領域，與初等及中等教育並行。此類教育的功能在於：⑴使未完成高中教育者可重回學校；⑵消除文盲；⑶訓練新移民之英語及接受社會化之課程；⑷提供就業技能之課程；⑸提供社區民衆學術的和職業的課程。

4.社區學院　在二次大戰後大量發展，並改變其傳統初級學院的角色發展爲服務社區的角色，成爲社區的文化中心、學術與生活的中心。目前其主要功能爲發展教育不利者的學習技巧，提供社區民衆一般性的教育、部分時間的繼續教育、社區服務、諮詢與輔導、技術與職業的教育及轉業教育。

5.大學院校的成人教育　美國大學的三大主要功能之一卽爲辦理推廣教育。大學院校辦理推廣教育。其在行政組織、經費來源、行政人員、以及課程內容、服務對象、教學方式等均具多樣化，這是其主要的特色。辦理成人教育一般設有夜間學院、繼續教育部門或推廣部門。

6.社會組織的成人教育　美國社會有很多自願團體在辦理成人教育活動，所提供的課程大多屬於宗教的、個人和家庭生活的、社區問題和運動、娛樂等，只有少數屬於一般教育和職業訓練。這些非營利性的社會機構可分成六類：(1)教堂；(2)教堂以外的宗教組織；(3)基督教青年會系統和紅十字會；(4)市民組織；(5)社會服務組織；(6)文化組織等。

(五)日本：日本的成人教育工作向由政府機構推展，主其責者除文部省外，亦涉及勞工福利、農林、司法等部門。第二次大戰後，日本成人教育急遽發展，尤其在一九七〇年代之後，投入更多的經費及人員以充實成人教育的設施，改進服務的品質。其主要措施有：

1.各種學校　指正規學校教育系統——幼稚園、小學以至大學院校等以外的各種教育機關。

各種學校在上課時數、修業年限、招生對象、學校規模與正規學校有很大的不同。課程可分事務、技術、醫療、家政、趣味、自動車操縱、預備學校及其他等九類。

2.函授教育　可分學校函授教育及社會函授教育二類。學校函授是在大學院校實施，係一種正式的課程。社會函授教育則由合作性團體、非營利的私人團體、私人事業所提供，沒有資格限制，不發給文憑。一般民衆都可按自己興趣、職業與生活之需求參與選修。文部省居於認可、協助及指導的地位。

3.放送大學　一九八五年成立放送大學，利用電視、廣播、函授、面授、研習、實驗等配合施教，以提供在職人員、社會人士接受高等教育。學生入學不經考試，只憑登記入學，修業最少四年，經費由政府編列預算支應。

(六)我國正式的社會教育始自清末。至民國成立以後，設社會教育司主管有關社會、成人教育業務。政府遷臺後勵精圖治、政治安定、經濟發達、教育普及、社會教育之有關活動更爲發展。現有之設施，玆分爲四類說明之：

1.社教機構　我國現行社會教育制度中主要的社會機構有：

(1)社會教育館　根據民國四十二年公布的社會教育法，始設社會教育館，由省（市）政府或縣（市）鄉（鎮）辦理。社教館爲綜合性的社教機構，其工作重點以公民、語文、生計、健康、科學和藝術教育爲主要項目。近年在各地成立之文化活動中心，亦具有社教館之相類似社教功能。

(2)圖書館　爲發揚固有文化及促進文化發展的主要社會教育機構，此外尚有：

(3)博物館、科學館、藝術館、教育資料館、體育場、動物園、植物園等。

2.補習教育　屬學校式的社教單位，區分爲國民補習教育、進修補習教育及短期補習教育三種。其發展約可分爲三個時期：民國三十八年至五十六年發展重點在於辦理失學民衆補習班，以掃除文盲爲目的；民國五十七年至六十六年爲配合九年國教之實施，以推展中學階段的補習教育，大量擴展國中、高中及高職補校；民國六十六年以後，發展高等教育階段的補習教育，開辦空中商專、行政專校、工專進修補校、空中大學等。

3.大學院校的推廣教育　大學辦理推廣教育，以服務社會大衆爲大學的主要任務之一。大學推廣教育是指大學利用其現有人力、設備爲一般社會大衆提供繼續教育之機會，俾提昇人力素質，促進社會教育文化之發展爲目的。目前我國大學院校所辦推廣教育，皆爲短期班，名稱有進修班、講習班、訓練班、或研習班等。開設的科目有文、理、法商與管理、農、工、醫事、海事、教育、資訊及其他等九類。其中以文、法商管理、教育、資訊等四大類的學生人數居多。上課時間分爲(1)寒暑假期中實施；(2)星期夜間實施；(3)週末及星期日實施；上述三種，上課期間由八週至二十週不等；(4)短期而臨時的講習，爲期二、三日或一、二週不等。

4.空中教學　民國五十四年起我國開始辦理空中教學制度，首由省立臺北商職附設廣播學校，民國六十一年華視設立後，陸續開辦空中高商、高中、高工三類學校，翌年開辦師專暑期部空中教學；六十六年二月設立空中商專，同年六月由政大附設空中行政專科進修補校，招收在職公務人員進修，採電視、廣播、函授、面授等方式教學。民國七十五年八月起正式成立國立空中大學。

我國空中教學制度成立的歷史雖短，但開設的課程種類則日漸增多，就讀的學生人數相當踴躍，對成人進修機會，提昇人力素質，皆頗有貢獻。

伍、終生教育的未來展望

終生教育的未來趨勢有下列若干可能的方向：

㈠終生教育的政策與活動會繼續發展，因爲有若干因素促使終生教育繼續發展：

1.由於教育的需求與供應增加。

2.由於工作者爭取享受個人或集體學習的教育機會，已變成公衆的要求。

3.由於某些社會家庭教育影響力減弱，家長要求政府對其子女能給予更好的教育，產生了很大的壓力。

4.由於許多人已花更多時間觀賞電視、聽廣播或閱讀報刊，許多工作者搬遷住區以及不同行業的變動，這些均要求更多的教育。

5.由於在教育、工作、低就業率、失業以及科技的轉變與轉嫁之間，有許多不同可能之關聯及其缺失，均要求更多的教育來改善其發展。

6.由於個人壽命的延長與老年人佔人口比例的提高，而要求更多的非正規或非正式教育的機會。

7.由於現代人在社會生活中角色的迅速變遷，需要教育以增進適應新角色的能力。

8.由於某種文化與趣的新發展，要求新的教育。

㈡將來與終生教育發展有關的正規教育與非正規教育、初期教育與繼續教育、職業教育與普通教育、學校教育與自我教育能否適當結合與統整，端賴一國教育政策正確與否有關，而教育政策則與是否大衆參與教育決策與瞭解終生教育的觀念有關。教育能否大力擴充，或仍保持貧乏，將是大衆要求教育結構改變的爭執課題，而是否有足夠適當教育人員投入終生教育的行列也將是釐訂終生教育政策關鍵所在。

㈢終生教育的推行，將對於所有年齡的人開放教育的機會；教育內容與形式有關教育機構將透過研究加以改變，受教時間與場所將有大幅度彈性的改變；社會的、生產的、文化的生活與休閒將重大影響終生教育的目的、內容與形式。

㈣將來教育機構與教育文化要求之間，鴻溝仍然不易消除，因為國際職業分工、文化生活與社會階級的變遷與要求，一般教育機構往往比較不敏感，不易即刻調整教育結構，也不易適時培養新人才，以適應新的社會文化與經濟需要。

總之！目前與將來社會趨向國際化、資訊化、成熟化、高齡化與民主化，一方面要力求自我導向的學習，以達到自我實現的目的，另一方面又要求所增加的學識、技能與態度能適應新社會的需求。這種自我發展與適應迅速變遷及複雜社會的趨勢，終生教育將是各國所追求理想的教育目標，不僅符合一般民衆的需要，而且可以補救特殊團體（如生理缺陷者與移民等）因不利教育環境所受教育機會阻礙的缺失。因此終生教育的盛行將是必然的趨勢。

陸、結論

㈠各國教育由於國家現代化、政治民主化、經濟發展及科技進步的需要，皆有大衆化的趨勢，在正規學校制度外並普設非正規及非正式教育；我國學制則較缺乏彈性。如何謀求其調適，以應實際需要，實爲亟待深入探討的問題。同時，各國教育不僅在對教育的量，謀求擴充增加，在教育質的維持、提昇作法上，也有逐年在提高其水準的明顯趨勢。

㈡我國各級學校教育之學生數的增加，與各國發展情形相類似，皆已有趨於穩定的情況；然而我國各級學校教育與學生之比例則落在一百多個國家之後。我國教育經費預算之水準，仍有低於先進已開發國家及部份開發中國家之現象，而且我國公私立各級學校之單位成本也低於先進國家之水準遠甚。以我國目前經濟發展之實力，正是謀求教育品質提升的好機會：如減少各級學校每班學生數，增加教育經費預算、提高各級學校學生之單位成本，均衡教育發展，增進教育機會均等，皆爲應取的途徑。

㈢應因應經濟發展需要，我國在中等教育的後半段——高級中學與高級職業學校的學生數比例，近年來，已降爲百分之三十一與百分之六十九之比。爲籌謀提升人力素質的水準，似乎宜於重新考慮，訂定新的職業教育發展策略，現階段似正屆探討這個問題的良好機會。

㈣加強科學技術教育爲戰後各國所重視，因科技教育仍是謀求國家富強、經濟發達的先決要件之一；但是，如僅僅重視提倡科技教育，而不同時講求注重人文倫理教育，加強職業道德的薰陶，則科技教育過度發展之後，並非社會、國家、世界，乃至全體人類之福；反之，更可能帶來無限的禍患災害。

㈤職業教育爲實用性技能的訓練，在工商急遽發達繁榮，各種技能變化也相對地有急速而日趨複雜之勢，在此情況下，實應使職業教育列入終生教育的範疇，俾能讓各級技術專業人員，隨時返回學校，或到其他職業訓練機構，接受在職進修，以期能使各種職業水準，維持於適當的標準上；同時，職業教育，必須以終生教育爲輔才能落實，使職業教育與普通教育相結合，能適應急遽變遷的社會生活。

㈥人文教育是以人本爲中心，在教育本質上，肯定教育乃是價值之引導及創造之過程；在教育目的上，側重發展人性，促進國人之自我實現；在教育內容上，注重增進學習者經驗之統整、融貫及持續；在教育方法上，較重視情意之陶冶、創造力之啓發、經驗之學習及感受性之訓練。

㈦終生教育與各國的經濟實力、文化歷史背景、社會狀況、政治安定與否息息相關，密切配合。今後必須大量開放各類學校，以求其普及化，並提供各種不同在職進修機會；同時要具彈性（或有差異性）以配合社會各界需要，及謀個人潛能的充分發展；更要求具統整性，不僅要使正規、非正規及非正式教育，如學前教育、國民教育、中等教育及高等教育等，能連貫相互配合，更要使各類教育，如社會教育、補習教育、成人推廣教育及空中教育等，亦都能充分配合終生教育的理念而發展。

民主法治與校園倫理

壹、前　言

近來由於政府推動民主憲政，開放黨禁，社會輿論強調更應自由與平等的呼聲更是日囂塵上，大學教育亦開始有「教授治校」、「學校自主」、「學生自治」等各種口號，大學法之修正，卽充滿如此之意味，但也有人主張學校與社會不同，主張應採較審慎態度。學校民主顯然已成爲當前教育發展的一種趨勢，但卻也帶來了學校行政人員的種種困擾、教師的疑惑、學生的浮動心態，同時民主運動中，又呈現脫序脫法之現象，例如自力救濟，以遊行、罷工、暴力等等，以表現羣衆之不法訴求，影響社會秩序與治安至鉅。究竟民主法治對學校教育應以何種規範與途徑來運作，始能符合當前的國策與實際需要，值得探討。

當前社會由於科技發達，經濟繁榮，一般人價值觀念趨向現實與功利，並重視物質生活之享受，導致青少年犯罪日益增多，並以經濟性犯罪爲主，使各級學校面臨著雖然努力推展和實踐道德教育，但卻成效不彰的嚴重問題，因而一般教育人士均呼籲應加強「校園倫理」。際此東西文化衝擊漸劇，究竟校園倫理應以何種形式來加以規範及以何種途徑來推動實施相關方案始能導正青年之倫理觀念，以適應我國社會正常之發展，亦值得探討。

有人認爲當前民主法治與校園倫理不易調和，校園民主法治講求師生充分自由與完全平等，而校園倫理講求尊師重道，師生間宜有尊卑長幼之分。因而民主法治與校園倫理在師生關係上似不屬於同樣立場與理念。究竟兩者是否不可併行或相輔相成，有不少教育人員持有不同意見，更需加以探討。

貳、民主法治的理念

談我國民主法治，自應先瞭解「民主」及法治的理念，尤其是我國民主制度的特色。因爲任何政治制度是否可行，端賴其制度是否適合世界潮流與國情。

西方國家爲實施民主的先驅，民主政治在英文爲 Democracy，係由希臘文 demos 和 krateiv 兩個字組合而成的，前者含有「平民」，後者含有「支配」的意思，所以民主是以人民爲國家的主人，與君主專制時代以君主爲國家的主人理念不同。通常民主政治重視維護人民權益，包括宗教自由、言論自由、出版自由、居住遷徙自由、集會結社自由，以及生存權、平等權、財產權、參政權等。其中以「自由」與「平等」兩者爲基本人權的兩大柱石。同時民主與法治是相輔相成。

不過西方對於「自由」與「平等」的理念與 國父的理念不盡相同，歐美民主理念主要來自洛克「天賦自由」與「天賦平等」及盧梭之「人生而自由」。洛克（John Locke 1632-1704）認爲在原始政府尚未建立的自然狀態中，個人就已享有生命、自由及財產的自然權利，因當時沒有立法與強制執行力的機構，所以個人遂先成立社會而後政府，以契約方式委託政府管理，但人民有充分保障其自身的權利，如果政府不遵守契約，人民可隨時革命，卽使政府被推翻了，社會也不致於解體，人民也不致於受到太大的損害。盧梭（J. J. Rousseau 1712-1778）主張天賦人權說，認爲人生而自由平等，在其一七六二年發表的〈民約論〉中，盧梭認爲人在自然狀態下，原是平等而自立自給的。但自然狀態發展的過程，到了某一時期，人民不能繼續保持其自立自給的獨立或孤立生活，便須改變生活方式，則依契約組成政府，使其合理而合法，以確保人民個人生命、財產與自由的權利。洛克與盧梭天賦人權思想便成爲美國獨立宣言之基本精神，美國民主理念遂以個人主義爲中心。

由於美國對於個人自由過於強調，產生許多流弊，影響所及社會道德沉淪。例如法院犯罪案件的累積與審判程序的曠日持久、暴力事件的層出不窮、色情書報影片的到處泛濫、少年犯罪與少年性虐待案的不斷增加、毒品吸食的正式公開，以及毒品交易數值的龐大驚人，危害社會及個人身心之健康，至爲深遠。由於美國六十年代後期及七十年代之間個人自由主義之流弊至爲顯著，使得美國近年已注意改進，法院判例已由自由而趨於保守，要求人民尊重法律，確保社會安全。西方學者彌勒氏（John Stauart Mill）認爲自由應有限制，以不侵犯他人自由爲範圍才是眞正自由，另一學者孟德斯鳩（Charles Montesquieu 1689-1755）認爲在一個受法律統治的社會中，自由只包含著有權利去做自己所應做的事，政治自由就是在法律以內自由活動的權利。可見西方已有趨向個人自由應受法律限制的趨向。所以我們今日如果誤以爲西方天賦自由理念爲最完善，則有待商榷。任何政治制度之是否可行，端賴於其是否適應國情，國父對於西方民主政治運作理念之研究至爲透澈。國父認爲歐洲人民之所以過於重視個人自由，那是因爲歐洲人民以前所受專制的痛苦太深，而且從前不自由的情形太多。國父說：「歐洲一、二百年前爲自由戰爭，當時人民聽到自由，便像現在中國人聽到發財一樣。他們爲什麼要那樣歡迎自由呢？因爲當時歐洲的君主專制發達到了極點。」❶又說「歐洲由羅馬亡後，到兩、三百年以前，君主專制政體大行其道，所以人民所受的痛苦實在難以言喻。當時人民所受的痛苦，不自由的地方極多，最大的痛苦是思想不自由、言論不自由、行動不自由……。歐洲人民當時所受的那種不自由的痛苦，眞是水深火熱，所以一聽到說有人提倡爭自由，大家便竭盡所能地去附和，這就是歐洲

---

❶國父，民權主義，第三講。國父全集，第一册，頁八二—三。

革命思潮的起源。」❷

反觀我國的歷史記載，我國在專制時代人民仍有相當的自由， 國父說：「外國人不識中國歷史，不知道中國人民自古以來都有充分的自由，這自是難怪。至於中國的學生，而竟忘卻了『日出而作，日入而息，鑿井而飲，耕田而食，帝力於我何有哉』？」❸又說：「外國人說中國人是一片散沙，究竟說一片散沙的意思是什麼呢？就是個人有自由，和人人有自由，人人把自由擴充到很大，所以成了一片散沙。」❹所以 國父認爲革命固然一方面在維護個人的自由，另一方面也在爭取國家民族的自由，先總統 蔣公更進而闡明個人自由與社會調和的積極意義。尤其合理的自由便是要求民主與法治相輔相成。先總統 蔣公說：「自由與法治是不可分的……所以在法定界限之內的自由，才是自由，若出了法定界限之外，便是放縱恣肆。」❺甚至 國父說：「國家要得完全自由……便要大家犧牲自由。當學生的能夠犧牲自由，就可以天天用功，在學問上做功夫，學問成了……便可以替國家做事。」❻

❷同❶，頁八四—五。
❸同❶，頁八一。
❹同❶，頁八八。
❺先總統 蔣公，中國之命運。
❻同❶，頁八九—九〇。

從另一角度來看，國父所主張的革命民權與西方天賦人權不盡相同，固然兩者均重人應有生存、自由與追求幸福的權利，均重視自由與法治相結合，但是民權的「民」和人權的「人」，在對象上有所不同，「民權」的「民」指的是「社會人」、「政治人」，乃是對社會和國家而言：人權的「人」指的是自然人，乃是對自然或世界而言。在範圍上兩者亦有不同，民權重在參政權或政治的權利，其中包括選舉權、罷免權、創制權、複決權、應考權及服公職權等；人權則指個人的一般自由及權利，如生存權、自由權、平等權及財產權等是。國父說：「民權便是人民去管理政治。」❼可是革命民權則不同。國父認爲民權是在我國一切革命時期及憲政基礎尚未鞏固的非常時期——是爲爭取政治制度合理化的目的，使達到人民有權政府有能的政治理念，不像歐美怕政府力量太大，個人自由會受到某些限制。

基於上述之分析，很明顯地，在我國談自主自由，不宜根據西方天賦人權說過偏於個人充分的自由，而缺乏國家的安全，而宜具有個人價值與社會價值相調和的合理自由，必須講求在法治下的個人自由，才是合理的自由，因爲我國歷史文化背景更需要的，是國家民族與個人同時兼顧，尤其是在法治規範內的合理自由。這對校園民主有關教師與學生的自由應受教育法規與校規限制，有很重要的啓示。

---

❼同❶，頁八六。

接著談到平等，平等和自由有密切的關係，　國父說：「平等這個名詞，通常和自由那個名詞都是相提並論的。歐洲各國從前革命，人民爲爭平等和自由都是一樣的出力，一樣的犧牲，所以他們把平等和自由都是看得一樣重要。更有許多人以爲要能夠自由，必須先得到平等：如果得不到平等，便無法實現自由。」❽所以現代民主國家承認人民有自由權者，也必然承認人民平等的原則。　國父特別把平等分爲天生的不平等與人爲的不平等，假平等與眞平等。　國父認爲人有天生的不平等，並非西方天賦人權說基於天生而平等，　國父認爲各人的聰明才智每有天賦的不同，有聖、賢、才、智、平、庸、愚、劣等之差別，這是不可否認的事實。但是　國父反對人爲的不平等，那就是過去專制時代，有帝、王、公、侯、伯、子、男、民等不同的階級，其權利與義務，按階級而各有不同，形成不平等的現象。固然革命在推翻人爲的不平等，但也不是強調人生而平等，　硬把平等放在「平頭點」上，　使聰明的人與愚蠢的必須享受同樣的成果。如果這樣，便是假平等。眞正的平等是使每個人在政治上及社會上「立足點」平等，各人因天賦的聰明才力的不同，造就的結果可以不同，更值得吾人注意的是　國父平等理論特別強調互助與服務以實踐眞平等的社會。　國父說：「世界人類其得之天賦者，約分三種：有先知先覺者，有後知後覺者，有不知不覺者。……此三種人互相爲用，協力進行，則人類之文明進步，必能一日千

❽ 同❶，頁九一—二。

里。」❾又說「從此以後，要調和三種之人，使之平等，則人人當以服務爲目的，而不以奪取爲目的。聰明才力愈大者，當盡其能力而服千萬人務，造千萬人之福。聰明才力略小者，當盡其能力以服十百人之務，造十百人之福。照這樣做去，雖天生人之聰明才力有不平等，而人之服務道德心發達，必可使爲平等，這就是平等的精義。」❿

可見欲達眞正平等的民主社會，則一切施爲均需與互助服務的倫理道德相配合，這對校園民主法治與校園倫理的關係有相輔相成的啓示。

叁、倫理的理念

西方談到倫理，如以其字源來看，倫理學爲英文 Ethics 的譯名，乃源自希臘文的 Tá ηθpk (tá Ethica)，這個字的字根是 εθos 和 γ,θos (Ethos)，前一字的原義是風俗習慣 (Custom or habit)；後一字的原義是品性氣質 (Character or disposition)，從最初造字的根源看，倫理學原爲個人的品性氣質，或社會風俗習慣的研究。「倫理」即個人品性氣質或社會風俗習

❾ 同❶，頁一〇四—五。

❿ 同❶。

慣，「學」則「學術研究」的意義。

我國倫理二字散見於古代羣書中，如劉申叔曾詳加引申的解釋說：「倫字之本義訓爲輩，而其字從人從侖。蓋人與人接，倫理始生。理字本訓爲治玉，引申之「則爲區分之義。凡事物之可區別者是謂物理，而人心所以能區分事物者爲心理，所以學科之以理字標目者，皆有條理秩序之義。倫理者，猶言人人當守其爲人之規則，而遵其秩序耳。」⓫先總統　蔣公說是更清楚：「倫理是類，理就是紋理，引申爲一切有條貫，有脈絡可尋的條理，是說明人對人的關係，這中間包括份子對羣體的關係，份子與份子相互關係，亦卽是人對於家庭、鄰里、社會、國家和世界人類應該怎麼樣闡明他各種關係上正當的態度，訴之於人的理性而定出行的標準。」⓬因此我國對於倫理理念從字源來看，著重在各種人際關係應有合理而正當對待的態度，與西方重個人品性氣質與社會風俗習慣顯然不盡相同。但都不外重視個人行爲與社會行爲之規範。

倫理如以哲學思想來看，歐洲倫理的理念可分主內與主外兩個學派，主內學派以康德爲倡導人，強調倫理的標準是基於先天的道德規律，沒有具體的行爲標準。其對倫理的認知純憑良知而辨別是非，因爲人均具有先天理性與個人欲望，理性能知善惡，但往往受欲望所蔽，所謂「利令

⓫ 龔寶善，現代倫理學，臺北，中華書局，民國六十一年，臺三版。

⓬ 先總統　蔣公講詞「政治的道理」，蔣總統集，頁一一五。

智昏」，所以其在道德實踐上，順從理性者爲善，順從欲望者爲惡，因此倫理教育重在實踐理性，換言之，培養內在道德責任感、義務心，其觀點既重實踐理性或道德理想，往往在行爲的主要動機是利人，但不一定是利己。主外學派以快樂主義爲主，倡導倫理的標準是基於使人快樂或幸福爲標準，一個行爲的結果能使人快樂或幸福，便是善，反之則爲惡。其對倫理的認知不靠良知而是根據以前經驗來作判斷，其在倫理教育上，強調賞罰，其觀點既重快樂爲標準，往往以利己爲其行爲的主要動機。美國哲學家杜威所倡導實驗主義，是根源於折衷主義派與主內派的思想，其倫理的標準是基於個人價值與社會價值相調和，換言之，個人的福利與社會相調和，其對倫理的認知是靠人與環境的交互作用，在倫理教育上，強調現實的我與理想的我相調和，其行爲的主要動機往往是利己又利人，而我國　國父倫理的標準包含兩種：一是我國固有八德及三達德；前者爲忠孝仁愛信義和平，後者爲智仁勇；二爲新道德，即互助與服務。第一種爲我國傳統倫理道德，第二種爲吸收西方思想的精華。如與歐美倫理思想比較，互助則接近杜威倫理思想，利己又利人。服務則與康德倫理思想接近，以理想爲重，利人可以不利己，爲董仲舒所謂「正其誼而不謀其利，明其道而不計其功。」含有佛洛依德（Sigmend Freud 1836-1939）「超我」的理念，因此比起快樂主義的「本我」理念格調，比杜威的「自我」的理念要高得多，　國父的八德三達德和「互助與服務」等對倫理的理念，雖然與康德「超我」的理念有著近乎相同的水準，但康德「超我」的理念純憑良知而知其理念，其理念太抽象，不像　國父能以具體德目，即八德三達德與互助服務爲行爲具體標準，便利於實踐，而且 國父對倫理的認知則基於良知、經驗與力行三者而獲得，其認知較正確而周延，在倫理教育上則強調由內而外，由誠意正心而後修身齊家治國平天下。這種自內而外與快樂主義重外，康德重內，杜威重內外交互作用，也不盡相同，因此在我國當前社會中推展及實踐倫理的觀念自以 國父倫理思想爲依據，發揚固有倫理道德，與倡導互助服務的倫理理念。毫不選擇地抄襲西方的倫理標準，而忽略我國優良傳統，不僅不智，而且更可能有陷於淮南爲橘，淮北爲枳之境而不自知。

肆、民主法治與倫理關係

我國民主理念在求合理的自由與眞正的平等，爲欲使民主的目的獲得確切的保障，必須顧及個人與社會價值相調合，並以法律加以維護，使個人與個人之間都能獲得合理的自由與眞正平等的權利，都能爲自由與平等而履行應盡之義務。換言之，民主法治在求合理的人際關係，使人與人之間，享有應有之自由與相互平等之關係。而我國倫理則在求人際關係和諧而完美。 國父所主張的倫理道德是繼承孔子倫理思想爲中心，即人與人之間相親相愛，進而克己待人，尊敬長輩之行爲，有仁愛之心，必能互助，人際關係必然和諧，有了克己待人之處世哲學，必能尊敬長輩，發揮服務的熱忱，人際關係自然更完美。尊敬長輩，並非不平等，克己待人並非不自由。因此民主法治與校園倫理並非相互對立，而是相輔相成。

伍、實踐民主法治之途徑

由以上分析，民主理念在求合理的自由與眞正的平等，而民主與法治相結合，正符合當前民主政治理念，並進而使得制度得以維繫於不墜，因此學校敎育宜照此原則而實施；一方面求敎職員與學生的合理自由與平等權利得以保障，另一方面求全校敎職員與學生均能遵守校規，維持學校秩序。約而言之，實踐民主法治之原則如下：

㈠重視遵守校規　除政府法令規定，各校務必遵守外，各校可根據法令並配合學校政策及實踐需要自行訂定各種校規，通常這些校規均透過行政會議或校務會議研討而決定，在規定上行政會議與校務會議係法定決策組織，由有關主管，或並包括敎師代表（校務會議），共同組成。無論敎職員與學生均應遵守，如校規不合理或不可行，必須透過反應管道提行政會議或校務會議研議，以決定維持原規定或修改之。未修改前不可任意拒絕執行，以重法制。

㈡加強民主領導　任何校規之決策、執行與考核宜透過民主程序，以保障多數敎職員與學生自由與平等之權利。不過目前學校行政會議與校務會議均未明定學生參加，可能因爲學生尙係學習者，缺乏專業判斷能力，甚至一般學生對於本身學業與行爲之要求趨向採取放任態度，未符合教育政策，所以學生與公民身分究有不同，不必參與行政會議及校務會議。但有關學生事件之處理，宜給予表達意見之機會，故與學生溝通，並遵循學生反應之意願作爲決策之參考，實屬需要。校長對教職員之領導，宜採倡導與關懷兼重，形成校園民主之氣氛，有助於團結合諧。

㈢尊重教師教導與研究自由　除明文規定有限制外，對教師以其專業知識，獨立選擇究研領域與教導學生方法與內容，應給予適當之尊重，不宜加以干涉與限制。尊重其研究與教導自由，並非容許其任意違背法令與教育政策，而著重在其能充分發揮專長與獨立判斷之機會與環境，有助於教育之發展。

㈣保障教職員工作各種權利之平等　有關教職員之進修、升遷、待遇、福利、退休、保險等權利均有法令規定，使教職員有法定權利，尤其教職員進修與升遷，校長應保持公平與合理原則而給予教職員平等之機會，不因私人利害關係，情感因素或主觀偏見而任意給予升遷或進修之機會。

㈤鼓勵學生學習自由與保障學習之平等機會　除有明文規定外，儘可能同意自由選課與研究，同時其年級編班、學籍與成績考查之措施均基於平等原則，在教務上各種措施，做到學生自動學習與公平競爭之學習環境。

㈥輔導學生自治　鼓勵學生憑其興趣與專長參加社團活動，並培養其自治與領導能力，有關學生活動，鼓勵學生自動發起推動，教師或導師從旁輔導，使其增進活動經驗並體驗服務與領導之意義。學生對於學校各種要求，多採溝通方式讓學生有反應之機會，並說服其願接受學校之要求，使學生與學校合作，執行學校政策。

陸、實踐校園倫理之途徑

校園倫理重在校園內各份子均能具有傳統倫理道德修養與互助服務精神，使校園人際關係和諧而完美，充滿著相親相愛的溫暖氣氛，校園內各種份子之關係主要為校長與教師、教師與教師、教師與學生、學生與學生四方面，其相互間之倫理觀念與實踐途徑分別如下：

㈠校長與教師　校長為一校之長，猶如大家長，其職位為學校行政首長，負有計畫、安排人事、分配經費、推動校務以及考核等職掌。教師與校長之間關係，係執行或協助校長推行校務，所以教師在行政組織上應接受校長之領導，但在彼此之間關係宜照傳統倫理與現代民主制度相調和之人際關係，校長不但有領導權力，而且具有愛護與尊重教師之心態，校長領導方式不但重倡導，而且重關懷與服務，使教師樂與校長合作共為校務而努力，教師對校長則不但有被領導之義務，而且有敬愛校長之心態，教師被領導方式，不但重忠於職守，而且重擁戴校長。使校長與教師上下一心發揮團隊力量。

㈡教師與教師　教師主要是擔任教導學生之任務，在教學與輔導方面教師之間需要相互切磋與配合，所以宜以互助與友愛成爲彼此間之倫理關係，使教師同仁間和諧與合作、融洽而友善，共同爲學校而努力。

㈢教師與學生　教師既有教導學生之任務，對學生除了以專業知能對學生作有效教導外，並且以個人品德修養以身作則，有形或無形影響學生，特別顯示關懷與愛護、奉獻與服務的精神，使學生喜歡接近、崇拜而誠心學習；學生對教師則敬愛如父母，而且有形或無形模仿教師學習爲人、做事、及做學問，使教師與學生關係親蜜溫暖，透過尊師重道的氣氛，教育目標亦因而更有效達成。

㈣學生與學生　學生們均爲學習進學校，彼此之間在課業、活動與其他生活接觸最多，應以友愛爲彼此倫理關係，發揮相互幫助的友誼，同時願爲其他同學服務的熱忱，使同學之間顯現親愛精神的氣氛。使同學有值得回憶在學校生活中獲得許多珍貴的友情。

柒、結　語

民主法治是一種政治制度，一種民主理想，美國甚至將其視爲一種生活方式，是合理而和諧人際關係的外在規範。倫理是一種道德規範，與文化特別有關，我國甚至視爲傳統文化或民族倫理，我國倫理教育旨在學校教育能重視完美而和諧人際關係的內在規範，兩者不僅不是對立，而且可相輔相成。

實踐學校民主法治的途徑，在於各級學校師生能遵循民主法治原則與精神，例如多尊重教職員意見與學生意願，使溝通管道暢通，不是傳統行政制度只重單向溝通，由上而下，而是雙向溝通，上下交互溝通；強調教職員透過民主過程多參與學校決策，集思廣益，分工合作，發揮團隊力量，領導方式宜倡導與關懷並重，使學校目標與教職員生心理需求相一致，產生和諧而團結的組織氣氛；一切學校措施制度化，使教職員生有規定可循，保障每個人合理的自由與眞正的平等，同時也使每個人瞭解自己所應履行的義務與擔負責任的規範。

實踐校園倫理的途徑，必須培養奉行傳統倫理與互助服務的觀念與行爲，例如全校師生均應重視「仁愛」、尊師重道與互助服務的觀念，首先應使這種倫理觀念內在化，不宜將倫理視爲一種認知，而忽略應具有熱愛倫理的情操，因爲只是認知，缺乏實踐的意願，必須兼具愛好之，才能使這種倫理觀念爲出自內心確認爲應該而且願意或喜愛奉行的道德規範；其次，則應使這種倫理觀念實踐生活化，使全體師生生活中一切言行均能由內而外都能奉行這種倫理規範。準此，則校園倫理是可使校長教職員生的人際關係完美而和諧。

教育發展與現代化政治建設

壹、前　言

十九世紀以前教育一向被認爲主要是保存及傳授文化的功能。可是在二十世紀的今天，教育的功能逐漸被認爲是社會變遷的主要動力。許多國家領袖、政策計劃者以及興趣現代化過程學者都承認「教育是打開通往現代化道路大門的鑰匙。」❶比較教育在十九世紀就已開始強調教育與政治、經濟、社會及文化的關係。推動這種變化有二大因素：一是殖民地國家獨立建國迫切需要經濟繁榮、社會進步，尤其政治統一與穩定，均需要教育的支持與配合；二是開發國家面臨工業技術發展的時代，教育仍然是繼續發展的動力，因爲經濟發展逐漸受研究與工業技術發明機構所控制，教育機構與功能顯然愈受重視，進而成爲國家經濟、政治、社會及文化特性的決定因素。

❶ James S. Coleman (ed.), *Education and Political Development*, Princeton, New Jersey: Princeton University Press 1965 p. 3

教育與政治關係的重視在二千多年前已有學者提出。如古代希臘大哲學家柏拉圖認爲政治穩定與團結是靠教育與培養，到十八世紀末，教育基於政治需要的原則，已開始被接受爲政府措施的基礎。但是教育與政治發展關係的研究不如教育與經濟成長關係的研究那樣受重視與成就。學者伊斯頓 (David Easton) 認爲這是由於政治科學只注意學科領域❷。教育學者曾認爲教育的社會價值是自明的，學校人員主張自由地集中其注意力在教育本身發展上，用不着重視教育與政治的關係，一直到幾十年前教育與政治相互依賴的關係才開始有明顯地普遍受重視，柯門 (James Coleman) 稱之爲教育革命❸。整體主義者 (holists) 強調整個社會維持、統整與變質的相互依賴，政治科學家開始感到興趣，已正尋求所謂「從整體來看更完全與系統的政治過程」。❹同樣地加強注意研究在政治過程與政治變遷中的教育角色。而教育學者與社會科學家受到社會學及心理學的影響，也更重視觀念社會化的過程、階層制度及正式組織的性質。目前各國均已力求教育擔負政治建設的重要角色。

---

❷ David Easton, "The Function of Formal Education in a Political System," *School Review*, Vol. IXV, 1957 p. 304

❸ James S Coleman (ed.), op. cit., p. 3

❹ Fred Eggan, "Social Anthropology and the Educational System," *School Review*, Vol. IXV, Autumn 1957, p. 247

貳、教育與政治關係的研究

一、從各國發展的歷史來分析

㈠殖民地國家與其獨立建國政治與教育發展關係的實例

幾內亞（Guinea）、牙買加（Jamaica）、獅子山（Siera Leone）、多哥（Togo）、達荷美（Dahomy）、尼日利亞（Nigeria）、烏干達（Uganda）、印尼（Indonesia）、突尼西亞（Tunisia）、印度及巴西（Brazil）等國曾爲西方國家的殖民地。在其殖民地國家的時期，其教育與政治均甚落後，導致影響其獨立後的發展，因爲在西方國家控制下的殖民地，其教育頗受西方自由傳統的政治觀念與基督教倫理價值的影響，本身毫無獨特傳統構想與成就。結果西方式教育不但激起了其國家主義意識與活動的政治觀念，而且其教育制度發展出統一國家語言，增加政治溝通及政治地位向上流動的機會。因此加速了殖民地統治的結束，遺留下獨立建國後其他教育的後果。西方式教育影響此後果的因素有二：一是視教育爲獲得政治地位的工具，因爲殖民地國家的外來統治者均受過良好教育，本國人民受過較高教育的才被錄用擔任較高職位的工作，使得大衆心目中產生重視教育的趨向；二是教育機會不平等，因爲不同種族、階級或宗教之間有不同的教育機會，這種機會不平等是由於殖民政策偏袒或保護某一種團體以對抗另一種團體，造成彼此間的衝突與抗衡。對於現代化過程有損害的後果，使得獨立後的教育必須加以改革。

這些國家獨立後，大多曾採用下列三種教育改革的措施：

1. 擴充教育的措施　增加教育經費，增設學校及班級以增加學生註册人數。因爲統治者認爲增加大衆教育機會是繼續獲得羣衆支持的必要條件，而且是適應經濟發展的主要要求及維持現代化過程所必需。不過有的獨立新興國家並不如此，幾內亞國就是例子，當杜里(Sekou Toure)爲總統的時候，因他只唸過法人辦的工人學校小學畢業程度，他就反對教育與政治地位流動有關聯。因此他反對智識份子，反對擴充教育。結果文盲達百分之九十。

擴充教育對於政治發展有下列若干重大的影響：

(1)教育擴充受教育者則衆多，可能導致不認爲教育是政治地位向上流動的優越條件。如印尼就是例子。

(2)快速擴充教育可能導致政權統整發生困難，因爲教育機構增多，管理單位也隨着增加而分散，中央政府控制教育權便趨於減弱。

(3)擴充教育可能加重了畢業生失業與第二代知識青年參與政治機會缺乏的問題，因爲由於教育普及，畢業生出路供過於求，失業率高，知識青年埋怨政治不開放也多。甚至由於一國採取職業保護政策，其他國家也跟着，彼此排斥外籍工作人員，結果被迫回國的工作人員衆多，更造成國內失業的問題。

2.政府加強管理教育　獨立建國後政府往往加強管理教育，削弱教會及傳統教育機構的影響力，使公立學校普遍化，如埃及納塞（Nesser）政權的時期，政府嚴格管理私立與外國學校。又如幾內亞政府創辦國家教育制度，嚴格管理教會學校—這些教會學校在殖民地時期卽已創辦，且具有政治勢力—甚至在一九六一年中命令關閉所有教會學校。

3.改革學校課程　修正課程有下列的趨勢：

(1)趨向實用學科，其所以當時一些人的看法趨向實用學科，有五種原因：一是政府領袖覺察許多文法科畢業生失業的問題；二是一般人士擔憂許多科技工作均雇用外國人，不但費用高，而且對於政治不利；三是國家主義政治領袖或發展計劃者認爲有迫切需要調整爲實用課程，以適應人力需求與社會發展；四是教育學者主張調整課程，以加強應用科學與工業技術的教育；五是一般學生認爲接受技術與實用教育是比較有出路、有發展。

其中也有些國家對於這種課程趨向實用並不贊成，如印尼及埃及兩國就是例子。他們可能擔憂如重視實用教育會降低學術水準，同時也不願放棄歐洲重人文教育的傳統。但是其他一般開發中國家則極力推動這種課程改革，克服殖民地時期所遺留的教育問題，這種改革有其有利的背景：一是產生新的職業結構，使技術與實用教育可提供爲職位向上流動的顯著工具；二是當時歐洲高等教育也趨向實用，可供爲開發中國家的楷模；三是接受外國教育趨向多邊的，過去殖民地時期的教育往往受一個大國單獨的影響，依賴其支援。獨立建國後教育可接受幾國教育的影響，改變傳統教育制度，有許多學生到各國留學，學成返國後，具有影響力，尤其新添美國與蘇俄教育企圖影響這些國家，而這兩國又偏重實用教育，因此實用教育更普遍受重視。

⑵趨向培養民族精神的課程，因爲獨立建國往往趨向國家主義，強調培養國家意識的教育，以糾正殖民地時期接受帝國教育思想的控制，因此課程的改革趨向民族精神的培養，強調學生瞭解本國自然與人文環境，本國文化價值的認同。學者阿特(David Apter)稱之爲「政治宗教」❺。埃及及印尼兩國就是例子。

⑶趨向加強政治教育的課程，如幾內亞總統杜里強調學校應加強教黨史及本國政治理論，他不斷地批評教師拒絕擔負政治教育任務是不對的❻。印尼亦相當強調政治教育，不過有許多新與開發中國家卻未能有效推行政治教育：一方面是由於許多教師受外國思想的影響，對政治理論沒有統一的意見，以致對政治教育沒有積極的支持與配合；另一方面統治者受傳統政治背景影響，加上有些統治者缺乏必需的組織能力與支持幹部，以致於實施政治教育難有成就。

㈡蘇俄、日本及非律賓三國政治與教育發展關係的實例

---

❺ David E. Apter, "Political Religion in the New Nations," in Clifford Geertz, (ed.), *Old Societies and New States*, New York: Pree Press of Glencse 1963 pp. 57–104

❻ L. Gray Cowan, "Guinea", in Gwendolen M. Garter (ed.) *African One Party States*, Ithaca: Cornell University Press, 1962 pp. 212–213

蘇俄、日本及菲律賓三國在教育水準上遠比巴西、埃及、印尼、尼日利亞及突尼西亞等國高，雖然這三國歷史發展背景有顯著的不同，在政治建設上均強調並計劃實施培養政治觀念、建立國家政治文化，以支持政權，而且能夠壓制或解決由於教育制度造成失業而導致政治不穩定的問題。

蘇俄是在一九二〇年代初期共產政權的時期，日本是在一八七〇年代初期日本封建時代軍閥統治的時期，菲律賓是在十九世紀末期美國殖民地官吏統治的時期，其統治者就已開始計劃促進現代化的教育，即規定具有公民訓練或政治教育課程內容的大衆教育，並且視爲現代化不可缺少的先決條件。這三個國家均以培養國家統一、公民忠貞、具有技能、明智與忠順的人民爲教育目的。但其教育措施則各不相同。蘇俄教育制度完全在共產黨控制之下，缺乏彈性，在各級學校嚴格實施灌輸共產政治理論的教學。日本是採二元類型，在小學階段學生接受灌輸政治理論教學，在高等教育階級則提供學術自由而無政治色彩的教育。菲律賓教育制度一開始便在中央政府控制之下，但有不同政治主張同時存在，這因爲受美國教育的影響，在中小學階段課程是注重公民訓練，在高等教育階段，課程內容在西方學術自由傳統之下客觀地及比較地研究政治機構與實際。蘇俄政治教育採取正規與權威式的教學，顯然不一定是有效的措施，因爲強制與灌輸式的教學，學生只是被動的盲從。日本政治教育令人懷疑單憑小學政治教育就能獲得有效的結果，因爲尚有家庭及社會機構等環境均足以影響學生的政治觀念。菲律賓政治教育會使人感到如果一般人民實際普遍參與正式民主活動，遠比民主的教學有效，因爲當時仍然是殖民地貴族政治。

這三個國家教育發展以來，對於擴充教育可能導致政治不穩定的問題，均曾能有效的壓制或處理。教育擴充往往帶來了不滿足與失業的知識份子，導致不同政治利益團體間的衝突與不平，影響到政權統整功能的失調。這三個國家處理的措施不是完全逃避迅速教育擴充所帶來緊張與衝突的特質，而且能夠控制或成功地解決這些問題。蘇俄是共產專制國家，係用高壓而嚴格控制學生升學人數與畢業人數，限制人民高就職業的機會，儘管壓制新舊不平等帶來各種的要求，以及操縱教育制度密切配合經濟與社會的要求。可是這種控制的措施只有引起傑出人才的不滿，不斷呼籲改革教育制度，以繼續糾正新的不平等與不平衡的流弊。日本與菲律賓是多元的社會，不曾採用專制控制措施，日本第一次遇到大量失業知識份子的衝擊，適剛好被一九三七年戰爭軍事徵兵與工業總動員而自然消除，第二次面臨同樣危機又被第二次世界大戰後經濟復蘇而徹底消除。菲律賓面臨同樣危機也因第二次世界大戰而消除。不過解決失業知識份子的問題，專制控制或國際戰爭不是最重要解決的因素，至少有另外下列兩種影響的因素也值得注意的：

1. 教育不被認爲是爭取政治地位的唯一工具　這三個國家有顯著的相似點，就是不認爲教育是政治地位向上流動的工具。蘇俄與復興後（Post Restoration）日本的大衆教育都是以統一國家與培養忠誠愛國及負責任的臣民爲目的，非律賓的大衆教育則以培養美國式公民爲目的。這三個國家政府領袖心目中並沒有認爲大衆教育爲獲得政治地位的工具，甚至學生也無此念頭。增加教育機會只可能成錄用管理、技術及專業人員的條件，但獲得高級政治地位在日本及非律賓是多種因素的，不單靠教育而已，蘇俄所有政治地位的獲得，均由共產黨控制與支配，甚至可與教育條件無關。因此這三個國家教育只是每個公民的權利，但非決定獲得政治地位的唯一條件，這對失業的知識份子導致政治不穩定的可能較少，處理也比較容易。

2.學術傳統偏重彈性、實用與適應社會變遷的特性　雖然這三個國家教育制度不相同，但在這些學術傳統的特性中，蘇俄至少在科學與工業技術方面與美國有相似，而美國已影響到戰後的日本及非律賓，因此這三個國家學術傳統與美國相似，均有彈性、實用與適應社會變遷的特性，其教育發展過程中，密切配合實用、教育機構及職業結構差異化與彈性化，縱即共產專制的蘇俄與多元社會的日本及非律賓都能促使許多知識份子走向科學與工業技術以及其他專業方面發展的途徑，減少一些知識份子專爲爭奪政治地位偏狹的慾念。蘇俄的人民更是只好如此，因爲人民如非共產黨的支持，根本沒有參與政治的自由，談不上以教育爲爭取政治地位的條件。也不敢公開有所抱怨政府。日本與非律賓則是高度自由競爭與成就導向的國家，學校培養的人才如有失業的現象，可能歸因於個人的能力，而非歸罪於教育制度與政府。

二、從比較教育的研究來分析

根據學者丘羅（Adam Curle）的研究，認爲政治體制及教育機會與教育發展相關，其發現綜合如下：

㈠第一類是政治民主而教育機會平等的國家（politically competitive equalitarian countries）。

這類國家包括美國、紐西蘭、西歐大部份國家，波多黎各（Porto Rico）、千里達島（Trinidad）、一部份拉丁美洲國家如烏拉圭（Uruguay）及少數亞洲國家。這些國家立國長久，財富多，經濟高度發展，中等以上學校學生數多，嬰兒死亡率低，尼日利亞是在非洲中政治民主而教育機會平等的新國家，不管其國家貧窮，但有令人驚奇地滿意的經濟成長率，而且有建樹性的教育計劃促使教育迅速發展。

第一類國家發展有下列特性：

1.單軌學制　雖有許多私立學校，但非貴族學校。

2.有健全教育計劃　由教育部或專設機構研定教育計劃，這些教育計劃不但合乎擴充教育的合理原則，而且配合國家人力的需要，其教育功能較偏重經濟發展。

3.教育品質高　師資優良，因其具有足夠專業訓練；專業學會獲得支持與鼓勵；對課程具有適當評鑑與修正機能。

㈡第二類是政治民主而教育機會不平等的國家（Political Competitive, non-equalitarian countries）。

這類國家包括巴西、印度及菲律賓等國。這類國家比別類國家較分散，因爲社會制度內有許多不同因素引起階級不平等，導致教育機會不平等，如印度是政治民主而社會階級不平等，巴西、革命前的巴基斯坦及一些其他國家是地主的寡頭政治及貴族政治，菲律賓許多華僑與西班牙後裔具有特權的階級。這些國家人民教育機會不平等，其經濟發展與教育投資率均不如政治平等而教育機會平等的國家。

第二類國家教育發展有下列特性

1. 雙軌學制　有貴族或特權階級的私立學校及平民的公立學校。私立學校素質優於公立學校。

2. 教育計劃對各階級有差異的措施　雖然有些國家如印度對於教育計劃同樣努力，但其措施往往不如第一類國家那樣平等的教育機會。其教育功能較偏重傳統經濟制度的維護。

3. 教師品格參差不齊　公立學校優良教師往往轉到好的私立學校，在菲律賓國立學校固然有素質很高的教師，但卻不多。由於私立學校是培養英才獲得優良工作機會，增加了許多第四流私立大學，結果幾乎培養了許多沒有價值的合格人員，因此教育水準日漸降低。

㈢第三類是政治不民主而教育機會平等的國家（Political non-competitive, egalitarian countries)。

這類國家大都是共產主義及某些非共產主義亞非國家如迦納（Ghana）、埃及與印尼。一般共產國家政治不民主，往往影響教育的落後，因爲其爲無產階級專政，表面上其提倡大衆教育或普及教育，似乎是教育機會平等，但純爲政治思想的灌輸爲其主要教育目的，忽視學生個人發展及教育水準，如中共教育極端落後便是顯著的例子，柯門並指出歐洲奧地利（Austria）、比利時（Belguinr）、丹麥（Denmark）、芬蘭（Finland）、西德（W. Germany）、希臘（Greece）及冰島（Iceland）等民主國家與保加利亞（Bulgaria）、捷克（Czchoslorakia）、東德（E. Germany）、匈牙利（Hungry）、波蘭（Poland）、羅馬尼亞（Rumania）、蘇俄（U. S. S.）、南斯拉夫（Yugoslavia）等共產國家比較，平均來說，發現共產主義國家經濟成長率幾乎高過民主國家一倍，但國民每人平均所得則反而低，政府對於教育投資率比較高，但除了南斯拉夫及蘇俄外，其他共產主義國家則反而落後。至於政治不民主非共產主義而教育機會平等的國家如迦納對於教育擴充及普及教育機會不遺餘力，教育發展迅速。

第三類國家教育發展有下列特性

1. 單軌學制　固無貴族與平民教育之分，但純爲政治思想的灌輸或統治階級的維護。

2. 教育計劃重視國家人力需要　忽視個人發展，教育功能偏重偏狹的政治要求。

3. 教育素質不低　主要原因是其對於教育擴充及教育投資頗爲重視。

(四)第四類是政治不民主而教育機會不平等的國家（Non Competitive politically, nonequaliturian Countries）。

這類國家包括蘇丹（Sudan）、阿富汗（Afghanistan）、衣索比亞（Ethiopia）、賴比利亞（Libera）、尼泊爾（Nepal）、緬甸（Burma）等國。這些國家大都貧窮，教育投資也不多，有少數國家因出產石油較爲富有。

第四類國家教育發展具有下列特性

1.在富有國家，如南非（South Africa）與秘魯（Peru）採取雙軌學制，在貧窮國家如阿富汗教育偏重少數領袖子女的教育機會。

2.少有整體性教育計劃，教育計劃不健全，教育功能偏重傳統政權的維護。

3.教育素質低，除非提供少數領袖的良好教育外，一般人民教育水準偏低❼。

可見丘羅所發現的有兩種因素與教育發展相關，一是政治體制：民主與不民主；二是教育機會：平等與不平等。顯示第一類政治民主而教育機會平等的國家教育素質最高，而第四類政治不民主而教育機會不平等的國家教育素質最低。

又根據柯門的研究，中等以上學校教育內容與政治體制相關，究竟科學及工業技術課程或社會課程的偏重與政治是否民主或專制有關，爲一般學者所關切。根據柯門的發現，偏重科學與工

❼ Adam Curle, "Education, Politics and Development", *Comparative Review* 7 (February 1964), pp. 226-245

業技術課程不見得只有民主政治國家如此，卽專制政治的共產主義國家也照樣重視。而偏重社會科學課程則以民主國家爲多❽。學者黎擇特（Seymour Martin Lipset）說：「社會科學被認爲在許多社會是一種威脅，因爲使學生正確地感到他們正在從事一種活動，這種活動是想消除公私對傳統價值的責任，消除是基於其系統的疑問與客觀分析這些傳統價值。進而言之，因爲社會科學認爲被捲入政治有關的領域，因此社會科學家比其他學術領域的知識份子更可能與統治當局公開衝突。」❾而且民主國家比共產主義國家大學生修讀社會學科者多。可見社會科學課程是否偏重與政治體制有關，因爲社會科學影響學生政治態度，固然社會科學與民主政治不是必然相關，因爲共產主義國家同樣利用社會科學課程對學生灌輸政治理論，企圖影響其政治態度。不過社會科學的教學以培養民主政治的觀念從長遠來看比較有效，因爲社會科學主要是使學生學習對社會環境與其個人角色的瞭解，發揮明智的判斷力，這種判斷力適爲民主政治國家公民所需要，誠如柯門認爲教育、社會科學與民主是相聯結❿。

---

❽ James S. Coleman (ed.), op. cit., p. 530

❾ Seymour Martin Lipset"The Political Behavior of University Students in Developing Nations," Paper Prepareel for Presentation at the UNESCO Conference on Students and University Education in Latin America, Bogota', Columbia, July 13-19 pp. 3-4

❿ James S. Coleman (ed.), op. cit., p. 540

根據學者愛因斯塔（S. N. Eisenstadt）的研究，他認爲在現代社會教育活動與機構如有適當的發展，對於現代化政治的過程以及不斷適應政治新要求有相當的貢獻。反之，如果其發展不適當可導致政治不穩定、革命或阻礙政治發展。他指現代化政治特徵是：一、發展高度差異的政治機構；二、趨向政治集權化且通達所有地區；三、趨向所有公民潛在政治權力能充分發揮；四、傳統權威統治趨向消失。因此他強調適當教育發展，是教育的角色與組織趨向專門化與差異化，而且在整體性教育制度中不同教育機構與活動之間都相互關聯而統整，使得教育可參與現代化的過程：創造新政治與社會輪廓及新態度；統整更廣泛團體結成新政治社會；發展不同技術與活動對社會與政治流動（即人才向上獲得較高地位）的過程有所貢獻⑪。可見愛因斯塔認爲教育發展必須要有正確途徑，否則對現代化政治發展有所阻碍。

叁、教育發展對政治建設應有的任務

基於以上研究，教育發展與政治建設有交互的影響，欲使教育發展能促進現代化的政治建

---

⑪ S.N. Eisenstadt, "Educational and Political Developmeut", in Don C. Piper and Taylor Cole (eds.), *Post-Primary Education and Political and Economic Development*, Durham, N.C.: Duke University Press, 1964 pp. 27-47

設，應具有下列三種的任務：

一、培養政治理想與觀念

任何國家政治都要求教育擔負培養人民政治理想與觀念的任務，有的學者稱之謂政治社會化(Political socialization)，是「引入政治文化的過程。」⓬換言之，政治社會化是以教育培養人民獲得對本國政治制度與角色的態度，趨向擁護與支持本國政治制度與要求。玆就其重要性與政治分述如下：

㈠重要性

任何一國政府都要求人民有共同政治理想與觀念，否則將有損政權統一與穩定。根據學者阿蒙與微巴（Almond and Verba）的研究，發現教育與政治的認知及參與有正相關⓭。柯門認爲教育對於政治態度的影響是比我們所想的更複雜、不肯定與可變的。教育可加強或減弱政治偏見、可以引導向激進主義或保守主義，並不保證其政治導向或行爲的說服能力。但這並不是說教育與政治社會化無關，而不過是糾正一般人過於簡單的信念，以爲教育與民主政治導向有間接而

⓬ Gadriel A Almond and James S. Coleman (eds.), *The Politics of the Developing Areas,* Princeton: Princeton University Press, 1960, p. 27

⓭ James S. Coleman (ed.), op. cit., p. 18

積極的關係。阿蒙與微巴較明確的說法：「導向對受教育者與受教育較少者影響的區別……是中立……受教育個人在某一種意義來說，對政治參與比較有利。但是教育並不決定參與的內容。」⑭可見教育爲培養政治理想與觀念的有效工具，但是非必然與民主導向相關，即是培養共產主義導向也未嘗不可。只是其教育目標、內容及方法有所不同：在民主國家政治社會化的教育目標是重在公民訓練，其內容重在培養個人對民主制度與其角色的態度，其方法通常重在自由討論及民主式的活動，在共產國家政治社會化的教育目標是對共產政治理論教條式的信仰，其內容重在培養共產主義政治制度的意識與態度，其教學方法通常爲灌輸與強制的方式。

㈡政策

爲有效實施政治社會化的教育起見，其政策應有下列的原則：

1. 以三民主義理想與觀念的培養爲政治社會化的教育目標　我國係以三民主義爲立國最高原則，必須使所有人民共同有此思想與信念。

2. 政治社會化的教育應成爲學校社會學科課程的中心　在課程的設計上，應將三民主義理想與觀念適當地融合在學科的安排與課外活動的實施之中，尤其在社會學科教材內，儘量闡明三民

---

⑭ Gabriel Almond and Sidney Verba, *The Civil Culture*, Princeton: Princeton University Press 1963 p. 382

主義政治理想與觀念爲何最適合世界潮流與國情。

3.政治社會化的教學應符合教學理論與學習心理　即在教學法上重視使學生對三民主義政治理想與觀念能內在化，成爲其自己信奉的政治理論，而非信條式的灌輸或當做普通學科的學習，只懂其內容而已。

4.政治社會化的教育應成爲生活教育的重要部分　一個人思想、觀念及行爲常受生活多方面經驗的影響，包括家庭、學校及社會生活經驗的影響。尤其父母的政治態度及大衆傳播的政治報導並不比學校教育影響力小。

5.政治社會化的教育應有長期連貫的計畫　從兒童一開始至成人，應有計畫地給予連續而一致的政治社會化經驗，使前後相似經驗的累積而加強其觀念內在化的效果，尤其在中等學校及大專學校階段，政治社會化的教育應特別加強，因爲這個階段學生政治態度趨向定型及明確。

二、培養健全公民及優秀政治領導人才

民主國家政治基礎在於健全公民，政治改革與進步動力在於優秀人才。其重要性自不待言。茲就其各國培養的類型與我國培養應有的方式分述如下：

㈠各國培養政治人才的類型

培養政治人才因各國政治背景而有不同的類型。其中有四種型態值得注意的：

1.貴族教育　在有些國家是貴族社會，只有上階層子女才有享受高等教育的機會，而且下階層子女卽受良好教育機會，也不容易流動到較高政治地位，階層制度非常嚴格。換句話說，培養政治領導人才的教育只限於上級階層。

2.貴族學校教育　有些國家傳統上設立若干學校培養政治與社會領導人才，只有這些學校的畢業生，比較有機會獲得政治或社會領導地位。貴族學校不多，例如在中學方面，有英國的公學(Public schools)、法國的國立中學(Lycees)及西德的文法學校(Gymnasuim)。在大學方面，有美國的哈佛大學(Harvard University)及麻州理工學院(MIT)，英國的牛津大學(Oxford University)及劍橋大學(Cambridge University)，日本的東京帝國大學(Tokyo Imperial University)。不過這些學校貴族色彩已趨消退。

3.英才教育　教育固然普及，但能享受高等教育機會只限於學業優異的學生，因此接受高等教育的人才獲得政治領導地位較容易。教育成爲爭取政治地位唯一的工具。

4.公民教育　教育普及，甚至接受高等教育的機會幾乎不受限制，因受高等教育者非常普遍，不以教育程度爲政治領導人才唯一的要件，教育最重要的只是培養健全的公民。

㈡政策

爲配合我國三民主義政治制度與國情起見，在培養政治人才的政策上，應有下列的原則：

1.培養健全的公民　三民主義是全民政治及民主政治，健全的公民是推動民主政治的基礎，因此教育必須培養每個公民有政治溝通能力，判斷能力及參與能力，使在行使民權方面無論是選舉、罷免、創制及複決上都能適當的發揮。從小學至大學階級公民訓練成為學校教育的重要任務。

2.培養優秀政治領導的人才　政治的發展必須要有優秀人才領導。培養政治優秀領導人才的政策應注意：

(1)設立各種不同專科以上學校及科系，以培養政治有關需要的人才：「政治」兩字如照　國父解釋，為管理衆人之事，則政治有關人才範圍甚廣，可包括五院、各部會、省市、縣市及鄉鎮各級公務人員及民意代表。由於政治發展，各機構任務日趨複雜，必須具有專業知識及技能者始能勝任，因此教育必須配合這種需要，招收不同科系新生以適當師資、課程、設備及教學培養所需人才。

(2)加強實施空中教學或其他推廣教育提供公務人員專科以上學校教育及在職進修教育：政治有關人才不但最好能由正規專科以上學校培養，凡在職公務人員如未達專科以上教育程度，或需吸收新的專業知識與技能，必須提供在職進修，以提高其素質。由於空中教育的發展，對於分散各地服務大量公務人員的在職進修是最有效而方便的教育途徑。其所以強調提供專科以上學校在職進修教育，無非是鼓勵全國大多數公務人員能提高其教育水準至專科以上的教育程度，則政治領導人才有專業學識與技能，對於現代化政治發展所需的人力資源可達到高水準的境地。

⑶在專科以上學校應特別加強培養學生領導能力：今日大專學校學生趨向關心與熱心政治，學校應加強學生社團活動及學術活動，鼓勵學生自動自發與自行領導從事於各種活動，更重要的，應有適當的指導人員，加以輔導，無形中使學生獲得正確的政治認識及領導能力的訓練。如此有計劃的措施，則使學生畢業後成爲將來國家政治優秀領導人才的可能性增加。

三、統整政治之力量

在政治發展上，教育具有統整政治力量的功能。茲將其重要性及政策分述如下：

㈠重要性　在現代化過程中，如果教育沒有適當的發展，可能導致加強政治力量的分裂，其現象有二：一是政治統治者與大衆產生鴻溝，這在許多開發中國家有此現象，如上層階級統治者子女受高等教育機會比低層階級多，可能產生統治者與大衆之間政治裂痕，又如擴充教育的結果，大衆教育水準提高，如果有失業衆多的知識份子容易對統治者或少數政治領導者產生不滿，引起政治不穩定或革命；二是不同種族、地域及宗教團體之間教育機會不平等，導致彼此間政治的衝突與緊張。如美國黑白兩種族教育機會常因黑白合校或分校而爭執，在政治上構成人權問題。因此教育發展必須發揮統整政治力量的功能，而非造成政治不穩或分裂。

㈡政策　爲使教育發展能發揮統整政治力量的功能起見，應有下列的原則：

1.教育機會平等應繼續加強　我國一向實施教育機會平等，全國人民無論種族、地域、宗教及家庭政治地位均享有平等教育機會，高級中等以上學校招收新生均採聯合招生考試制度，完全公平競爭。唯對心理或生理缺陷兒童及青年的教育機會仍然未完全普及，應該設法加強特殊教育，以符全民教育的目的。大體而言，我國教育機會平等與公務人員高考、普考及特考制度使公民公平競爭從事政治工作，是支持我國政治安定兩大支柱。

2.加強國語及文化的統一　國語是國民共同溝通的工具，我國除標準國語外尚有許多方言，尤其臺灣方言仍然相當普遍，方言存在是有其價值，但只懂方言而不懂國語，則容易有地域的偏見，因此國語的推行仍應繼續加強，使所有國民慣於應用國語，則對於政治力量的統整不無幫忙。文化一向是教育傳授的主要部份，由於西方文化的衝擊，有些青年不免受西方文化的感染，而排斥本國良好的文化，甚至誤會本國文化太保守與落後，這種誤會往往構成對政治的不滿，因此今日的教育必須全力發揚本國文化及民族精神，使國民有共同文化修養，則彼此間可減少許多隔閡，則有助於政治力量的統整。

3.闡明教育非純以培養擔任政治統治者爲目的　我國古代常有「學而優則仕」的士大夫觀念，認爲苦讀經書，就是求功名，做大官可享受榮華富貴。前面說過在開發中新興獨立國家也有此現象，卽以教育爲爭取政治地位的唯一工具，當教育一擴充，人民受教育者衆多，可能導致許多失業而不滿的知識份子，造成知識份子與統治者的衝突，政治的不穩定。而在蘇俄、日本及非律賓三國同樣有許多失業的知識份子，其所以不會造成政治的不穩定，其中有一個原因就是不以受教育是求取得政治地位的唯一目的，統治者與國民心目中都有此想法。因此我國教育應改變古時以做官爲榮的舊觀念，遵照 國父指示，立志做大事，不要立志做大官，闡明教育的目的，在求個人發展，而可貢獻於社會，何況今日工商發達，各種職業都有發展的機會，所謂行行出狀元，就是從事於政治，也是服務衆人之事，不是享受高位權勢。如國民有此共同認識，則政治不但穩定，而且可以統整所有政治力量，建設現代化的政治。

肆、結語

教育發展與政治建設有密切相互關聯。教育如有適當的發展，則對政治的現代化有所貢獻，但是教育發展在現代化過程中也常有導致政治不穩定、革命或阻礙政治的現代化，因此如何使教育發展適當是我國今後教育政策的重要課題。

從新興獨立國家及蘇俄、日本及非律賓三國傳統轉變的歷史事實，發現各國教育發展的政策均爲統治者所關切，與其政治要求相配合，但由於教育發展的政策影響到其政治建設的成效，從其成敗的經驗值得我們的參考。

從比較教育的學術研究，證實了民主政治體制與教育機會平等與教育素質正相關，顯然民主教育與教育機會平等為先進開發國家的特徵，我國教育發展當循此路線，使迅速達到與開發先進國家並駕齊驅。

但我國是三民主義民主政治的國家，有獨特政治理想與觀念，有獨特的國情包括政治、經濟、文化及社會等條件，因此我國促進現代化政治的教育發展政策應基於 國父政治思想，配合當前國內各種社會背景，釐訂一套完善教育發展的計劃，教育發展的計劃不純為政治建設，並包括為經濟、文化及社會各種建設，彼此之間密切配合，統整力量共同為三民主義現代國家建設而發揮其最大效果，而教育發展可以如柯門所說為打開通往現代化道路大門的鑰匙。

教育發展計劃中需要考慮到教育發展對政治建設的三種功能：一是培養三民主義政治理想與觀念；二是培養健全公民與優秀政治領導人才；三是統整政治之力量。這三種功能最能配合政治發展，因為政治發展過程常具有三種特徵：一是差異性，社會愈進步，政治機構與功能也隨着愈差異，以適應各種新的需要；二是平等性，在現代生活各方面最理想而具有倫理的標準就是平等；三是能力性，政治能力不但是維持政治制度的必然條件，而且是政治制度改革與進步的動力，而這能力是要從人的潛能發揮而來。這三種特徵需要教育來支持，例如差異性與能力性必須依賴教育機構培養差異而專門政治人才，以適應差異政治功能與發揮政治能力，而且這種政治能力並包括培養大衆政治理想與觀念及健全公民，才能更踏實地獲得現代民主政治制度所需要的政治能力。當政治能力高度發展而差異的時候，可能導致政治的不平等，因此需要教育統整政治之力量，使趨向平等與平衡，以符合民主政治的平等性。因此以教育為政治差異、能力與平等三者調整與發展的工具為最有效。

國家現代化過程中教育問題之研究

壹、前　言

一、研究動機

美國學者柯門（James S. Coleman）說：「教育是打開通往現代化道路大門的鑰匙。」❶這種重視教育對國家現代化貢獻的觀念目前已普遍地被接受，教育與社會的關係在傳統觀念是強調傳授社會文化的功能。但近幾十年來，教育有兩種新觀念：一是強調教育是社會各種變化的動力，改革的力量，固然這種觀念淵源於古代希臘哲學家柏拉圖（Plato）的思想，柏拉圖在其《共和國》（*Republic*）一書以教育計劃來改革社會，但是一直到幾十年來由於社會科學家對教育與社會關係的重視，開發國家（developed countries）與未開發國家（underdeveloped

❶ 見 Coleman, James S. (ed.), *Education and Political Development*. New Jersey: Princeton University Press, 1965. p. 1.

countries）大多數人民生活水準的顯著差異，自由國家與共產國家政治發展的抗衡，殖民地國家獨立建國的新願望以及開發國家面臨工業技術與科學發達的新問題等等，引起各國對國家現代化理論與實際研究的興趣，謀求教育促進國家現代化有效的途徑；二是重視教育與經濟、政治、社會及文化交互關係對國家現代化的影響，國家現代化是社會全面的發展，教育與經濟、政治、社會及文化的發展均有相輔而成的關係，社會科學者已普遍地承認教育是國家現代化的工具。經濟學家強調需要投資在人力資源及人力發展；政治學家強調教育對國家建設及一般政治發展的重要性；社會學家則強調教育在傳授人民的信念、態度與價值觀念使其擔任適應國家發展需要的重要角色。

國家理想之實現與進步有賴於國家現代化，而教育在國家現代化過程中擔負重要的任務，如何確定教育發展計劃，使國家現代化更加迅速而有效至關重要。目前許多開發與開發中國家均不斷力求國家現代化，但因各國政治、經濟、文化及社會背景的不同，其教育計劃及實施方式亦各不相同，產生不同的效果與問題，並沒有統一軌道可循。而且教育促進國家現代化的研究是晚近的事，其有關資料也未盡被蒐集與分析達到理想的階段，因此尋求本國教育發展配合國家現代化的途徑，並不是單純而容易。例如，過去傳統觀念認爲教育量的擴充，爲國家現代化教育問題唯一的答案，現在已知並非如此的簡單，教育素質也是應予考慮。有許多學者如美國韓森（John W. Hanson）、柏勒麥克（Cole S. Bremack）、阿當斯（Don Adams）、柯姆斯（Philip

Coombs）及史列韋克（Joseph S. Szyliowicz）等對教育與國家發展或現代化有整體性的研究，尤其對開發中國家有特別分析與比較的研究，並發現許多國家現代化過程中面臨的教育問題與解決途徑，值得我國今後教育發展的參考。國內迄今教育學者尚無對我國教育與國家現代化問題作整體性與學術性的研究，基於此，本研究冀從教育學者對開發與開發中國家教育問題的研究心得與實例，與我國作一比較分析，以尋求我國教育如何促進國家現代化的有效途徑。

二、研究目的

㈠領悟教育發展與國家現代化之關係。

㈡發現各國教育促進國家現代化過程中面臨之問題與其處理成效。

㈢尋求我國教育發展促進國家現代化之有效途徑。

三、研究方法

本研究採用比較分析法，蒐集研究有關國家現代化與教育關係的理論與實例各種資料，作有系統的綜合分析，並與我國教育發展的問題作一比較研究。根據我國社會背景與需要，探求今後教育發展有效的途徑。

四、研究之範圍

本研究因着重整體性教育發展與國家現代化之研究，所以探討之教育發展問題較爲廣泛，由於限於篇幅，對於教育與政治、經濟、文化及社會各方面發展的問題不擬一一分別詳爲研討。又各國社會背景不同，其面臨的教育問題與處理方式也不盡相同，本研究着重對我國教育發展途徑的探求，因此所研究的教育發展問題係與我國有類似或有重大參考價值者爲限。因此所研討的教育問題亦以我國實際需要的重大教育問題爲限。

貳、有關文獻的探討

一、國家現代化的特徵

「現代化」（modernization）一詞有許多不同的解釋，甚至有人將現代化代替開發（Development）一詞❷。史列韋克（Joseph S. Szyliowicz）認爲「現代化」是一種歷程，包涵

❷ 見 Adams, Don and Bjork, Robert M, *Education in Developing Areas*, New York: David Mckay Company, Inc. 1972. p. 5.

轉變個人、其社會及文化的歷程，而且在其理性與科學思考中有基本信念為中心，這種歷程是空前未有的範圍與強度，包括從靜態的、傳統的社會轉變為能夠產生、吸收、維持以及促進無處不有變化的現代化國家❸。

韓森與柏勒麥克（John W. Hanson &. Cole S. Bremack）則認為國家現代化是人類能夠增加對環境的控制，最大利用有效資源，以滿足人類需要，而且能自由發揮個人最大潛力，以參與社會目的的決定，以及有創造性與有效地實踐社會目的❹。

亞當斯及約克（Don Adams and Rebert M. Bjork）曾將國家非現代化（即未開發國家）的特徵加以列舉，他倆認為未開發國家有下列特徵：

㈠生殖率及死亡率均高，但常常由於死亡率較低，結果人口增加率為百分之二至三。

㈡衞生與健康措施不健全。

㈢房屋簡陋。

㈣農民佔總人口比例高。

---

❸ 見 Szyliowicz, Joseph S., *Education and Modernization in the Middle East*. London: Cornell University Press, 1973. p. 4.

❹ 見 Hanson, John W. and Bremack, Cole S., *Education and the Development of Nations*. New York: Holt, Rinehart and Winston, Inc., 1966. p. 71.

(五)國民平均所得低，而所得大多用於膳食。

(六)種植農地生殖糧食率低。

(七)文盲多，學生註册人數少，尤其中等學校及大專學校學生註册人數少。

(八)國家意識薄弱與不均衡。

(九)傳統意識的行爲與社會階層制度。

(十)婦女地位低。

(十一)工業技術落後，大衆傳播及交通不方便。

(十二)童工普遍。

(十三)對外貿易偏重原始材料出口。

(十四)儲蓄與投資均少。

(十五)土地未充分利用，許多石油產地石油耗盡。

(十六)軍人與封建貴族掌握政權。

(十七)財富集中在少數地主手中，缺少中產階級。

(十八)信用貸款制度不流暢，利息率高。

(十九)非貨幣性生產（non-monetized Production）事業普遍。

(廿)許多生產農地爲小佃農所擁有。

㈢財源集中在一、二個大城市，或資金流至其他安全的開發國家。

㈢社會意識主要以家庭為中心，或以地方為中心❺。

丘羅（Adam Curle）認為未開發社會不能充分地利用人類資源❻。

綜合以上各學者的看法，顯然國家現代化的特徵有三：

㈠國家現代化是使傳統的、靜態的、未開發或正開發中的國家轉變為動態的、進步的開發國家。對構成未開發國家各種弊病，加以改革，是一種變遷而進步的過程。

㈡國家現代化的過程是包括經濟、政治、教育、文化、社會及人口等多方面的發展以實現國家理想。教育發展是其中重要因素之一。與其他因素交互作用。

㈢國家非現代化的弊病，如窮、病、無知、保守觀念及社會制度不合理等都是人類未能充分對環境的控制與資源有效的運用，所以國家現代化是人類運用其智慧，更能有效運用自然資源，更能增加控制環境，以滿足人類需要。國家現代化也是一種現代人類資源與自然資源最佳配合與發揮的結晶。

---

❺ 見同❷ pp. 5-6.

❻ 見 Curle, Adam, *Education Strategy for Developing Socioties*, Tavisfock, 1965.

二、教育發展與國家現代化的關係

國家現代化主要歷程包括經濟、政治、社會、文化及教育等多方面的發展，教育發展是達成個人與社會目的的有力工具，與其他方面有相互作用，成爲促進國家現代化的動力。社會科學家二十幾年來對於教育與社會各方面發展關係的研究有相當的興趣與重視。

㈠教育與經濟成長的關係

教育與經濟關係的研究是最受重視與最有具體成效的表現，在傳統經濟發展觀點上，認爲生產因素主要的是資本與勞力。甚至在一九五〇年代當開發中國家全力謀求提高經濟成長率時，許多經濟學者認爲資本是經濟成長的一個充分而必需的條件。

美國芝加哥大學教授蕭而治（T. W. Schultz）首先於一九六〇年在其《教育形成資本》(*Capital Formation by Education*) 一書提出人力投資的觀點，認爲人力素質的改善，是由於正規教育、成人教育、在職訓練、健康及營養的增進，是促進一國經濟成長的主要因素。他引證美國在廿世紀上半期經濟成長有百分之二十是來自教育投資的增加❼。

---

❼ 見 Schultz, Theodore W. Capital Formation by Education. *Journal of Political Economic* 68: 571-84; 1960.

美國學者戴納森（Edward Deusion）於一九六二年在其著作《美國經濟成長的根源》(*The Source of Economic Growth in the United States and the Alternative before US*）指出美國在一九二九—五七年每年平均經濟成長率爲二・九三，其成長率主要得力於就業人數的增加，教育的改進，科學技術的累積與資本投入的增加，其對經濟成長貢獻的百分比如下❽：

1. 就業人數　　三六%。
2. 教育　　二三%。
3. 科學技術　　二〇%。
4. 資本投入　　一五%。
5. 其他　　六%。

可見勞力素質包括教育與科學技術共佔四三%，也說明了教育對經濟成長貢獻的重要性，自此之後教育與經濟成長關係的研究益受重視。一般研究用量來衡量教育與經濟關係的方法有二：一是以學生註冊人數及各級教育階段與國民生產毛額關係的研究；二是以學生註冊人數及各級教

❽ 見 Denison, Edward F. *The Sources of Economic Growth in the United States and the Alternatives Before US*. Supplementary Paper No. 13. Committee for Economic Development. 1962.

育階段與國民所得關係的研究。

1.學生註册人數及各級教育階段與國民生產毛額關係的研究。

哈比遜（Frederick Harbison）於一九六三年在其著作「促發國家發展的教育」一書指出，在其所研究七十五個國家中，教育階段與國民生產毛額相關率（Coefficient of Correlation）爲○・八八八。哈比遜與米爾（C. A Myer）於一九六四年研究七十五國家高級人力與國民生產毛額的關係，發現各教育階段學生註册人數與國民生產毛額有關。小學學生註册人數與國民生產毛額相關率爲○・六七；中等學校學生註册人數與國民生產毛額相關率爲○・八二；大學學生註册人數與國民生產毛額相關率爲○・七四❾。而在同一研究又指出國民生產毛額與人力資源發展相關率爲○・八八八。

2.學生註册人數及各級教育階段與國民所得關係的研究

學者丘羅（A. Curle）於一九六四年在其著作《教育、政治與發展》（*Education, Politics, and Development*）一書指出中等以上學校學生註册人數與國民所得相關率爲○・六四，將國民所得百分比愈高投資於教育，國民財富也愈多。其相關率爲○・五三。經費愈多投資於教

---

❾ 見 Harbison, Frederick H. and Myer, Charles A. *Education, Manpower and Economic Growth.* McGraw Hill 1964.

育，中等學校以上學生註冊比率也愈高。其相關率為〇·六一⑩。

美國明尼蘇達州立大學經濟系副教授葛羅格爾（Anne O. Krueger）研究廿餘國的教育及人力因素與經濟發展的關聯，其結論指出從人力資源觀點看，影響一國國民所得的三大因素為⑪：

1. 年齡結構
2. 教育水準
3. 人民在都市與鄉村的比率

學者史列韋克（Joseph S. Szyliowicz）於一九七三年在其著作「中東國家教育與現代化」(*Education and Modernization in the Middle East*) 一書指出在一九二〇年凡一國國民小學學生註冊人數佔總人口百分之十，則其國民每人平均所得是最高。除非有百分之八至十青年接受國民小學教育，中等學校學生註冊人數則與經濟成長率無關。相似的，只有在國民小學教育普及後，大學學生註冊人數比率則與國民平均所得有密切關係。如果這些發現是正確，那末教

⑩ 見 Curle, Adam, *Education, Politics, and Development.* Comparative Education Review 7: 108-38, 1964.

⑪ 見高希均著：人力與經濟發展，第五頁，行政院國際經濟合作發展委員會人力發展工作小組編印，五十九年四月。

育計劃應首先強調國民小學學生註册人數應超過總人口百分之十，然後中等學校學生註册人數達到百分之二，最後擴充大學學生註册人數達千分之三。如果所強調努力有了變化，也就是中等學校以上學生註册人數佔總人口的比例有了變化，但其國民小學學生註册人數擴充的原則應仍保持⓬。

綜合以上的研究，可見教育與經濟成長有關，而且其關係在數量衡量上研究，發現爲各教育階段學生註册人數與國民生產毛額及國民平均所得有關。尤其國民小學教育爲經濟成長先決條件，其學生註册人數必須達到總人口之一定比率，則中等以上學校學生註册人數始與經濟成長有關。更進而言之，欲達成經濟迅速發展，自給自足(Self-Sustaining)經濟狀態的形成，現代工業技術必須普遍地採用與利用，因此，學校教育必須提供技術人才的訓練，而且根據經濟發展中所需高級及中級人力來計劃學生應修的年限、種類、課程及數量，以配合經濟發展。教育其所以能對經濟成長有貢獻主要因素有二：

1. 就業人口的素質因教育的改進而提高，使勞動生產力也隨之提高。而生產力的提高，一方面創造更多就業的機會，一方面也加速經濟成長。

2. 一般人民知識水準，也因而提高，使得其容易接受新觀念，形成新風氣，例如家庭計劃的

⓬ 見同❸，p. 7.

新觀念受過較高教育者容易接受。

㈡教育發展與政治發展的關係

教育與政治關係的重視在二千多年前已有學者指出，如古代希臘大哲學家柏拉圖認爲政治穩定與團結是靠教育與培養（educating and rearing）。在十八世紀末之前，教育是基於政治需要的原則已開始被接受爲政府措施的基礎。但教育與政治發展關係的研究並不如教育與經濟成長的研究那樣受重視與成就。伊斯頓（David Easton）認爲這是由於政治科學只注意到自己學科領域⑬。派伊（Lucian W. Pye）指出西方國家比較新興國家（開發中國家）不太注意教育與政治關係的研究，因爲在西方國家歷史上，建立公立中小學校是起源於公民訓練的觀念，而高等教育才是與培養有責任及能力之公共領導者相關聯⑭。柯門（James S. Coleman）也指出美國學者有忽略教育與政治關係的研究，因爲美國地方分權制的教育行政制度，缺乏與國家權力結構或政府正式機構有明顯的關係，而且過去政治科學家都只集中在國家權力結構或政治正式機構的

⑬ 見 Easton, David. The Function of Formal Education in a Political System, School Review, Vol. LXV, 1957, p. 305.

⑭ 見 Pye, Lucian W. *Foreword* James S. Coleman (ed.), *Education and Political Development*, Princeton, New Jersey: Princeton University Press, 1965

研究⑮。但是由於社會學與心理學的影響，教育學者及政治學者對於社會化過程（Socialization process）、社會階層制度（Stratification system）及正式組織的性質引起敏感。自從一九五九年比較教育評論（*Comparative Education Review*）創刊以來，比較教育研究已趨向重視教育與其他社會因素的關係，政治因素卽其中之一。

柯門認爲政治發展是依賴於受過教育的領導人才。他因此認爲教育對於政治發展的主要功能就是提供培養政治行爲（Political socialization）、政治人才（Political recruitment）及統整政治意識的教育（Political integration）三方面⑯。

由於教育是配合政治發展的要求，不同政治要求，則教育目的、教育計劃、教育行政制度、課程及教育效果隨之不同。如比較學者韓思（Nicholas Hans）及康德爾（L. Kandle）等都指出共產專制國家與民主國家教育目的不同，韓思引證蘇俄是共產專制國家，其教育目的是訓練學生唯物主義及共產主義觀念，徹底灌輸學生心靈，使其在心理上無法批評政府的政治意見。而美國是民主國家，其教育目的是訓練學生民主觀念，用辯論及自由討論方式以加強民主觀念，並非

---

⑮ 見 Coleman, James S. *Introduction: Education and Political Development*, James S. Coleman (ed.) op. cit. p. 12.

⑯ 見同①。

信條式的灌輸⑰；塔柯（Robert Tacob）認為教育計劃成功地實踐，必須在權政治力量與行政官吏支持，而且教育計劃必須適應未來政治政策⑱；康德爾（I. L. Kandle）認為一國教育行政制度特質是決定於其政治與教育理論⑲；柏爾德及史突斯（Bereday and Stretch）對美國與蘇俄政治教育課程作比較研究，發現蘇俄學校用平均三七・七的學校課程總時數教有關政治教育，而美國則用四五・八。其結論是發現民主政治教育所需時間比共產專制政治教育多⑳。丘羅（A. Curle）研究平等政治（equalitarian）與寡頭政治（oligarchic）下教育影響之不同，發現在平等政治國家，教育發展普及與迅速，雖然教育可以有助於政治發展，但是當教育擴充快過經濟發展的時候，證明對統一（unity）有威脅，產生政治不穩定，在寡頭政治國家，教育擴充

⑰ 見 Hans, Nicholas, *Comparative Education: A Study of Educational Factors and Traditions*, London: Routledge & Kegan Paul Limited, 1958, p. 143.

⑱ 見 Tacob, Robert, *The Inter-Disciplinary Approach to Educational Planning*, *Comparative Education Review* Vol. 8, No. 1' June, 1964, p. 22.

⑲ 見 Kandel, I.L., *The New Era in Education: A Comparative Study*, New York: Houghtor Mifflin Company, 1955.

⑳ 見 Bereday, George Z. F. and Stretch, Bonnie B. *Political Education in the U.S.A. and U.S. S.R.*, *Comparative Education Review*, Vol. 7 No. 1, June, 1963. pp. 10-13.

速率緩慢，教育常常促使傳統領導人才與受教育人才發生衝突㉑。

綜合以上研究，可見教育與政治發展關係雖然不爲教育與經濟成長關係研究那樣受重視，但教育一方面受政治理想要求的影響，其目的、計劃、行政制度、課程等均因而不同。但教育另一方面對政治發展有培養公民政治一般行爲、政治領導人才以及政治團體意識的功能。尤其在有的研究中發現不同政治制度的國家，其教育發展的速度與效果有顯著不同，例如在平等政治制度國家如果教育發展速度超過經濟成長的速度，會造成政治的不穩定。足見教育與經濟及政治在整體發展上有相互的關係。

㈢教育與社會發展的關係

社會發展觀念比較不明確，聯合國文教組織解釋社會發展含有兩種意義：

1.社會發展是指改善人民生活水準，往往是經濟發展的結果。

2.社會發展是指社會結構變更，不是有利於經濟成長，就是與經濟成長並伴而行，而這種結構變化主要是從靜態的兩層社會變遷爲開放的流動的社會生活典型㉒。

關於教育與社會結構變更關係，有些學者曾對農業國家加以研究：如有嚴格階級制度與保守

㉑ 見同⑩。

㉒ 見 UNESCO, *The Economic Implication of the Plan of Educational Development in Asia*, UNESCO, 1962

的農業國家，已被證實對教育與農業改進是一種阻力。在這方面社會發展常常與教育有密切關係。荷恩柏克（Atlan R. Holmberg）認爲教育可以使權力落到公民手上，增加生產、平等地分享經濟報酬、介紹新式學校、改進健康措施、擴充角色結構（enlargement of role struture），更開放社會制度以及提高人民明智水準。這個研究支持一種假定，卽教育變更配合有關社會基本機構的變更，這種過程證實可能最有效。只要免除社會限制，提供鼓勵與學習，農民人口能轉變爲成爲有建樹的公民。教育變成促進廣泛社會變化的因素，就如知識成爲改變社會地位與有效參與政治的工具㉓。

立勒（Daniel lerner）對中東國家現代化的研究，探求社會發展的雙面：其結論認爲現代化的關鍵主要是在有開放的社會（participant society），掃除識盲不但是主要變數(variable)從傳統到轉變社會，而且是從過渡社會到完全開放社會的主要原動力㉔。

在新興國家社會發展已經引起這些國家學者特別的注意，他們所接受西方教育與其傳統文化相差異，因此使他們能創造新整價值觀念，以配合經濟成長與政治現代化。佛斯德（Philip Fo-

---

㉓ 見 Holmberg, Allan R. "The Changing Values and Institutions of Vicos in the Context of National Development," *American Behavioral Science* 8: 38; 1965.

㉔ 見 Lerner, Paniel, *The Passing of Traditional Society: Moderning the Middle East Free,* 1958.

ster）指出在非洲迦納（Chana），就是接受過西方社會統教育的領導創造一種文化環境，使改革得以實行。他們傳入西方文化，不但獲得國家獨立，而且發展政治文化以配合之㉕。

英基里斯（Alex Inkeles）研究教育對國家現代化的貢獻，是培養現代人具有的態度與行爲㉖。

綜合以上的結究，可見教育與社會發展關係並不亞於經濟成長或政治發展的關係，教育對於社會福利、開放社會及創新社會價值觀念、態度與行爲等均有重要影響，這些社會發展則與經濟成長及政治發展息息相關。

㈣教育發展與人口的關係

在一九四〇年代與一九五〇年代大多數的學者談到人口與國家發展關係，往往把人口當作依變數（dependent variable），認爲未開發國家現代化的過程，很自然地就會自動地降低出生率達到差不多與所減少死亡率相等，在大多數西方國家工業化的過程有過類似現象發生，未開發國家現代化的過程中，自然地人口亦有所類似的轉變。但是很少談到避孕技術、墮胎與不生育以及大衆教育運動需要控制生育方法等問題。在一九五八年曾長期擔任世界人口—家庭計劃促進會主席

㉕ 見 Foster, Philip J. *Education and Social Change in Ghana*, Routledge, 1963.

㉖ 見 Inkeles, Alex, "Making Man Modern: On the Causes and Consequences of Individual Change in Six Countries" *American Journal of Sociology*, 75(1965) p. 210.

的莫格（William Vogt）認爲除非能夠停止人口增加，可能只好放棄人口帶來問題的掙扎㉗。

在一九六〇年代人口觀念開始有許多變遷。社會學、經濟學、政治學以及工業技術各方面的討論已普遍同意有節制生育的必要，人口被認爲是自變數（independent variable），進一步研究生殖率與社會條件的關係。在教育方面，開始研究識盲率、修畢年限、在學學齡人口與人口生殖率（fertility）的關係㉘。

根據哈比遜與米爾（Harbison and myer）的研究，愈開發國家其非識盲率及學生註册率也愈高，農民人口出生率也減少。說明教育水準提高與出生率降低有關㉙。

同樣的，約克（Robert M. Bjork）指出有卅一國家其非識盲人口佔總人口百分之十五以上者，其出生率是低於千分之二十；而有卅四國家非識盲者低於總人口百分之四十，則其出生率是高於千分之四十㉚。

㉗ 見 Vogt, William, *Road to Survial.* New York: William Sloane 1948, p. 279.

㉘ 見 Bjork, Robert M, "Population, Education and Modernization," Adams, Don (ed.) *Education in National Development.* London: Routledge & Kegan Paul, 1971, pp. 118-120.

㉙ 見同㉘，pp. 121-25.

㉚ 見同㉘，p. 121.

綜合以上研究，可知教育發展與人口的關係很顯著，根據有關統計資料顯示，一國出生率與其非識盲率有關。愈是開發國家不但出生率愈低，而其非識盲率亦愈高。因爲教育水準的提高可抑制出生率的增加，改進人口的素質，而出生率的過高，或年輕人口有過多，影響教育的普及、教育經費的負擔以及教育素質的降低。

三、國家現代化過程中的教育問題

美國學者柯姆斯（Philip H. Coombs）在一九六八年出版一本書叫做「世界教育的危機」（*The World Educational Crisis*），頗受一般學者的重視，他認爲各國普遍面臨的教育問題如下[31]：

㈠學生水潮　到處顯示需要教育，學生期望入學猶如水潮，加上人口膨脹的影響，使教育對象不斷增加，在教育量方面引起許多問題。

㈡資源缺乏　自一九五〇年代初期之後，教育所需資源急劇增加，但師資、校舍、設備、教科書、獎學金以及經費的供應均已趕不上教育的要求。

---

[31] 見 Coombs, Philip H., *The World Educational Crisis: A System Analysis*, London: Oxford Un iversity Press, 1968, pp. 164-65.

㈢教育費用升高　教育費用不斷提高是由於學生成本單位趨高，加上資源缺乏，教育經費趕不上改善教育素質的要求。

㈣教育與社會需要不能配合　一方面學校所培養畢業生不能適應國家發展及變遷社會中個人需要；另一方面工作環境所給予學生態度、工作志願及地位期望的影響與現代教育制度所計劃適應社會變遷與經濟發展的需求不相符合。因此產生傳統與現代觀念的衝突及不合理的失業問題。

㈤教育效率緩慢　教育措施泥守舊規，缺乏適應新需要的改革。

美國學者亞當斯及約克（Don Adams and Robert M. Bjork）在其合著《開發中地區教育》（*Education in Developing Areas*）一書指出開發中國家普遍面臨的教育問題有：㈠缺乏合格教師；㈡學校不能使學生連續不停地念完學業；㈢課程不適當；㈣農村與城市教育發展不均衡；㈤婦女受教育機會不普及；㈥受高等教育喜愛擔任政府及專業工作；㈦教育制度趨向保守的傳統價值觀念。

美國一九六九年出版教育研究百科全書列載開發中國家面臨教育問題有：㈠農村教育落後；㈡職業教育不夠加強；㈢許多學校畢業生失業；㈣教育效率低落；㈤人口膨脹[32]。

---

[32] 見 Ebel, Robert L. (ed.) *Encyclopedia of Educational Research*, London: The Macmill Company, 1965, pp. 347-54.

綜合以上研究，可知世界各國在國家現代化過程中所面臨教育問題很多，但各學者所發現的教育問題並不相互衝突，且可相互印證。如就我國目前教育問題而言，值得比較者可歸納下列四大教育問題：

㈠學生數量擴充的問題；㈡師資數量與素質的問題；㈢教育與國家現代化所需人力配合的問題；㈣教育效率的問題。

叁、我國與一般國家現代化過程中教育問題的比較

一、學生數量擴充的問題

世界各國到處呈現需要教育，學生期望入學猶如潮水湧來，加上人口膨脹，使教育現象不斷增加在量方面所引起的許多問題，這是美國教育經濟學者柯姆斯（Philip H. Coombs）在其所著《世界教育危機》（*The World Educational Crisis*）一書所提出第一種的教育危機㉝。

一般來說，國家現代化必須人民教育普及，識盲率降低，但是由於教育的社會要求（Society demand for education）不斷提高，許多國家面臨着教育的社會要求超過學校所能容納的學生

㉝ 見㉛。

數量。所謂教育的社會要求就是學生想進學校，肄業到畢業及畢業後又想升學的願望，許多國家固然逐漸增設學校及班級，趕不上滿足教育的社會要求，也就是說申請入學學生數多於學校招收學生數，如果其差異大，往往產生社會對教育的壓力。

教育的社會要求與經濟及社會發展人力要求不同，這兩種固然是交互作用，但卻獨立行動，經濟與社會發展的人力要求，在人力數量擴充上是有限制的，但教育的社會要求趨向不斷提高，因爲其本身有自我膨脹的現象，一個人受了小學教育，便想進中學，念完了中學，又想進大學，這種現象在開發與開發中國家都同樣的。所以如果社會與經濟發展的人力要求成長率比教育的社會要求慢，則形成受教育者的失業率增加。

在第二次世界大戰以後，全世界各國教育普及，學生數量擴充很快如圖一㉞。

由圖一可知從一九五〇年至一九六三年全世界小學學生註册人數增加超過百分之五十，中學及大學學生註册人數則增加超過百分之一百，而開發中國家小學註册人數百分比增加較大，而開發國家則其中學及大學學生註册人數百分比增加比較大。如果整個學生註册人數與一百年前比較，增加了一倍。由此可見第二次世界大戰以後教育更加普及，學生數量擴充相當快。其主要原因有三：

㉞ 見㉛，p. 19.

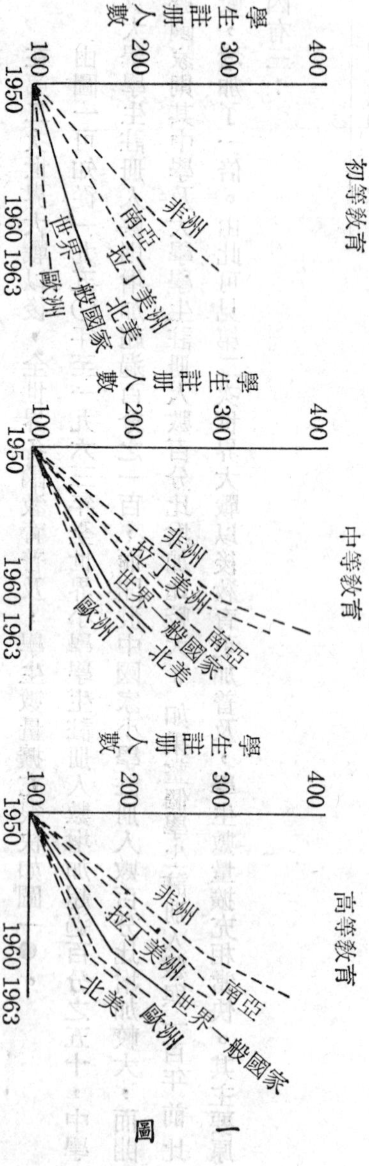

圖一

(一)學生家長與學生本人對於教育期望提高，對升學較以前有興趣，也就是教育的社會要求提高。

(二)各國政府均重視教育發展爲國家現代化的先決條件，以及民主政治理想要求教育普及，因此大多數政府強調要提高教育水準，要求更多學生就學，要求修業年限延長。

(三)由於人口膨脹，求學人數必然增多。

雖然各國學生註册人數急劇增加，仍然趕不上教育的社會要求，在許多開發中國家小學就學率有低於百分之五十，中學與大學就學率更低，尤其年青人口增加率超過全部人口增加率，形成就學率更嚴重的問題。這種現象在開發國家也有同樣問題，如法國前任教育部長福漆(M. Christan Fouchet)認爲在一九四〇年以後，法國教育部與大學才面臨教育嚴重問題，那就是人口膨脹，教育的社會要求以及科學革命的問題。英國在一九六八年左右有四分之一學生申請入學被拒絕，澳國在一九五五年中學與技術學校入學許可被拒絕有百分之二點七至百分之二十二點二。當教育的社會要求超過學校所能容納學生人數很多時，如不嚴格選擇，便形成在校學生過於擁擠或降低教育素質。一般來說，許多開發中國家面臨這種問題是各教育階段均有，即小學、中學及大學都有這種申請入學學生數量過多的問題。而開發國家通常在中等教育之後，才面臨這種問題，因此各國都趨向減少學生增加率及人口的增加率，據統計如下表一㉟。

表一 全世界各國學生數、人口數平均每年增加率

增加率 / 國家分類	學生數每年增加率			人口數每年增加率		
	一九五〇—六〇	一九六〇—六五	一九六五—七〇	一九五〇—六〇	一九六〇—六五	一〇六五—七〇
先進國家	二・三%	三・五%	一・三%	一	一・三%	一・〇%
開發中國家	六・六%	六・七%	五・三%	一	二・三%	二・四%

㉟見姚元勳著：世界各國教育新趨勢之統計分析，商務印書館，統計第二表。

由上表一可知正在開發中國家在一九五〇年至一九七〇年學生數每年增加率均大於先進國家。開發中國家在一九六〇至一九七〇年人口每年增加率亦大於先進國家。其教育的社會要求與政府增加設校的問題當更嚴重。但自一九六五年以後開發中國家與先進國家學生數每年增加率趨向降低，可見其學生數量擴充已加限制，而人口每年增加率在開發中國家則仍然趨向升高，因此開發中國家教育的社會要求當趨向愈形嚴重。

就我國目前學生數量擴充情況而言，有下列幾點值得一提：

㈠各級學校學生佔人口百分比來看，根據教育部六十四年統計如表二。

表二 各級學校學生與人口比率

學校類別／人口佔百分比	國民小學	國民中學	高級中等學校	專科	大學	研究所
四十學年度	一三·二四	一·一三	〇·五一	〇·〇三	〇·〇八	〇
六十三學年度	一五·二一	六·三	二·七八	〇·九四	〇·八一	〇·〇三

由表二可知我國自四十學年度到六十三學年度各級學校學生人數佔總人口的比率均增加，顯示教育水準已普遍提高，學生數量已大加擴充，如照史列韋克所提國民小學註冊人數應佔總人口

百分之十以上，中等學校佔百分之二以上，大學則佔千分之三以上。我國各級學生註册人數所佔總人口比率均已超過此標準。所以在學生數量已不算少。又根據六十五年統計，我國十五歲以上非識盲者佔總人口百分之八十三點九㊱。如照哈比遜米爾所研究指出未開發國家非識盲者平均佔總人口百分之十五；部分開發國家佔百分之四十六，半先進國家佔百分之七十四；先進國家佔百分之九十八。我國非識盲者亦已相當高。基本教育學生數量趨向接近先進國家。

㈡從人口增加率來看：人口膨脹過速，會產生教育的社會要求超過學校所能容納學生數量，根據今（六十五）年戶口住宅普查，臺閩地區人口總數爲一千六百二十六萬四千一百九十八人，較五十九年增加一百四十九萬四千四百九十六人，五年期間人口增加率達百分之十二點十二。臺灣人口自然增加率已有逐年降低之趨勢：六十一年爲百分之一點九四；六十二年爲百分之一點九；六十三年爲百分之一點八六。比哈比遜與米爾所研究未開發國家（平均百分之二點三），部分開發國家（平均百分之二點九）人口增加率低，但比半先進國家（平均百分之一點八）及先進國家（平均百分之一點一）人口增加率高，而且我國被列爲半先進國家，顯然我國仍應加速推行

㊱見 Vaziey, John, "Some of the Main Issues in the Strategy of Educational Supply," In Policy Conference on Economic Growth and Investment in Education, Washington 16th-20th October 1961. Vol. 3 Organization for Economic Cooperation and Development, 1962, p. 51-69.

家庭計劃，使人口增加率降低。

又根據今（六十五）年戶口住宅普查，臺閩地區十五歲以上人口佔總人百分之六十三點六，比五十九年五十九點四六提高，可見工作人口增多，增加負擔就學學生費用的能力。

㈢從教育的社會要求與學校所容納學生數量來看：我國小學與國民中學都是普及教育，免試入學，根本無教育社會要求與學生人數的差距，高中、高職、專科學校以及大學院校則採入學考試，選取相當程度學生入學，顯然有教育社會要求的壓力。根據六十四年教育部蔣部長彥士在全國教育會議報告，各級學校學生在學人數及其在同學齡人口比例如下：

1.高級中等學校學齡人口（十五歲至十八歲）有百分之四十六點六或五十四萬人未在學。2.大專學齡人口（十八歲至廿二歲）有百分之八十四點八或一百二十萬人未在學。

可見有相當高比例學齡人口無法升入正規學校，尤其是大專。又如下列幾種事實或政府措施可以證明之：

1.每年暑假大專、高中及高職採取聯招制度，無非在求公平錄取機會，以減少學生家長因子女未錄取產生的不滿與怨言；如六十三學年度大學及獨立學院日間部報考人數為九三、二〇五人，而錄取人數為二五、〇一〇人，錄取率為百分之二十六點八三；大學及獨立學院夜間部報考人數為三六、三四一人，錄取人數為九、五五七人，錄取率為百分之二十六點三；二專日間部報考人數為一一、九二八人，錄取人數為四、三八一人，錄取率為百分之三六點七三；三專日間部報考人數爲三〇、二〇八人，錄取人數爲七、三六三人，錄取率爲百分之二十四點三七；二專及三專夜間部報考人數爲一九、九一三人，錄取人數爲七、一八二人，錄取率爲百分之三六點零七。可見其錄取率很低，升學劇烈競爭的現象頗爲顯著。

2.私立中學學費雖昂貴，仍然有許多家長設法擠進私立中學，認爲升學率高的私立中學學生較有考取大學的機會，顯受升學競爭劇烈的影響。

3.政府對於每年高中及高職招收人數逐漸調整其比例，目前高職與高中招收人數之比例爲六與四之比，如此政策則在減少升大學的壓力。

4.政府對於公私立大學各科系的新設與班級數均由教育部核定加以嚴格控制，以配合社會需要，顯有重質優於重量的趨勢。

由以上各種事實足見我國升高中與大學方面教育社會要求的壓力很高的問題相當顯著。學生家長望子成龍，所謂升學主義的作祟，產生劇烈升學競爭，這是因爲學校所容納學生數與一般學生的升學期望差距很大。每年暑假高中與大學聯招前學生緊張的情緒與未錄取學生惡劣的情緒，足以表現教育的社會要求所產生的壓力相當大。

就教育觀點而言，一方面，教育量的迅速擴充是教育進步的現象，因爲教育水準提高，不但受教育者增加其享受人生與適應環境的能力，同時增加促進國家政治、經濟及社會等發展的人力；但是另一方面，如果教育量的過速膨脹，不但財力無法負荷，造成教育素質的降低，同時人才過剩，產生嚴重失業問題，以及政治與社會不穩定的問題，目前在開發中與開發國家都有面臨這種問題，我國亦不例外，如何學取先進國家及開發中國家面臨此問題所採取各種措施後果的經驗，配合我國國家理想及財力與人力，對學生量擴充的問題，作一適當的決策，確爲當前重要的教育問題。

二、師資數量與素質的問題

師資是重要的教育問題，孟志（John Vaizey）研究指出師資的供應與地位是國民平均所得低的國家在教育制度發展中的中心問題[37]。柯姆斯（Philip H. Coombs）認爲目前師資的問題是素質的問題，即如何獲得足夠本科的優秀師資[38]。

師資供應問題有下列若干基本事實值得注意的：

㈠師資數量不因教育進步而減少　教育是一種大規模的事業，但與工商業不同，工廠或公司可因技術進步而減少人員或工人。教育不斷進步，但卻不因而減少教師。固然視聽教育可以幫助教學，但不能代替正式教學。相反地，目前因求教學效率提高，往往減少每位教師對學生數比

---

[37] 見[31]，p. 34.

[38] 見 Carter, Alan M., *The Journal of Human Resourcess,* Madison: University of Wisconsin, Summer 1966, no. 1.

例，就是同樣數目的學生必須增加教師的數量，更增加師資供應的問題。

㈡師資素質必須不斷提高　由於社會變遷與新知識劇增，以及教育本身要求進步，教師素質必須不斷提高，如何利用在職進修，延長職前修業年限或加重修讀學分，使教師素質提高，更能有效地教學，這便產生師資素質如何提高的問題。

㈢師資待遇不能與工商業匹比　師資待遇往往比不上工商業人員，因此教師往往因待遇較低而轉業至其他高薪的職業，影響優秀師資缺乏的問題。

㈣教師待遇往往是教育經費重要的負擔　教師薪俸往往佔教育經費較大部分的開支，在國民平均所得的國家，對教師待遇負擔過重，例如在非洲奈及利亞（Nigeria）中學教師待遇相當於每年國民平均所得三十倍，在牙買加（Jamaica）則爲十二倍；小學教師待遇在牙買加（Jamaica）相當於每年國民平均所得的三倍，在奈及利亞（Nigeria）則爲七倍，但在美國則只有一倍半。可見開發中國家對教師待遇優厚，但負荷過重，初期固然可吸引優秀師資，但不能持久。當通貨膨脹或財政困難的時候，教師待遇日趨降低，產生教師轉業而缺乏的現象。

綜觀世界各國師資供應情況，在一九五○年代大多數國家感到師資缺乏的現象，尤其顯示優良師資的缺乏受工商人員待遇較優厚的影響，在有些國家顯示師資訓練過於遲緩，最缺乏的師資是科學、數學及許多技術學科的師資，但是近十年來許多國家已努力增加合格教師的量與質，例如印度中等學校及大學畢業生已能滿足師資的供應，甚至供過於求，只是一些特殊科目師資仍然缺乏。拉丁美洲國家也有類似情況，非洲的奈及利亞（Nigeria）過去師資缺乏，目前大學畢業生則難於安插。在開發國家因爲一般人力供應平衡，師資素質則可不斷提高，例如法國戰前人口少，而戰後人口劇增，剛開始師資非常缺乏，當時大量兒童現均可成師資，師資量已擴充足夠需要。又如美國博士學位獲得人數與大學所需師資人數增加情況如圖二㊴。

由圖二可見博士學位人數自一九六八年之後已逐漸供過於求。

雖然各國師資供應數量已趨於適應需要量，甚至有些國家供過於求，但未必能保證師資素質的提高，因爲師資素質往往受下列因素的影響：

㈠師資待遇菲薄　因師資待遇往往不如工商人員，無法保留優良師資不轉業。或因通貨膨脹影響待遇貶值，無法吸收優良師資。

㈡師資訓練機構的能力不夠　目前師資訓練機構招收學生數量固然擴充迅速，但未必能有效培養優良師資，許多國家發現師資訓練機構缺乏可培養爲優良師資的學生。

㈢教師離職率高　有若干國家教師轉業率高，如挪威（Norway）發現教師近來離職率高，在英國每一千個教師在其任教六年後只剩下一百九十三人；每一千個男教師在其任教六年後只剩下六百七十七人㊵。在澳國有五分之三小學教師是女的，在英國有四分之三中學教師是女的，美

㊴ 見同㊱，p. 44.

㊵ 見同㊱，pp. 74-83.

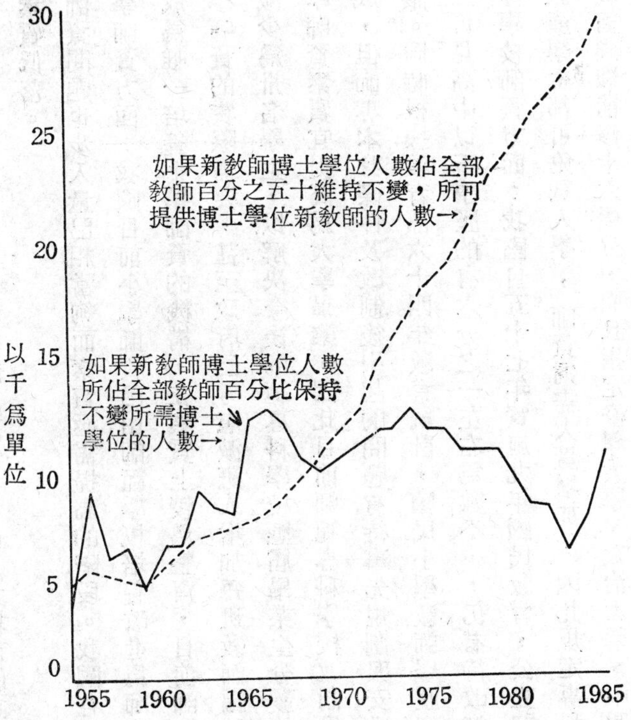

圖二　美國以一九六三至六四年水準所要求與可提供博士學位新教師人數比較表

國女教師也不少，但其因結婚或生育兒女而致離職率相當高。

㈣師資流向大城市　因大多數教師趨向遷住大城市，大城市師資素質則可提高，而鄉村師資則缺乏而素質低落。

我國師資問題也步入量已相當夠而素質亟需提高的階段。我國各級學校師資供應情況如下：

㈠小學師資方面：我國目前小學師資已由師範學校培養改進為師範專科學校培養，而且師範專科學校成為唯一培養小學師資的機構，在素質上較為整齊，目前師範專科學校畢業生數量已足夠供應小學師資的實際需要，甚至政府已考慮減班或增加每班教師編制，六十五學年度可能減六班，每班減少為卅名學生，以解決今後師範專科學校應屆畢業生分發的問題。但是綜觀各國教育趨勢，小學師資素質宜提高為大學畢業，因此目前師範專科學校改制為國民教育學院或師範學院頗受人贊成，但師專本身條件及改制後引起的問題有待事先規劃與安排，故一般教育學者均主張應從長計議。同時根據教育部六十四年教育統計，國民小學教師學歷審定情況如表三。

由表三可見高中以下學歷的有六分之一左右為數不少，仍有待改進。

㈡中等學校師資方面：我國自五十七年實施九年國民教育，公立初中改為國民中學，所有十二歲至十五歲學生都可免試入學，師資則需大量增加，因此規定專科學校畢業生可任教國民中學，提供職前訓練補修十六學分，而且指定臺灣大學、政治大學、中興大學及成功大學開設教育科目，提供教育系以外其他各系學生選修教育科目十六學分，成為合格國民中學教師，以解決國

表三　六十四年國民小學教師學歷審定情況表

學歷	人數
教育(師範)學院	三六三
大專其他院系	九三〇
師範專科及師範學校	四八、九二七
高中	七、五八七
初中	三、〇四九
其他	一、二五三
總計	六二、一〇九

民中學教師大量缺乏問題。尤其規定非師範大學院校及公立教育院系畢業生必須補修規定教育學分，始可成爲合格國民中學教師，對師資素質提高頗有功效，除國立師範大學及國立政治大學教

育系外，已先後增設省立高雄師範學院及彰化省立教育學院共同培養國民中學師資。但目前師範大學院校應屆結業生分發實習已年趨困難，去（六十四）年臺北市及臺灣省各縣市對應屆非師範結業生之合格教師則均採甄選辦法錄用，而大學畢業生補修教育學分亦規定增至二十學分始可為合格國民中學教師。可見國民中學師資在數量上已趨供過於求，尤其臺北市為然。不過藝能科師資則仍然有缺乏之現象。高中教師因受國民中學師資數量過多的影響，且高中班級限制增加，以增加高職學生數，因此亦有人滿之患。職業學校專門科目師資較為缺乏，因為缺乏有計劃培養及專門科目師資因受工商待遇影響不願留任，所以大體來說中等學校師資除專門科目或藝能科目師資數量外已達飽和狀態，甚至有供過於求的現象。但中等師資素質則不整齊，中等學校教師學歷及檢定資格審定情況，根據教育部六十四教育統計如下表四：

表四　六十四年中等學校教師學歷審定情況表

學歷別	人數
研究所畢業	三〇四
大學及獨立學院畢業	三六、一六八

專科學校畢業	二三、三一七
軍事學校畢業	三、四五四
高中畢業	二、二六二
初中畢業	一七
高考及相當之特考及格	二二六
普考及相當之特考及格	二八八
其他	七八五
總計	五六、七八三

由表四可見研究所及大學院校畢業生只佔百分之六十四，其他三分之一以上師資學歷較低，其素質均有待提高。

又根據同一統計，中等學校師資資格審定情況如下表五：

表五　六十四年中等學校師資資格審定情況表

資格審定類別	人數
本科檢定合格	三一、八四〇
非本科檢定合格	一四、六一一
未檢定	一〇、三〇二
總計	五六、七八三

由表五可見未檢定教師佔全部教師六分之一以上，非本科檢定合格者也佔全部教師四分之一以上。顯然教師素質並不完全適合其擔任教學的水準。亟待改善。

㈢大專師資方面：專科學校除專門科目師資缺乏外，專科學校及大學師資也已到飽和狀態，許多海外學人回國申請在大學服務均難於安插，私立專科學校聘任兼任教師居多，主要爲了節省經費，但卻阻塞新聘教師的機會。所以在表面上大專師資已不缺乏，但實際上大專師資素質大有問題，尤其私立專科學校師資素質最低。根據教育部六十四年教育統計，大專師資學歷審定情況如下表六：

表六　六十四年大專學校師資學歷審定情況表

學歷	人數
博士學位	一、〇八四
碩士學位	二、四六八
學士學位	七、二九六
專科畢業	一、六九九
其他	七六
總計	一三、三〇九

由表六可見大專師資博士學位人數只佔全部師資百分之八左右，竟比專科學校畢業人數少，而且大學畢業人數最多，佔一半以上，其素質顯示過差，一般來說專科學校師資素質問題比大學

院校更爲嚴重。

綜合以上我國各級學校師資情況，顯然如何使現任師資素質提高，及如何有計劃限制培養師資過量擴充，爲當前教育重要的課題。

三、教育與國家現代化所需要人才配合的問題

國家現代化必須需要各種人力資源，教育所培養人力資源未必與經濟及社會密切配合，而且根據許多研究教育所培養的人才與國家所需要的往往有相當差距：目前大多數教育學家與經濟學家都已普遍承認教育是國家現代化的有利投資。教育除滿足個人的需要外，對於國家發展有很大的貢獻。教育可培養經濟成長所需要人力資源的種類與數量，但亦需要經濟在實際上將可有效利用這些人力資源，如果教育所培養人力資源的種類與數量不能配合經濟成長，或且教育已培養所需的人力資源，經濟卻不能善於利用，那末對國家現代化的過程將產生阻滯與困擾的作用。近年來對開發與開發中國家人力研究顯示：教育所培養的人力與經濟所需要的有差距，而且經濟上雇用結構與報酬有欠健全，不能有效利用人力。到目前爲止，人力研究的工具還不完善，對於人力培養的與實際需要的配合還不可能完全正確的預測，但是至少對於教育與經濟人力配合是否有重大的失調，則可以鑑別出，俾可加以糾正，對教育計劃有相當貢獻。教育培養人才與人力要求差距可分析如下：

㈠從教育不能配合人力要求方面來看：根據人力研究指出如下㊶：

1. 許多國家高中學生過多，也就是準備升大學的學生過多；

2. 大學人文學科與法律學科畢業生過多；

3. 缺乏技術人員：許多開發中國家技術人員與其有關專業人員人數比例不適當，漢德（Gray Hunter）認爲技術人員與有關專業人員（如護士與醫生）之比例最理想是三比一與五比一之間，需視國家與學科性質而有不同。但許多開發中國家往往是二比一——有時甚至一比二，拉丁美洲智利就是例子，每一個護士有三個醫生，與瑞典每五個護士有三個醫生及美國每七個護士有二個醫生不同，當智利護士人數佔醫生一半的時候，有許多護士馬上離開智利，藉着結婚或移民而到美國去；

4. 缺乏衞生、農業以及其他特別人力，這些特別人力大都是數學及科學基本學科人力，有的國家大學農業系畢業生少於百分之四，數學及科學基本學科系畢業生只佔極小部分。

㈡從失業方面來看：在教育培養的人力超過經濟所能容納，或雖教育培養的人力適合經濟發展，但缺乏有效利用人力的制度則都會產生失業問題，失業問題更趨嚴重的原因如下㊷：

㊶ 見同㊱，pp. 88-91.

㊷ 見一九七四年國際勞工統計年鑑及臺灣省勞動力調查研究所第四十七期調查報告。

1.國家現代化的初期，因經濟技術發展與教育水準提高，使就業者生產力提高，相對地減少雇用機會。那就是說國民生產毛額增加，而雇用機會可能並不同一比例增加。例如非洲坦尚利亞(Tanzania)和肯亞(Kenya)兩國就有此經驗。

2.當國家開始實施現代化的過程，假如人口膨脹不正常的快速，那末失業問題更加嚴重，因爲勞力人口的增加比經濟所能容納新勞力人口的增加比經濟所能容納新勞力人數多。假如教育制度已相當擴充，畢業生雖受過相當的教育仍然不能找到工作，覺得國家教育水準多少過於提高(overeducated)，但當考慮到其人口可能識盲者仍多，大部分青年仍然沒有接受小學教育，則發現這結論是顯然可笑的，甚至有些國家教育當局竟然在教育預算亮起紅燈，從長期發展來看，那是因噎廢食。

3.許多開發中國家教育所培養的人才，經濟制度未必有效利用之，其原因如下：

(1)由於工資或薪俸不適當的關係，使稀少的人力因謀高薪而轉業到錯誤的方向上；

(2)由於教育所培養工作的技能過於狹窄，不能適應職業機會的變化，或未能配合實際工作的要求；

(3)由於傳統偏見與社會地位觀念，往往輕視勞力，使許多人放棄國家發展所需要的工作，而轉業比較無建樹的工作，例如技術人員放棄實際技術工作，而喜愛爲辦公室的小職員。

就一九七四年世界各主要國家失業率的比較如下表七㊸：

表七　一九七四年主要國家失業率比較表

國別	失業率
美國	五·八%
英國	三·二%
西德	二·一%
加拿大	四·八%
日本	一·二%
韓國	五·四%
中華民國	一·九七%（狹義）三·○五%（廣義）

由表七可見開發國家失業率未必比開發中國家低，但是開發中國家對於失業問題的調適工具

㊸ 見㊱，pp. 93-94.

較開發國家差，因爲開發國家經濟較繁榮、分散與彈性，比較不大擔憂人力的不配合，一部分由於雇用市場比較可反應人力的需要，尤其由於在勞動人力方面有較大彈性，流動性及改變性，而且教育制度比較警覺，不但是注意雇用工作典型的新變遷，而且能培養新技術配合社會新需要。

㈢從學生選擇學科態度方面來看：國家需要各種人才，而教育機構設置各種科系以配合其需要，但是如果國家教育制度是准許學生自由選擇科系而其不喜愛修讀國家所需要的科系，必然產生教育培養人才與國家所需要不能配合的問題。影響學生選讀科系的態度可能有三方面：一是學生本身性向；二是過去教師教學的影響；三是社會觀念的偏見。第三項社會觀念的偏見，是社會影響教育的因素，例如在歐洲許多學生喜歡選讀人文學科，而不重視數學與自然科學。國家需要科技人才，而學生則不願選讀科技方面的學科，英國及法國教育改變學生選讀態度有相當困難的經驗，這不只是教育與經濟關係，而是教育與政治及社會的關係。在許多開發中國家事實顯示學生偏愛「白領」（white collar）所謂辦公室工作，而輕視勞工。如拉丁美洲國家、印度、緬甸及非洲國家均有類似研究指出社會觀念偏見喜歡「白領」的工作㊹。

簡言之，教育的培養制度與國家現代化過程中所需人才往往有未能配合的問題，這原因有三方面：一是學校所培養的種類、數量與素質未能配合社會所需人力的要求；二是社會或經濟未能

㊹ 見六十四年八月十二日中央日報。

有效利用教育所培養的人力資源；三是社會偏愛觀念影響學生選讀科系的態度。造成了社會失業問題與人力缺乏之問題同時併存。

就我國教育與社會人才需要方面而言：

㈠我國大學科系設置方面：固然數學與自然科學各科在大學學生數不像上述所佔總人數比例那樣少。教育部六十四年統計，六十三學年度大學各科系如下表八：

表八　六十四年大學各科系學生人數表

科系類別	學生數
人文	一五、六七九
教育	五、三一五
藝術	一、三〇二
法律	一、九八八

社會科學	二四、八九五
自然科學	一一、六八一
工程	二一、〇六〇
醫藥	六、六三八
農業	四、三三〇
總計	九二、八七八

由表八可見自然科學與工程學生合計共三二、七四一人，超過人文學科學生數，但農業學科學生也約佔學生百分之四左右，根據教育部研究報告未就業率高達百分之六十的科系有十八科，未就業率在百分之五十至六十者有七個科系，百分之四十至五十的有三十二科系，百分之二十至三十的有二十個系。青年輔導委員會所舉辦甄試測驗，發現文法科甄試竟造成三十比一或四十比一的現象㊺。可見目前大學文法科畢業生出路問題較為嚴重。

㊺ 見臺灣勞動力調查研究所第四十八期勞動力調查報告。

(二)我國失業率方面：固然我國六十四年失業率不比美國高。從我國就業人口行業結構來看，六十四年統計如下：農業人口佔二九・九二%，工業人口佔三五・五二%，服務業人口佔三四・五六%[46]，而一九六〇年未開發國家就業人口行爲結構據統計如下：農業人口佔七二・四%，工業人口佔一一・三%，服務業人口佔一六・三%；而開發國家農業人口佔二九・一%，工業人口佔三四・六%，服務業人口佔三六・三%[47]，可見我國是介於開發與未開發國家之間，因爲農業人口佔較小百分比。顯示教育與經濟人力配合有相當成就。但是我國目前工資結構並不健全，工資過低致女工離職率高，而高級人力因科系調整不能配合實際需要致謀職不易，根據統計臺灣地區十年來就業人口教育程度比較如下表九：

表九　臺灣地區十年來就業人口教育程度比較表

學校類別	就業百分比
小學	六四點五五

[46] Zymelman, Manuel, "Labour, Education and Development," Don Adams (ed.) *Education in National Development*, London: Boutledge & Kegan Pall, 1971, p. 101.

[47] 見同[45]。

初中（職）	一五點二三
高中（職）	一四點二一
大專以上	六

由表九可見大專以上就業人口百分比最低。而小學就業人口百分比最高，固然十年來就業人口教育程度逐漸提高，但高級人才出路問題較為嚴重，形成降求次等職位工作之趨勢，以去（六十四）年郵務佐考試為例，國民中學畢業生即可報考，結果國民中學畢業生報考只佔百分之十四，而錄取者竟然大學畢業生者居多。而低級女工則特別缺乏，據經濟部工業局主管稱：目前國內普遍缺乏紡織電子各業的初級作業員，估計缺乏一百萬人左右。其所以缺乏初級勞力的原因：1.工資偏低，農村人力回流；2.臺灣產業太過依賴勞工[48]。

㈢我國學生對升學選讀學科態度方面：我國有兩種社會傳統觀念：一、是升學主義；二、是士大夫觀念。升學主義影響學生只求升大學，不管其智力與性向能否接受高等教育，因此升大學期望很迫切，造成設法鑽進高中及大學，不想唸職業學校，如果考不上大學，唸職業學校只是過渡，畢業後仍想升大學。從一方面看：願意升大學者多，可提高一般人民教育水準，但從另一

[48] 見六十五年四月二十七日中國時報。

方面看：升大學多，增加政府財力負擔及要求入學的壓力。而且中級技術人員及基層人員則無形中受影響而缺乏。士大夫觀念影響學生輕視勞工，期望從事行政工作及高級領導工作，固然自然科學及工程畢業生因出路多與待遇較優厚的關係，已普受重視與喜愛，攻讀者日增。但對於勞動工作仍然不受重視，偏愛勞心工作。不過我國教育制度採計畫的控制，各科系、班級與學校統由政府計畫安排。因此一方面固然有賴社會對士大夫觀念有所改變，並不容易。但另一方面政府可有計畫控制招收學生的數量與修讀科系，以調整學生配合社會的需要，故較不擔憂學生態度影響人力資源的培養。

總之，我國教育培養制度與社會所需人才仍有差距，如何規劃學校課程及學生數量與社會人力要求相配合，如何使教育培養的制度有助於國家現代化過程中所需各方面人才的要求？這是我國當前教育重要的課題。

四、教育效率的問題

國家現代化過程中，許多國家由於經濟尚未高度發展，教育如何善於運用不足資源，發揮最大經濟而有價值的效果，往往是各國面臨的問題，這是教育效率的問題。教育是世界上主要培養人力資源的「工廠」，在一九六五年有一千億美元用在正規教育經費上，佔國民生產毛額十三分之一至十五分之一。如此龐大經費的支出，能否達到最大的效果，影響國家現代化至大。目前有些學者硏究指出：在開發中國家教育效率低落常常由於下列三大原因：

㈠學生中途停學與留級　許多開發中國家有許多學生中途停學或留級，中途停學使其所肄業階段未完成，失去預期的教育效果，所花經費成爲浪費；留級是延長修業期限，無形增加經費負擔。在一九六五年非洲國家小學生完成六年級學業者只有百分之三十二，每個學生完成六年教育平均要花十三年半的時間，其經費浪費由此可知。在亞洲，寮國小學生只有百分之十三點三畢業，而韓國則有百分之八十畢業，造成這種現象可能的原因是：1.學校未設立小學高級班；2.家庭離學校太遠；3.父母對教育不重視的態度，尤其對女兒教育的不重視；4.懷孕或結婚；5.低年級教學不良；6.家庭經濟困難，家長不但無法負擔子女學費，而且需要在家幫忙工作。

㈡教育經費負擔過重　各國教育經費都趨向提高，工業國家在一九五五年教育經費大都約在百分之二與百分之四的國民生產毛額，到一九六五年則爲百分之四與百分之六，大部分歐洲及北美國家在一九七〇年支出教育經費百分之六至百分之七左右的國民生產毛額。如美國一九七二－七三年教育經費爲百分之七點七的國民生產毛額，英國則爲百分之六點五。英國因經濟生長遲緩，教育經費困難，致無法配合其所宣佈教育改革的政策，其他許多歐洲大陸國家也因經費困難延遲中小學的改革。開發國家財政拮据固然延遲教育的改革與進步，但其主要危機不在於資源的缺乏，而在於傳統教育的阻力。

開發中國家教育經費負擔的問題更加嚴重，其中原因之一是教師薪俸負擔過重，許多國家國民所得低，而教師薪俸爲國民所得若干倍，非洲國家甚至有達二十至三十倍之多，初期固然是吸引優秀師資的因素，但負擔過重不能持久，有的國家解決這問題則有下列的途徑：

1. 通貨膨脹，但影響教師薪俸實質上的降低；
2. 多聘用不合格教師，以節省開支；
3. 增加每位教師與學生數增加之比率，以減少教師編制；
4. 變更教育經費分配，轉向增加低費用的教育措施；
5. 實施兩部制。

以上現象結果都影響教育素質之降低。

其他另一原因是開發中國家有一半人口是在十九歲或低於十九歲，而開發國家中間年齡平均是三十到三十五歲，這是說開發中國家能工作的人口少，增加負擔比其年輕人口的扶養與教育費用，因此開發中國家教育經費增加支出的趨勢是比開發國家大，大部分開發國家在五年至十年間教育經費增加二至三倍，例如許多拉丁美洲國家在一九五〇年代初期教育只佔百分之一至百分之二的國民生產毛額，在一九六七年左右已增至百分之三與百分之四，有些非洲國家在一九六七年左右已支出教育經費超過百分之六以上的國民生產毛額。像這樣大教育經費支出，在經濟未高度發展的國家，其負擔維持之困難是可想而知，因此有些國家只好用通貨膨脹，多聘不合格教師及增加每位教師對學生數之比率，轉變重視低費用的教育措施以及實施兩部制，以節省開支，但卻降低了教育效率[49]。

㈢缺乏現代化教育管理制度　任何有效果的教育制度，必須要有效的管理。有領導、協調、考核與改進的步驟。目前許多國家缺乏有現代化教育管理制度以處理國家現代化過程中的各種複雜的教育問題。過去的教育，在其改革速度不如今天的快；其工作規模與差異也不如今天的大；其計畫設計也不如今天的精密與客觀，並且過去的教育缺乏諮詢、溝通與協調的必需工具。這在開發中與開發國家都有此現象。許多獨立國家仍然停留在傳統教育管理制度，缺乏更有動力的發展，包括行政的導向、有根據的創新、整個制度可激起智慧的創造以及帶動生長與改革。例如一九六七年印度官方報告：「古代與缺乏想像力之行政過程，對中等學校科學教育的發展有重大的損害；在初級技術學校的目的與所需低級技術人力的要求未完善的協調，造成浪費與提高經費支出；缺乏各級適當水準的措施，阻礙師資訓練計畫的成效，不能達成促進師資素質提高的優先原則。」[50]在一九六八年有些學者對非洲東部國家研究指出有些國家仍然沿用傳統行政工具來處理正在變更的目的與環境，結果很不理想[51]。目前建立現代化教育管理的困難有下列原因：

---

[49] 見[31]，p. 121.

[50] 見同[48]。

[51] 見同[31]，pp. 122-24.

㈠缺乏積極規定要求對教育管理問題創造性的研究及不斷提高教育人員素質以發揮不同管理的功能　因為缺乏對於教育管理問題的研究，無法發現教育變遷與困難的癥結，也無法提供有效的措施。又因為沒有不斷提供教育人員在職進修，提高其專業素質，則其無法領導與發揮教育的新功能，處理日新月異的複什問題。

㈡教育行政人員仍然保留傳統的任用方法、偏重由內部提升制度（inbreeding process）致缺乏專業訓練人員擔任適當教育行政職位　有許多國家中小學學校出缺，係由學校優良教師提升，教師只接受教師工作的專業訓練，缺乏教育行政的專業訓練，固然其教學成功，未必管理學校也會成功。大學情況也有類似情況，正如醫院優良醫生擔任醫院行政工作，往往影響醫院行政效果的不良，因為醫生所專長的並非行政工作。

㈢教育行政人員薪俸過於偏低　教育行政人員為推動教育改革與進步的主要人員，責任重大，必須要吸收優秀專業人員充任，但大多數教育行政人員薪俸只是相當於中級地方商人的收入，比不上企業主管人員，因此很難留住第一流行政人員。

就我國教育效率而言，可歸納如下：

㈠學生中途停學或留級問題並不嚴重，小學及國民中學雖係免試升學，但中途停學者並不太多，而且無留級制度。高職、高中、專科學校及大學必須通過入學考試，一般學生均不輕易中途留學，而其留級則因各校而有不同，但大體來說，淘汰率並不高，有所謂「入學困難，畢業易。」

的現象。

㈡根據教育部六十四年教育統計，教育經費佔國民生產毛額百分比如下表十：

表十　教育經費與國民生產毛額比較表

會計年度	教育經費支出總額	佔國民生產毛額百分比
四十	二一三、〇八二	一點七三
五十	一、六七一、九六二	二點六七
六十	一一、二三六、七六六	四點九六
六十一	一二、八五二、三八四	四點五三
六十二	一二、五〇五、六八三	四點零三
六十三	一四、七四三、二二三	三點七九

由表十可知我國教育經費逐年增加，在一九五一年我國教育經費爲國民生產毛額百分之一點

七三，與拉丁美洲國家情況差不多，在一九六一年則爲百分之二點六七，並不像開發中國家在十年間增加二至三倍那樣快，尤其一九七一年至一九七四年所佔國民生產毛額的百分比反而逐年減少。可見我國經濟生長率比教育投資不及經濟生長快。在好方面說，政府教育經費負擔減輕，但如反而減少所佔國民生產毛額百分比，則表示教育經費尚未充分增加，有影響教育發展緩慢的可能，值得注意。

㈢我國近年來對於教育與經濟的關係至爲重視，今後將重視教育與人力規劃配合，教育部特設計畫小組，出版一連串教育計畫叢書，其中如包括教育計畫的方法、教育計畫成本計算法、教育計畫與教育行政人員、教育成本及費用支出之分析、教育計畫與系統分析以及其他等書，顯示教育部對於教育管理問題已有積極研究之趨勢；而對於教育行政人員在職進修頗爲重視，於六十四年暑假國立政治大學教育研究所開始舉辦教育行政組進修班，今（六十五）年暑假國立師範大學教育研究所亦將舉辦。教育行政人員在職進修制度之實施，當可不斷提高其素質；我國地方教育行政人員的任用大都採用甄選制度，而非教師升任，但教育行政人員的甄選缺乏教育行政專業訓練爲條件之一，則有待改進，而其原因則在師資培養的機構缺乏有主修教育行政的統整課程，同時未規定合格教育行政人員應修滿有關教育行政學科多少學分；至於我國教育行政人員薪俸比工商人員偏低與其他國家類似，甚至目前有比教師待遇較低的現象，今後調整公敎人員待遇時應值得考慮。

綜合以上分析，可見我國教育效率有以現代化教育管理方式加以規劃與改進的趨向，唯尚未達到相當理想的境地，有待繼續加強，如目前校舍及設備經濟與實用之設計、經費合理之分配與獲得，每位教師與學生數適當比例之調整，教育行政人員適當訓練與任用之規劃、教育計畫之研究以及教育人事制度之改進等問題均與教育效率有關，爲當前我國教育的課題。

肆、結論與建議

一、結　論

綜合以上研究，可知國家現代化是現代人類資源與自然資源趨向最佳配合與發揮的過程，其功能不但滿足人類需要，而且促進國家進步與其理想的實現。

教育是促進國家現代化的工具，而教育的發展不只是傳授文化，而且要與經濟、政治、社會及人口各方面發展相配合，彼此交互作用，使國家現代化有統整的發展。教育與經濟成長關係的研究最受重視而有具體的成效：例如學生註册人數及各級教育階級與國民生產毛額及國民所得都有顯著的相關；教育與政治發展關係的研究雖不如教育與經濟成長關係那樣受重視，但教育一方面受政治理想的要求，其目的、計畫、行政制度以及課程均應達成政治理想的目標，另一方面教育對政治發展有培養公民一般政治行爲、政治領導人才以及政治團體意識的功能，而且有些研究已證實在不同政治制度的國家，其教育發展的速度與效果亦有所不同；教育與社會發展關係的重要不亞於教育與經濟及政治的關係，雖然社會發展觀念較爲籠統不明確，但有些研究已證實教育對於社會福利、開放社會及創新社會價值觀念、態度與行爲等均有貢獻；教育發展與人口關係已漸更被重視，尤其第二次世界大戰以後人口膨脹，增加教育的困擾問題，根據有些研究，愈是開發國家，其出生率愈低，其非識盲率亦愈高。教育不但可抑制出生率的過度增加；而且可改變人口的素質；加速國家現代化。

綜觀世界開發中國家現代化過程中，呈現若干普遍的教育問題：

㈠學生數量擴充的問題　世界各國在第二次世界大戰後，各國力求教育普及，學生註册人數急劇增加，但仍然趕不上教育的社會要求，教育的社會要求超過學校所能容納的學生人數，許多開發中國家面臨這種問題是存在於初等、中等及高等教育各階段，而開發國家則往往存在於中等教育之後。我國自光復臺灣以來，學生數量擴充亦很快，五十七年實施九年國民教育，所有小學及國民中學學齡的兒童及少年均免試入學，因此不致有教育社會要求的壓力，唯高中、高職、專科及大學均須經入學考試，根據各年報考與錄取人數統計，顯示被拒絕錄取之比率相當高，尤其是高中與大學。可見我國亦面臨學生數量擴充的問題。究竟目前學生數量是應擴充，維持現況或減少？如何使學生數量的擴充不影響其素質的水準？如何學生數量擴充的限制不影響學生向上潛能發揮的機會？又如何學生數量的擴充能配合人力的需求？這是值得多方面考慮的教育問題。

㈡師資數量與質量的問題　世界各國在一九五〇年代大多數國家感到師資缺乏的現象，尤其是優良師資缺乏，目前師資數量已趨向適應實際數量，甚至有供過於求的現象，但師資素質仍有待改善，而優良師資仍有賴於採取適當措施加以爭取，以避免轉業於工商界。我國師資每年培養數量已趨供過於求的現象，面臨師資數量過多的嚴重問題。而現任師資中素質較差者仍佔相當大的比例，既不能加以淘汰，又不能給予充分進修機會，致師資素質的改進產生阻力，顯示師資培養數量與種類如何有計劃加以規劃，得以限制師資數量過份膨脹？以及如何以在職進修或其他方式以提高現任師資素質？成爲當前迫切需要解決的問題。

㈢教育與國民現代化所需人才配合的問題　世界一般國家教育所培養人力資源與國家所需要的往往有差距，最顯著的表現是教育與經濟人力要求的差距。根據人力的研究，在教育不能配合人力要求方面：許多國家高中學生過多，也就是準備升大學的學生過多；大學人文學科與法律學科畢業生過多；缺乏中級技術人力；缺乏衛生、農業、數學及科學基本學科人力。在失業方面：開發國家與未開發國家均有失業的現象，只是開發國家對於失業問題比較有適當調整工具加以解決。在學生選擇科系態度方面：顯示各國傳統社會觀念影響學生選擇科系態度甚大，間接影響所需要人力資源的吸收。我國教育培養人力與社會所需要人力也有差距，文法科畢業生出路顯有問題，大學許多科系畢業生未就業率相當高，失業率六十四年平均爲二點四不比開發國家高，就業人口結構農業人口所佔總人口百分比只有百分之二十九點九二也不算高，顯示頗能配合經濟之發展。我國傳統士大夫觀念及升學主義對於學生選擇科系頗有影響，間接影響低級勞工人力及中級技術人員的缺乏。固然一般人士對於大學畢業生就業問題相當敏感，一再指出接受教育過高成爲浪費的論調，似乎過於強調教育與經濟發展的關係，是值得商榷，但不可否認的，教育與各方面人力配合有其重要性，而且迄今尚缺乏教育與人力要求配合的具體數字及解決法案，實有待研究規劃。人力規劃與實際需要的配合因缺乏完善的預測工具，研求至爲不易，如何有效規劃人力？如何根據國家現代化各方面人力需求有效設計科系、課程及學生數量？並減少失業的嚴重性？則爲當前國家現代化不能不考慮的教育問題。

㈣教育效率的問題　許多國家在國家現代化過程中，因資源不足，教育效率益見重要，在開發中國家效率低落，往往由於學生中途停學及留級人數過多、教育經費無法負荷，以及缺乏現代化教育管理制度。我國學生中途停學及留級問題並不嚴重。教育經費自六十一年至六十三年所佔國民生產毛額百分比反而逐年減少，固然表現教育經費負擔減輕，但未隨經濟成長率增加，其教育投資顯然不夠，有影響教育發展緩慢的可能。教育部對現代化教育管理制度已有顯著重視，特設計劃小組加以規劃，但離理想之水準尚遠。如何加強教育效率使教育領導、教育計劃、經費分配、教育措施以及考核改進等均能合乎最經濟而又實現國家理想最有效果的原則？是需要當前加強研究改進的教育問題。

二、建 議

國家現代化過程中的各種教育問題，應依據本國理想爲處理的最高原則。我國國家理想是三民主義，其最高境地是世界大同。因此經濟發展必須符合民生主義，政治發展必須符合民權主義，文化發展必須符合民族主義，社會發展必須符合三民主義綜合的原則，因此教育發展是實現三民主義現代化國家理想的一種工具，與其他各國現代化國家理想的實現不盡相同。玆就目前我國面臨的教育問題，依照我國理想、當前需要與教育理論，提供解決的建議。

㈠學生數量擴充方面　學生數量擴充的原則有三：

1.所有學齡兒童及青年應有機會接受可進一步發揮個人最大潛能的教育。換言之，學生學習能力只要達到共認一定的水準，應配合其能力給予繼續深造的機會。

2.學生數量的擴充，應顧及政府財力及有關條件，以免影響教育素質的降低。

3.學生數量的擴充應儘量配合社會人力的需求，以免造成失業的嚴重問題。

基於以上原則，對於各級學校學生數量的擴充有不同處理方式如下：

1.小學與國民中學學生數量的擴充應無限制，每個人民有接受九年國民教育的權利與義務。

2.高中及大學學生數量不應純就經濟發展所需人力的觀點加以限制，因爲凡有接受高等教育的潛能與性向，應給予教育機會發揮其所長，以免埋沒人才，同時爲提高人民教育水準及滿足個人需要，擴充高等教育的學生數量並非絕對不可考慮，爲求避免一些學生個人潛能發展機會之受不合理限制，同時又兼顧社會人力需要，以免造成嚴重的失業問題起見，宜在輔導、聯招制度與獎學金制度加以改進：在國民中學與高中應特別加強升學輔導，運用有效測驗工具發現學生性向學業基礎與興趣，協助其升學的考慮，並且可提供政府調查升學需要與增設科系及班級參考。在聯招制度上不妨試辦較有彈性的錄取名額，卽將預先決定固定的錄取名額改爲最低錄取名額及最高錄取名額，眞正錄取名額的決定則在應考學生的成績，如其成績達到一定水準，在不超過最高錄取名額，卽可錄取，至於成績水準宜先有明確而合理之標準對歷屆聯招成績應作分析研究，並力求改進聯招命題及錄取標準，這在考試的技術上固較繁難，但並非辦不到。在大學獎學金制度應鼓勵工商界人士對於所缺乏人才，多提供獎學金，鼓勵優異大學生攻讀有關院系，以加強教育與經濟發展的配合。

3.高職及專科學校學生數量的擴充則應儘量配合人力要求，學以致用。就目前我國情況而言，職業學校學生可予較大量的增加，尤其應加強社會教育，以適應經濟發展人力的需要，例如空中教學多舉辦切合實際需要之職業科目，鼓勵增設職業補習學校、職業補習班以及職業技術訓練中心，採用正規與非正規學校，長期與短期訓練等各種不同方式，提供大量有興趣於職業的青年的機會，學習一技之長。以配合經濟建設的需要。

(二)師資數量與素質方面　師資數量與素質應並重，當師資數量非常缺乏，則應重量優於重質，當師資數量不缺，則應重質優於重量。目前我國各級學校師資不盡相同，應予不同處理：

1.國民小學師資數量已趨飽和狀態，新任師資均由師範專科學校培養，素質較爲整齊。在目前實際需要數量看，師範專科學校明（六十五）學年度招收新生有減班及減少每班學生數之必要，而小學師資經華視電台舉辦師範專科學校暑期部國小教師空中教學，如辦理完善對提高素質當有相當功效，可繼續辦理。在將來師範專科學校條件健全後，可考慮改制爲國民教育學院。

2.國民中學及高中師資數量年來已有供過於求的現象，許多公立教育院系畢業生都求職困難，但在師資素質至不整齊，師資素質不合標準者爲數不少，而無法予以淘汰。在目前實際需要數量看：應有統籌規劃培養師資數量之必要，各師範院校夜間部新生應改招在職教師，師範院校及公立教育院系就業率低之有關科學，應減班或減少每班學生數。在目前師資素質改進方面：應加強在職教師進修，修訂中等學校教師登記辦法，删除登記辦法中專科學校畢業學歷資格可擔任中等學校師資有關條文，廢除中等學校檢定辦法。

3.職業學校專門科目師資數量相當缺乏，且缺乏適當大學科系加以培養，在數量與素質均有問題，應儘早設法規劃予以適當培養。

4.大學師資尚無專門研究所加以培養，各大學研究所碩士班及博士班畢業生均可擔任大專師資，卽大學畢業生曾擔任高中教師五年以上者亦可爲擔任大學師資，這些學歷較差者在專科學校現任教師中所佔比例不少。固然師資數量表面上已飽和，實際上師資素質極待改善，所以在大專師資改善方面，應特別加強，最好是各大學如條件許可，宜廣設研究所碩士班及博士班，規定鼓勵現任大專師資繼續深造或在職進修之有效辦法，改善研究環境與風氣，並嚴格審核升等。

㈢教育與國家現代化所需人才配合方面

教育應配合國家現代化各方面發展，發展需要人才加以領導與實施。因此人才的培養應是多方面，不單是經濟發展所需人才的培養。有下列若干原則值得一提：

1.應先有人力規劃，調查研究各方面所需人力的要求，這項工作現正由經濟設計委員會統籌規劃中，不過在規劃人力時除邀請經濟專家學者外，應亦邀請政治、社會以及教育等各方面專家學者參與，使社會所需人力的培養有均衡的發展。

2.人力規劃的預測只是供各學校設置科系與招收學生數量的參考，並非唯一決定的標準，以免限制學生個人接受發揮最高潛能的教育機會。

3.在教育與經濟發展所需人力配合上，應考慮到其人力的預測往往無法完全正確，而且經濟發展時有變遷，因此學校課程設計，應在專門領域內有較廣泛基本能力的訓練，使畢業生可以有彈性地適應職業的要求，並且當職業機會變遷也可有轉業能力。

4.學校與社會應加強職業平等觀念，使學生不受士大夫觀念與升學主義傳統思想的影響，有利於職業教育的發展，減少低級勞工及中等技術人員資源的缺乏。

5.在傳統觀念認為只有經濟創造人力需要，教育只是被動地對其配合，現在應有新觀念，經濟亦應配合教育，教育本身亦可創造工作機會，因此教育與經濟應相配合。

㈣教育效率方面

教育效率是講求現代人力資源與自然資源最佳配合與發揮的教育，改進目前教育效率的原則如下：

1.應研訂配合國家理論與當前需要的長期教育計劃，包括明確而具體教育目標，評鑑實施成效制度、教育設計系統化、現代管理制度以及深入研究發展等原則在內。目前雖已有公佈今後教育計劃，但仍缺乏上述原則，有待改進。

2.應合理分配教育經費，而合理分配應從研究與制度着手：一是委托學術機構或專家作長期教育經費分配評鑑之研究，俾供不斷改正分配教育經費辦法之參考；二是各級政府教育經費分配制度上應授權教育主管機構全責，不受財政機構的干預，因教育主管才是最瞭解教育業務所需要經費的程度。

3.研究改進教育人事制度，促使其樂業與敬業於教育工作，發揮其最大的貢獻，教育效率也因而提高。

4.應規定教育行政主管應受過專業訓練的人員充任，因此應訂定教育行政主管人員登記或甄選辦法，要求教育行政主管必須修滿教育行政科目若干學分以上者始爲合格。以健全教育行政主管素質，則教育效率也易有提高的成效。

5.應有計劃的全面的加強教育人員在職進修，使各級教育人員素質得以提高，促進其教育效率的提高。

6.學校教育應加強培養適應社會變遷的新觀念，使所有教育人員具有求新求行的態度，不斷努力求進步，提高教育效率。

近代知識論與教育

壹、前言

知識的發展與傳播是教育的主要任務。所有社會縱然其有文化與哲學的差異，但是都一致認爲知識的傳授與培養是教育的根本目的，既然知識對教育如此的重要，識別知識與非知識至少與獲得知識是一樣的重要，由於個人或社會之間對於知識的意義不盡相同，產生分歧的意見，其主要原因是在哲學知識論上對於實體(Reality)的瞭解不同所致。知識論是探討知識的性質、根據與來源，故知識理論是歷來哲學的主要課題。由於各哲學派別有不同立場，對於各自主張知識論相互爭辯，而且哲學與教育關係誠如杜威(John Dewey)所指出的：哲學是教育的原理；教育是哲學的實驗室。因而其教育理論跟着亦有差異，使教育者難於取捨。因此從教育學術觀點而言，西洋近代各主要哲學派別知識論對於教育理論的影響，實有必要加以比較探討，以作爲我國發展智育的重要參考。

近代西洋教育哲學主要派別大概有三：一是理想主義；二是實在主義；三是實驗主義。茲將其知識論導致教育理論的見解作比較分析如後：

貳、理想主義知識論與教育

理想主義 (Idealism) 一詞是在十八世紀哲學家萊布尼茲 (Gotlfried Wilhelm Leibniz) 的著作中首先引用。理想主義又稱觀念主義 (Idealism) 或唯心主義 (Mindism)，其中心思想是認定心靈、精神及理想在實體上極其重要。在西方文化是最早而有系統的哲學，其思想可追溯至希臘哲學家柏拉圖 (Plato)。柏拉圖認爲有兩種世界：一是實在世界，是物質世界，是靠感官感覺得來的經驗世界，例如我們看到花開花謝種種現象，是會變的、不完善的；二是觀念世界，是精神世界，是理性思維的結果，例如什麼時候是花開季節、是花謝季節。這是生長原理，是抽象而永遠不變的眞理。換言之，柏拉圖認爲如果知識獲得來自感官的是不肯定的，眞正知識是來自觀念世界、理念世界。只有靠先天理性的思維、內在觀念，才能獲得眞正知識，例如用沈思或問題辯解等途徑尋求眞理。

到了中古世紀，宗教哲學家奧古斯丁 (Sain Augustine) 仍然循着柏拉圖思想，並引伸精神世界爲神的世界，實在世界則爲人的世界、物質世界。他認爲探求眞理可來自直覺與神的啓示，人就是盲或聾，失去了視聽的感覺，照樣可以學習所有重要眞理與神相通。

到了近代，因爲科學思想的發展，經驗主義的盛行，理想主義哲學家康德折衷理性主義與經驗主義知識論的思想，他認爲理性主義知識論過於武斷不可靠，而經驗主義知識論又過於懷疑而不肯定，因此自稱爲批判理想主義者。他認爲知識來源有二：一是感性，從感官得來的，是知識的材料；二是悟性，是心靈的理性，有先天的形式以思維知識的作用。兩者缺一不可。他說：「不具內容的思維是空虛的，不具觀念的直觀是盲目的。」❶也就是說感官得來印象，須用心靈先天形式的思維，加以整理功夫，才能成爲有系統的觀念，成爲知識。不過康德仍然強調心靈的先天理性爲知識主要來源，他認爲知識開始於經驗，但非來自經驗。我們的智慧決不僅限於經驗的範圍，經驗可以告訴我們各種事實，可是這些事實並不是必然不變的。所以我們不能從經驗得到普遍的眞理，與其說經驗能夠滿足眞理的理性，倒不如說經驗能引起理性的活動；普遍而永恒眞理不但是內在的、必然性的，而且與經驗無關，眞理本身是明確的，先經驗而存在。

在康德之後，另一位偉大理想主義哲學家是集德國觀念論大成的十九世紀最重要的哲學家黑格爾（G. W. T. Hegel），他將觀念論提高到最高峯，建立其絕對觀念論，他認爲知識是在其限度內成爲系統，系統愈廣泛，觀念愈接近眞理，叫做貫通眞理（the coherent theory of tru-

❶見傅偉勳著，《西洋哲學史》，三民書局，民五十七年，頁三九三。

th)，這是基於知識不是零碎的，而是統一的。因爲知識本身反應是整個性的，所以所有觀念與理論有效是依照它們符合知識統一系統內的繼續發展，這與理想主義宇宙論有關。其宇宙論認爲宇宙是理想的設計，眞善美是宇宙結構的一部分，宇宙實體是精神的、心靈的與觀念的。人與宇宙關係猶如部分與整體的關係，宇宙大我與個人小我在心靈上是同質的。知識成爲擴充對宇宙眞理的領悟。

綜合以上理想主義知識論顯然有下列共同基本的觀點：

㈠知識是領悟宇宙眞理的內在觀念　因爲人心與宇宙心是同質，由於心靈理性思維的結果，回憶或認識其潛在觀念 (latent idea)；

㈡知識來源主要靠理性作用　人有先天理性，才能思維與領悟眞理，才能將潛在觀念帶到意識來，並非靠後天經驗而發現眞理；

㈢知識是主觀的　理性作用是一種主觀的判斷與推理，並非對客觀事實的認知爲主；

㈣知識是永恒的、普遍的　由於人心與宇宙心是同質的，以宇宙爲中心，所領悟的眞理必然與宇宙同一，是統一的、永恒而普遍的；

㈤知識是主動攝取的　由於重視心靈的功能，所有知識的攝取是主動的，並非受環境影響而被動吸收知識；

㈥眞正知識是貫通眞理　眞正知識是與宇宙相貫通，其觀念與其他觀念相容而一致，構成更廣泛系統，所謂以人心見天心，以人道知天道。

基於理想主義知識論，其對決定教育歷程包括教育目的、內容與方法的見解則有下列重要的影響：

㈠教育目的　理想主義教育目的是重視啓發理性、文雅教育。因爲其認爲知識主要來源是理性作用，因此求知必須先要啓發人先天理性、啓發心智，而不是經驗的充實。自希臘以來，歐洲傳統教育、文雅教育向受重視，不無受理想主義的影響。

㈡課程　理想主義課程強調下列各點：

1.重視人文學科　理想主義者認爲課程是智力學科的軀幹，是基於宇宙絕對先決理想或觀念的啓示，課程所提供學科的知識應是事物法則、原理與觀念，是永恒不變的、普遍的知識。課程必須反應知識與宇宙實體整個性的關係，增廣學生對於宇宙與自己關係的瞭解，尤其學生愈接觸更廣泛文化遺產，學生可能愈有廣泛而整體的瞭解與興趣，對學生自我理想發展愈有可能。例如康德便強調教育是一種文化的歷程。因此理想主義重視人文學科，特別包括神學、歷史、文學、哲學、藝術等學科。

2.重視理論學科　理想主義者主張知識是理性思維的抽象觀念，著重於原理、原則的系統概念。因此偏重理論學科，而應用學科的知識是經驗的、是會變的，則不受重視。

3.重視傳統學科　理想主義者認爲知識是永恒的、普遍的，不因時間與空間而變化，傳統人文學科或文化有其永恒的價値，値得重視。

㈢教學方法　理想主義教學方法強調下列各點：

1.重視啓發教學法　理想主義者主張人有先天理性，卽具有天賦智慧，因此教師重要任務是啓發學生潛能，使學生自我領悟，自我發現學習材料的意義。而不是灌輸教學法，學生被動地接受教師指導。例如蘇格拉底（Socrate）詰問法，教師與學生相互問答，教師功能不是直接提供問題的答案，而是繼續發問使學生發現自己答案有矛盾或不適的地方，自動修正其答案，一直趨向成熟而合理的答案爲止。這種蘇格拉底教學法被稱爲助產士教學法，因爲他認爲學生先天理性猶如孕婦的胎兒，教師教導如助產士，只是將其胎兒催生，而非創造胎兒。教育一詞英文叫做Education，出自拉丁文"Educere"，"Educere"這個字是"E"和"Ducere"兩字組成的，"E"是「從某地方出來」的意思，"Ducere"是引導的意思，所以合起來就是「引出」的意思。可見西方早期教育卽有啓發的意思，理想主義者柏拉圖可說是爲其主要影響者。

2.折衷學生中心與教師中心的教學法　理想主義者認爲在教學過程中，教師與學生是一樣的重要；一方面教師激勵與協助學生喚醒自己潛在能力；另一方面學生自動思考，自我領悟，不希望自己成熟或內在觀念的啓發是依照別人決定的發展法則。誠如康德所認爲知識是學生思考出來，而不是教師灌輸進去的。

叁、實在主義知識論與教育

在哲學史的早期，特別是在中古世紀，實在主義（Realism）又稱唯實論，實在論者認爲宇宙有眞正客觀的存在，與唯名論相對，但近代實在主義者認爲物體的存在獨立於我們感覺經驗，這與理想主義者認爲物體存在是依賴着心靈的意識不同，兩者成爲相對。理想主義思想盛行於十九世紀末期，但是二十世紀初期實在主義思想在英美兩國興起高潮，對理想主義大肆攻擊。莫爾（C. E. Moore）指責理想主義者柏克萊（George Berkeley）所主張「被知覺的才存在」（to be is to be Perceived）是由於不能區別感覺行動與被感覺物體不同，如同將感覺的藍色與物體的藍色混淆不分，感覺是認知的行動，但不同於所認知的東西。因此如果能瞭解感覺與物體不同，則沒有理由否認沒有被感覺的東西是不存在的。實在主義派別很多，但其共同中心思想有下列基本觀點：

㈠宇宙包括許多客觀眞實存在，獨立於人類的意見；

㈡人類有認知能力，能發現有些客觀事物眞正的本質；

㈢這種認知宇宙中一些事物的知識，有助於人類的適應與發展。

實在主義思想可追溯至希臘時期哲學家亞里斯多德，亞氏被稱爲實在主義之父。亞氏爲柏拉圖的學生，受柏氏思想的影響相當大，兩人都強調先天理性的重要，觀念是眞正知識。但是亞氏與柏氏有其不同的思想途徑：柏氏相信抽象觀念如眞、善、美只有透過觀念的研究，主要使用辯解法 (dialectic) 才可以得到，而亞氏則相信對物質世界的研究可以得到；柏氏認爲透過形式的思慮，就可以得到形式觀念的知識，而亞氏則認爲物質的研究，就可以得到形式的知識；柏氏反對物質爲研究的對象，而亞氏則用物質爲研究對象，藉以進一步得到形式的知識。亞氏思想對其後來歐洲思想有深遠的影響，其思想重點爲要有系統地研究自然，利用邏輯程序來思考，透過嚴謹地研究特別事物，來推理一般眞理，以及強調人類理性的重要。

中古世紀實在主義神學家聖湯瑪士 (St. Thomas Aquinas) 是受亞氏思想影響的一位哲學家，他接受亞氏見解認爲我們研究特別事物可以獲得到普遍眞理，事物眞正存在獨立於心靈，形式 (form) 是所有存在的主要特徵。他接近亞氏的觀點是每種存在趨向完善的形式，不過他雖然同意靈魂是肉體的形式，但卻強調靈魂不是來自人的生物根源，而是來自上帝創造的，所以靈魂是不死的。亞氏與湯氏兩者都主張實體的二元論，但湯氏引伸有超自然的思想。

到了近代，由於傳統實在主義無論是亞氏或湯氏都缺乏發展歸納思考的有效方法，雖然其已發展一種觀點是實體、知識與價值可以從研究特別事物而肯定，但他們基本上仍然是演繹式的思想。他們常常一開始便有其眞理，從不懷疑第一因或不變動的動因(First Cause or Unmoved mover) 近代自然或科學實在主義試圖糾正這種缺點，爲近代科學革命的重心，亦因此產生西方文化與思想的創新。其中可以培根 (Francis Bacon) 與洛克 (John Locke) 爲該思想的代表者。培根攻擊亞氏採用思想的神學方法，是科學的昏迷發展，神學方法的缺點是一開始用教條主義與先然論定 (priori assumptions)，而後演繹成結論。所以他主張科學應探求沒有預先成見的眞理，提倡歸納法，要求一開始用可觀察例子，而後成爲一般聲明或法則，奠定了後來科學研究的基本方法。洛克對實在主義的貢獻是他研究人類知識的程度與肯定，他追踪觀念的來源到思想的對象，他否認人類心靈有內在觀念，人出生時心靈好像是空白的紙，觀念是來自感覺的印象，換言之，所有觀念或知識來自經驗，靠感覺與反省。比傳統實在主義更重視經驗或客觀環境的重要性。

到了二十世紀，現代實在主義者大都企圖特別重視哲學的科學性質與科學問題。該思想代表者爲懷海德 (Alfred North whitehead)、羅素 (Bertrand Russell) 與桑達耶拿 (George Santyana)。懷海德與羅素被稱爲新實在主義者，新實在主義一詞來自一九一二年美國賀爾特 (Edwin B. Holt) 等六人合著「新實在論」(The New Realism) 一書，其論述重點有三：

(一)一切實在的事物，直接顯見於知識，知識爲直接的，不待任何觀念、感覺等心理意識狀態爲傳輸媒介，知識對象就是事物本身；

(二)徹底反對主觀之說，否認吾人之心靈能改變或創造任何事物對象，事物之一切關係爲客觀存在；

㈢力倡分析，以施用於各種科學，謂「實在」可由分析得其全貌，否認宇宙爲一整體不容分析之說，排斥一切神秘理想理論。

懷海德哲學對教育理論頗有影響力，他的哲學思想雖然偏重實在主義，但卻也有些接近理想主義的思想，被稱爲理想的實在主義，因爲其哲學方向幾乎與柏拉圖一樣，在尋求普遍典型，其所以比較贊成實在主義，是由於他想糾正理想主義過度的主觀思想。他主張有機的實在主義，尋求統一主觀知覺與客觀實物的對立，結合主觀心靈與客觀實體。他與亞氏思想接近的地方是從特別事物的研究獲得形式的觀念，但是與亞氏不同的地方是視特別事物是事件（events），這種事件不是沒有生命的特別事物，而是有機體的。因其依照形式或典型而動的過程，是開放過程(open-ended process)，成爲過程——典型的實體（process-patterns of reality）因此，他的教育思想固然與柏氏一樣重視「觀念」的學習，但是他強調「活的觀念」(living idea)，也就是觀念應與學習者的經驗相結合，觀念具有實用性質，且觀念之間能相銜接，因此被稱爲現代注重科際整合的科學家。由於他在一九二四年講學於美國哈佛大學，使哈佛大學的學術界因此重視學術研究的統整性與相關性，這與其影響力不無關係。

羅素被稱爲二十世紀第一等智慧者之一，他與懷海德一樣主張宇宙有其典型，但是他認爲這些典型可正確地加以證實，並可用數學分析，他強調哲學主要是分析的，應以科學爲基礎，從科學觀點我們能瞭解羅素是實在主義者，所以他認爲實在主義是科學的實在主義。

森達耶拿被稱爲批判實在主義者，批判實在主義一詞是從美國批判實在主義論文（Eassy in Critical Realism）作者們解釋得名而來的。森達耶拿認爲我們認知的過程要靠感覺（sense）與推理（reason）來進行。首先個人看到了一個客觀事物，記錄了這事物的資料，例如顏色、大小、重量與氣味等資料，依其性質將這些資料加以分類；然後就各個不同物質的各個屬性之中，挑選其共同屬性加以組合，各個屬性相同的物質形成概念，概念的形式就是各個物質的概念加以摘要（abstract）而成的，所以感覺（sensation）與摘要（abstraction）是認知歷程必經的兩個階段，缺一不可。例如人可感覺到人有膚色、高度、重量、國籍與種族等不同，但卻有一樣共同的本質是人性（human nature），是只有屬於人類的，而與馬、樹木等其他動物或植物不同，這種認知過程仍然與亞氏一樣就特別事物加以研究，得到形式的概念，但是他以歸納方法而推求形式的概念，而非以演繹方法而導致。

綜合所有實在主義者知識論與理想主義比較，顯然有下列的共同基本觀點：

㈠知識是發現事物本質以適應環境的經驗　實在主義者指責理想主義者認爲任何事物存在必須與心靈有關是不對的，因爲宇宙有許多客觀實體的存在與心靈知道與否或意見無關，知識必須對外認知，發現事物的本質，才能順應宇宙，適應環境。

㈡知識主要來源是經驗　固然理想主義者與實在主義者均認爲人有認知的能力，但理想主義者認爲認知是基於心靈內在觀念，有自明能力，靠沈思或辯解等就可獲知。而實在主義者則認爲知識必須靠對外認知的經驗。

㈢知識是客觀的 理想主義者認爲知識是靠心靈主觀判斷與推理，可以人心知天心，以人道知天道，萬物皆備於我心。而實在主義者則認爲知識必須對外認知，探求物體的本質，故爲客觀的知識。

㈣知識是永恒的、普遍的 理想主義者與實在主義者均認爲知識是永恒的與普遍的。理想主義者的想法，心靈對知識所領悟的，是宇宙的眞理，是統一的眞理，所謂人同此心、心同此理。而實在主義者的想法是認爲眞正知識是所認知的觀念必須與外在事物本質相符合，因物質本質是永遠不變的，所以其知識也是永恒而普遍的。

㈤知識是被動的吸收 理想主義者強調心靈的功能，主動攝取知識，而實在主義者見解趨向經驗影響力，心靈的充實與發展主要受環境影響，心靈是被動地吸收經驗，形成有系統的概念或知識。

㈥眞正知識是符合眞理 理想主義者認爲眞正知識是貫通眞理，因爲人是宇宙的一部分，人所具有內在觀念均爲宇宙觀念的一部分，因此人與人間內在觀念均相容而一致，宇宙中貫通。而實在主義者則認爲眞正知識爲符合眞理，因爲眞正知識必須對外所認知的觀念與被認知事物本質相符合。

基於實在主義知識論，對於決定教育歷程見解則有下列的重要影響：

㈠教育目的　實在主義教育目的強調下列各點：

1.重視培養適應現代社會需求科技人才　實在主義者知識論認爲認知事物本質是有助於人類的適應與發展，在現代科學與工業技術發達社會，科技知識最符合客觀的知識，最符合社會需求，因此培養科技人才是最受重視。

2.重視培養學生科學思考能力　實在主義者強調心靈對外認知，才是獲得知識的有效途徑，必須以科學方法分析與綜合，認同或鑑異事物本質，才能獲得永恒而普遍的客觀知識，因此培養學生鑑別、擴充與統整眞理能力至爲重要，科學思考能力是大受重視。

㈡教育內容　實在主義課程強調下列各點：

1.重視自然學科　實在主義者強調認知最重要的方法是科學的，所認知的事物是客觀，自然科學是比人文學科與社會科學更客觀的，更符合事實眞相。尤其培養科技人才更需要自然學科。

2.重視基本學科　實在主義者認爲知識是被動地吸收，心靈受環境經驗影響至大。課程與教材內容是累積經驗的結晶，如安排充實而有系統，足以充實學生見識與知能，尤其基本學科是奠定學生認知的基本能力，爲進一步求知的基礎，爲確保學生知識的基本水準，因此至受重視。

3.重視傳統學科　實在主義者與理想主義者一樣都強調知識是永恒而普遍的，因此傳統學科應受重視，不過理想主義是重視傳統的人文學科，而實在主義是重視傳統的自然學科。

㈢教學方法　實在主義教學方法強調下列各點：

1.重視鼓勵科學思考教學法　實在主義強調培養學生科學思考能力，因此鼓勵學生學習多用觀察與實驗，以及其他客觀或科學思考方法。

2.重視有組織與系統教學法　實在主義者如赫爾巴德 (Johann F. Herbart) 五段教學法，懷海德分浪漫、精確與概念化三階段配合生理與心理發展的教學法，均認爲學生心靈是被動的，知識是受環境經驗影響的，因此學生心靈可以被控制的與影響的，一般教師喜歡採取「聯結」學習理論，強調刺激與反應機械的聯合，如嘗試錯誤說及交替反應說，應用到教學上。以及採用心理各種測驗，客觀地瞭解學生，進而有效影響學生學習行爲。

3.重視使用視聽教具　實在主義者重視實物研究，重視感覺的學習，認爲視與聽的感官學習機會最多，因此視聽教育爲有助於教學效果的工具。如柯米尼亞斯 (John A. Comenius) 提倡兒童讀物教材挿入圖片。

4.重視以教師爲中心的教學法　實在主義者認爲知識必須靠對外認知的經驗，宇宙自然法則及事物眞理不能由心靈自明的，因此學生初期求知，欲直接立卽瞭解一切事物眞相是不可能的，教師是最重要傳授者，其教材均係由學者專家已發現事物眞相的知識有系統地編入，教師用以教學生，尤其基本學科教材更是學生應予熟習，教師便成爲權威教師，教學法趨向灌輸教學法，以教材與教師爲中心。

肆、實驗主義知識論與教育

實驗主義（experimentalism）又稱爲工具主義（instrumentalism）首先發源於美國，是實用主義（pragmatism）的一個支派，是杜威所倡導，因爲其強調實驗的經驗。柴爾滋（John L. Childs）曾指出實驗主義爲美國根生土長的哲學。美國在一八九〇年以前思想主流是宗教精神，自一八九〇年以後宗教精神爲科學精神所取代，實驗主義在一九一〇至五〇年曾風行一時，而且影響遍及於英國、義大利及中國等地。杜威在一九三一年臨死時被稱爲美國最偉大的哲學家，而且其在教育理論也有極大的貢獻，羅素稱杜威實驗主義爲教育的哲學。克伯屈（Wieliam H. Kilpatrick）說：「杜威幫助我們對於一切事，看得更廣、更深、更眞，非但我們這些知道感激他的人，而且尤其是對於那些不知不覺間受到影響的每個小學生，都是例證。」❷

實驗主義固然受英國洛克經驗主義、法國孔德實證主義、盧梭自然主義、達爾文生物進化論以及德國黑格爾辯論等思想的影響，但更重要的還是受美國實用主義思想家皮爾斯（Charles Sanders Peirce）及詹姆士（William James）思想的影響。皮爾斯首先提出「實用主義」一

❷ 見拉特拉著，吳克剛譯：《杜威學說概論》，世界書局，民四十二年，頁二一。

詞，在一八七九年發表「如何使吾人觀念明確」(How to make our idea clear) 一文中指出他反對心物二元論，或主觀與客觀對立。並指出觀念的意義，應在其假設、實驗、及經驗的後果程序中而澄清確定。換言之，事物的意義視其意義所生的結果如何而定。詹姆士則在一八九一年其出版心理學原理(*Principle of Psychology*)特別強調對心理學資料作生物學研究的重要性，視生物的活動較機能的分析爲重要。他們兩位均認爲知識爲實用而有，也由實用而起，世界上沒有永久眞理的存在，眞理存在於不斷地運動狀態中，眞理的本身並沒有任何價值，而必須視其實現才可以決定其價值。杜威根據這些思想,組成其實踐、行動與實用價值學說,並倡導「做上學」學習理論（The theory of learningby doing）。此外詹姆士認爲智慧爲我們適應外在刺激的工具，又認爲知識爲生活的手段，這些思想影響杜威在「民主主義與教育」（*Democracy & Education*）一書中說：「知識或各種科目均有內在價值，卽本身原有之價值及工具之價值，卽謂達到其他目的時之價值，亦就是其實用價值。」❸

杜威對於理想主義與實在主義知識論有明確的非議，不論理想主義或實在主義知識論，總擺脫不了「觀念」與「物自體」的二元論，杜威深受美國民主精神的影響，認爲這種二元的對立來自不民主社會階級區分的表現，故其提倡連續一元論，折衷了理想主義與實在主義，他批評實在

❸ 見卓播英著：《現代西洋教育思想》，幼獅文化事業公司，民六十五年，頁一四二。

主義所謂「摹本」說，摹本說是主張符合眞理，以爲認知的觀念與被認知實在相符合的則爲眞知識。杜威認爲觀念所知符合的，不是既然事實，而是依照觀念行動所產生的結果，雖然他承認觀念須與事實相符合，但是所符合的，不是認知作用發生以前的事實，而是根據觀念而行動以後所發生的事實，他說：「假使一個觀念或一個理論，主張與實在或事實相符合，這種主張，唯有在見諸行動以後，看這種觀念或這理論所生的具體事實的結果如何，才能加以證驗，才能證明與否認。假使在根據這種觀念或理論而行動時，我們發現了它所含蓄的或要求的事實，那末這個觀念便是眞的。一個觀念或理論符合事實，因爲它以經驗爲中介致了種種事實，這種事實便是它的結果。」❹他也批評理想主義所謂貫通說，貫通說是主張貫通眞理，以爲凡一判斷與其他判斷相容，一切判斷全部可以成爲貫通之系統者，就是眞知識。換言之，一個人只是宇宙中的一部分，整個宇宙中是所有個人的綜合系統，其判斷觀念均相貫通。杜威認爲貫通純爲屬於心理的，如未經試驗證明，只屬臆說的範圍。凡觀念不因其增廣而成眞理，唯有將此臆說爲領導，付諸行動的結果，才能證明這臆說的眞妄。總而言之，他反對實在主義者見解以觀念與先前事實相符者謂之眞理，也反對理想主義者見解以觀念與其他觀念相容而一致者謂之眞理。他認爲觀念與依其觀念而行動的結果相符者才謂之眞理。進而言之，他認爲知識是人與環境交互作用的結果，因爲人與

❹羅素著，邱言曦譯：《西洋哲學史》，中華書局，民六十五年，頁九一九—二二一。

環境接觸，產生問題，因而人必須思考解決問題的辦法，依其解決辦法構想而實施之，其所得結果的經驗，又促使人檢討其經驗得失，以思考改造其未來的經驗，預期其結果更理想，更能控制環境、支配環境。知識因而是在經驗中發生，知的結果在經驗裏表現，知識亦就是改造經驗的成就。知識無需經驗以外的先決不變原則或範疇，因此與實在主義及理想主義不同。

杜威並指出知識有下列三種特質：

㈠實用性　知識之產生是由於人與環境之間失去平衡，而有不適應的存在。為了恢復其平衡，需要對環境有所認識，正是認知的作用，恢復平衡正是認知的目的；

㈡行動性　知識是行動的工具，為求恢復人與環境之平衡，必須採取行動改變其間之關係，眞知之獲得，亦必由行動、實踐中產生；

㈢創造性　知識不是永遠不變的，知識是適應環境的需要，是可變的、可創造的。他認為實驗科學求知的程序有三種特點：第一種顯然的特點是一切試驗都涵有外表的動作，在環境裏，或在環境和我們之間，創造確定的變化。第二特點是試驗並不是偶然發生的活動，而是受着觀念的、指導的，而此等觀念必須滿足引起研究的問題的需要所規定的條件。第三特點使前兩特點獲得充足的意義，即是受指導的活動所生的結果，乃是一種新情景的創造，在這種情境之下，各種對象彼此關係與前不同，並且受指導的活動所生的種種結果，創造出種種新對象，這等對象便得有被認知的性質❺。

實驗主義知識論，如與理想主義及實在主義比較，顯有下列基本的觀點：

㈠知識是解決生活問題的改造經驗　杜威對知識的看法與理想主義及實在主義不同，他認爲人類知識不是領悟宇宙眞理的內在觀念，也不是認知外在事物本質的經驗，而知識是實用的、行動的與創造的，爲解決生活實際問題不斷改造的經驗。

㈡知識來源是人與環境交互作用　杜威認爲理想主義與實在主義均有所偏：前者重內在觀念，重心；後者重對外認知的經驗，重物。而他認爲知識來源是心物交互作用。理想主義者不重經驗，他則以經驗爲中心，固然他與實在主義者均重視經驗，但是實在主義者認爲經驗是摹本，可重複應用，是靜態的，而他則認爲經驗是應改造的、是動態的。

㈢知識是主觀與客觀兼有　理想主義重主觀判斷，實在主義重客觀認知，而他認爲認知是人與環境交互作用，既需對外客觀的認知，又需自我主動判斷，是主觀與客觀兼有。

㈣知識是進步的、創新的　理想主義者與實在主義者均認爲知識是永恒的、普遍的。而他則認爲知識是創新的、進步的，因爲知識只是解決問題的工具，不是基於先決絕對原則與範疇，而是在經驗中不斷求新、求行，有助於預期結果更加完善。

❺ 見杜威著，商務印書館編審部譯：《民主主義與教育》，商務印書館，民六十五年臺三版，頁六一七－八。

㈤知識是主動攝取的　杜威與理想主義者均認為心靈是主動，不像實在主義者認為心靈是被動的。但理想主義者所認為心靈主動，只是重於內在觀念的啓發，自我發現眞理，而杜威則認為心靈主動，是積極思考出適應或改造環境的觀念，藉以指導行動，以求其預期結果有效的實現，他認為人不像一塊石頭，就是被磨成粉，也毫不介意與反抗。相反的，對於外來危害力量試圖控制、改造，使變成有助於其生存的手段。

㈥眞正知識是證驗眞理　杜威所認為證驗眞理不像理想主義者所主張貫通眞理，人與人間內在觀念均相容，均同於宇宙的觀念，也不像實在主義所主張符合眞理，必須所認知的觀念與被認知的事物相符，而是對解決生活實際問題的觀念經證驗其行動的結果是否有效，是否理想，沒有先決絕對原則或眞理加以控制，也因此被稱為實驗主義。

基於實驗主義知識論，其對決定教育歷程見解有下列重要的影響：

㈠教育目的　實驗主義教育的是重視培養學生改造經驗的能力，也就是培養解決生活實際問題的能力。因為杜威認為求知目的是實用的，其求知不像理想主義者教育目的求啓發理性、發展智力為求知而求知，只是瞭解宇宙眞理而已，並不在乎解決生活實際問題。也不像實在主義教育目的培養科學思考能力，重視客觀事實，固然其求知有為適應社會環境需要，重視在經驗中求知之必要，但其所發現的眞知或經驗，是可以重複而不變的，而實驗主義教育目的是求知在於解決生活問題，在生活經驗中，以其行動成果加以檢討；不斷尋求創新改造的經驗，以更有效適應未來的環境，甚至更有效控制或改造未來的環境。所謂「教育卽生活」、「教育卽生長」等的主張，均有此含義。

㈡課程　實驗主義課程強調下列各點：

1.重視社會學科　杜威深以知識論爲根據，主張求知應從個人與社會交互作用、人與環境交互作用的經驗中獲得，社會學科內容特重於人與社會之關係，此點與理想主義者重視人文學科及實在主義者重視自然學科不盡相同。

2.重視活動課程　杜威知識論主張知識是行動性，強調做上學，因而其主張課程類型爲活動課程，以學生興趣與需要爲主，其曾在美國芝加哥大學附設實驗學校實驗過，頗具成效，此與理想主義者主張課程重視理論科目，而不重視學生生活經驗有所不同，與實在主義者重視基本學科的灌輸而不重視學生興趣也不盡相同。

㈢教學法　實驗主義教學方法強調下列各點：

1.重視做上學　與其活動課程相配合，杜威強調做上學學習原則，倡導問題教學法。問題教學法有五個重要步驟：⑴發現問題；⑵分析問題之關鍵所在；⑶搜集解決問題之各種辦法；⑷選擇最佳之解決辦法；⑸證驗其得失，供以後解決問題之參考。

實驗主義教學法重在經驗改造，內在智力與外在經驗交互作用，卽在經驗中不斷增進解決問題能力，使其預期結果更完善，與理想主義教學法只重啓發內在先天理性不同，因爲理想之教學法是鼓勵學生內心沉思或問題辯解與生活經驗不必有關。與實在主義教學法只重科學鑑別能力不同，因爲實在主義教學方法是要求學生認同與鑑異客觀事物能力，並無需內在智力不斷增進及賴主觀判斷之成份。

2.重視學生爲中心的教學法　杜威一反美國傳統教育，倡導教學法應重視學生興趣與需要，使學生活潑有創造力的教育，強調學生學習內在動機，有人批評杜威無教育目的，因其認爲教育應重內在目的，即自己面臨需要的目的，而非學校、社會或家長外在的目的，因爲成人或機構外在目的是屬於預備未來生活的目的，這種遙遠而固定的統一目的，在學習上有缺乏強烈動機，易於拖延及妨礙個性發展的流弊。因此有人攻擊杜威教學法是以學生爲中心，忽略了教師的功能，產生學業水準低落的流弊，尤其進步主義教育理論強調純粹以學生興趣需要爲中心，因此有人認爲這全受杜威的影響，其實杜威在其晚年有明確表示並非純粹以學生興趣與需要爲中心的教學法，而是應重視學生興趣與需要爲教師決定教學過程的重要參考，參考不是依據。教師仍然有衡量與採擇的功能。而就其哲學觀點來分析，其主張個人與社會並非對立，知識來源係人與環境交互作用，因此教師應先安排富有教育意義的學習環境，而後學生在此環境經驗中，探求改造經驗之能力，並非讓學生自由任意或純憑自己興趣而學習。不過比實在主義教學法以教師爲中心顯然不同，即與理想主義教學法兼顧學生與教師雙方功能也不盡相同，因爲實驗主義教學法較容許學生不同個性的發展，可從後天經驗中獨立選擇其志趣，不像理想主義教學法偏向未來生活統一理想的預備，學生個別興趣與需要大受限制。

伍、結　言

理想主義往往被認爲保守的教育哲學，因爲它強調文化傳統，其知識論對教育理論最大影響是重視啓發理性、文雅教育的目的、人文與理論學科的教育內容與啓發教學法。這些是歐洲傳統教育的理論基礎，自第四世紀柏拉圖倡導開始，經過中古世紀宗教哲學，到了十九世紀康德與黑格爾的發揚，歷久不衰，甚至到了二十世紀仍被公認爲教育思想主流之一。

理想主義知識教育理論之優點在其啓發天賦知能，促進高度認知水準，其領悟學習理論具有反省的自我創造效果。但由於下列各種因素，使其思想影響力漸趨衰弱：

㈠工業技術高度進步，社會工業化，對理想主義重文雅教育產生抗衡；

㈡科學發生產生對理想主義主觀認知理論的挑戰；

㈢實在主義與自然主義的復興，促使人類重視物質，與理想主義重視人生理想相對立；

㈣現代強調新價値觀念與理想主義永恒價値觀念相衝突。

故就知識教育理論而言，其過於偏重心靈理性的功能，未免忽略經驗、情感、人際關係與實用方面對學生求知有不可缺的重要性。

實在主義被羅素稱爲科學的實在主義，因爲它強調近代人應調整自己以適應工業與科學社會的要求，一切求知基於科學，其知識論對教育理論最大影響是重視科學思考能力與科技實用知識的教育目的、自然與基本學科的教育內容與有組織與系統及鼓勵科學思考的教學方法。它是近代科學發展的思潮，現代科學教育的理論基礎。其思想主流是隨近代工業與工業技術時代而興起，在美國是從十九世紀末期到現在仍然盛行着，尤其在一九五七年蘇俄發射第一顆人造衞星之後，美國實在主義更加速受重視。

實在主義知識教育理論之優點在其以科學與客觀方法追求知識，其重視聯結學習理論、視聽教具與心理測驗在學習效果上確有所貢獻。但也有下列各項的缺點：

㈠過於重視專業與科技知識，忽略人文與人性知識的價值；

㈡過於重視適應社會知識，忽略個人有不同需要與發展；

㈢偏於被動學習與外在環境刺激，忽略心靈具有主動性，其聯結學習理論以動物實驗爲基礎，未必全能解釋人類複雜行爲；

㈣重視客觀外在知識標準，忽略學生個別差異。

實驗主義爲美國土長根生的哲學，象徵着美國一般人的實用思想。其知識論對教育理論影響最大是重視生長、改造經驗能力的教育目的、社會學科與活動課程的教育內容與問題教學法。它是美國一九一〇至五〇年教育的重要理論基礎，對美國傳統教育改革有很大的貢獻。對美國法律、藝術、經濟、心理與宗教的發展亦有影響，並且影響到其他國家。由於實在主義的復興，尤其一九五七年蘇俄發射第一顆人造衞星，實驗主義被攻擊爲降低學生學業水準的根源。

實驗主義知識教育理論之優點在能糾正理想主義偏向內心主觀判斷與實在主義偏向外在客觀認知的缺失，而倡導人與環境內外交互作用的認知過程，所培養個人氣質是反省的思考方法，科學智慧或是試驗的探討。這是一反美國傳統教學死知識的灌輸，而具有強烈學習動機、科學方法與自我創造的學習方法，對現代學習理論有其重要影響力。但也有下列各項的缺點：

㈠過於強調知識的實用性及工具性，就邏輯觀點而言，未免比較膚淺，易趨於功利的範圍，影響心智缺乏高瞻遠矚的眼光與理想，而且有些知識的實用價值，並非全就一時的需要而衡量；

㈡強調教育目的是生長與經驗改造，是求知的歷程，而不應外加特殊目的，這種教育的中立思想，有點過於理想化，純視變動不定的歷程爲目的，以生長來解釋教育歷程不涉及規範的建立與價值判斷，雖然在其《經驗與教育》一書對於生長係指智德體有所說明，但就其著作所有的論點，仍然顯示有不主張固定教育目的的論調，未免忽略了價值判斷有其客觀標準；

㈢強調做上學的學習理論，在學習方法上自有其價值，但如過於強調，其所得知識則有限，限於簡陋知識，只能解決問題，未免貶低人類經驗累積的結晶，也貶低了人類文化的價值。

系統理論與教育行政

壹、緒　論

一、研究動機

目前教育行政是面臨著新需要的壓力，因爲學生數量的增加，教育功能與角色的擴大以及教育技術迅速的進步，使教育行政的問題日趨複雜，教育行政的任務日趨艱鉅。固然行政科學已經協助教育行政對行政與組織的研究，以及實用程序與技術的改進，以適應這種新的需要。而且行政科學也已改變培養教育行政人員的目的與內容。但是由於目前教育面臨的挑戰與複雜問題，行政科學是否能使教育行政人員能把握工作動力作用，對流行問題能有創造性解決辦法或實施防患未然的行政呢？如果要能做到這樣，美國學者英米卡特及彼里居（Glenn L. Immegart and Francis Pilecki）認爲需要有系統的相關的透視法，才能處理這些複雜而推展的教育問題。而且認爲目前許多行政者忽略了系統運動對於目前教育行政的重大貢獻，因爲系統運動產生一種思想模型，使用在眞實上有透視法的功用，它是一種系統的、相關的思考，是提供對實際發展與科學獨特的方法，系統理論就是系統運動主要的代表。其透視法對處理複雜與推展的教育行政問題有重大的貢獻❶。

我國學者固然已開始對於系統理論的研究，但在學術著作上，迄今尙無對於系統理論在教育行政應用的深入研究，基於此，本研究係針對系統理論在教育的應用作深入及廣泛的研究，俾尋求我國教育行政應用系統理論的有效途徑。

二、研究目的

㈠分析系統理論與教育行政關係。

㈡探求各類系統理論在教育行政上的應用。

㈢尋求我國教育行政應用系統理論的有效途徑。

三、研究方法

---

❶ Glenn L. Immegart and Francis J. Pilecki, *An Introduction to Systems for the Educational Administrator*, Menlo Park, California: Addison-Wesley Publishing Company, 1973, pp. 3-8.

主要採用圖書館研究法，蒐集系統理論與教育行政有關的書籍與刊物，作分析與綜合研究。

四、研究範圍

系統理論與教育行政範圍均至爲廣泛，本研究範圍限於系統理論與教育行政之關係，尤其着重系統理論思想模型及程序在教育行政上的應用。

五、名詞銓釋

㈠系統（System）根據英米卡特與彼里居的解釋，系統是一種實體（entity）包括：1.許多局部；2.這些局部的關係；3.局部與關係都有其特質。因此系統是指許多不同的實體，如原子、細胞、植物、動物、人、社會、國家、宇宙等都是。而系統大體上分爲開放系統與關閉系統，有生命的系統是開放系統，這種系統內外交互作用，而無生命的系統是關閉系統，這種系統自我維持，不受其他系統或環境影響❷。

㈡系統理論（Systems theory）系統理論是一種理論模型，其水準是位於純粹數學與專門學科特別理論之間，系統理論學者所興趣的是系統性質、系統普遍特質與狀態及以各種科學發現

---

❷ Ibid., pp. 30-31.

的概念化。其強調方法論與透視法的幅度是從純粹敍述性質到最後嚴整的數學公式。這種系統動力、功能、發展與成分的研究是產生進一步研究以及普遍化的科學理論❸。

貳、文獻探討

一、系統理論的發展

美國學者柏達林弗萊（Ludwig Von Bertalanfly）自從一九四七年第一次建議採用一般系統理論，他認爲系統理論是「科學的骨幹」（the skeleton of a science）。十五年後，一般系統理論概念已廣泛被討論，而且應用到許多科學。今天很少人會否認它的科際性（interdisciplinary）系統方法的正當與效用。

柏達林弗萊指出系統理論產生的動機，是由於自然科學的發展，尤其是物理學，最早的成就是建立預測與解釋物理系統的法則，接着生物學與社會學，也企求能與物理學一樣建立預測與解釋其本身系統的法則。可是物理學所建立系統法則，與生物學及社會學不完全一樣，因爲物理學系統是沒有生命的，靜態的，而生物學及社會科學系統是有生命的，動態的，有生命的系統，也

❸ Ibid., p. 9.

就是開放系統，它往往有一種目的、導向以及內外交互作用等各種的特質，這是物理學系統所沒有的。而且物理學系統法則所處理的問題比較單純，所研究的大多爲兩種變數（Variable）：一是因；二是果。可是社會科學所處理的問題比較複雜。變數非常之多，同一種結果，可能有幾種原因。因此需要綜合多種科學來預測與解釋其系統，社會科學也因此尋求適應本身系統的法則，便產生所謂系統理論❹。

根據卡斯特與羅森斯韋格 (F. E. Kast and J. E. Rosenzweig) 研究，一般系統理論是最新科學的趨勢，他們認爲在複雜社會；因知識迅速擴充，許多不同科學領域變成高度差異與專門化，過去幾十年各種科學專門部門都是集中在某特別的領域，從事於分析，發現事實於實驗方法的研究，這種科學研究是有助於對特定而有限學科知識的發展與深入的瞭解。但是在某些階段，必須是綜合、融合與統整，才能使分析與發現事實因素予以統合成爲更廣泛、多方面的理論。最近系統理論已提供自然科學、生物學及社會科學方面這種的綜合骨幹及溝通基礎❺。這種系統思

---

❹ Ludwig Von Bertalanffy, *General System Theory,* New York: George Brazilla, 1968, pp. 89-119.

❺ F. E. Kast and J. E. Rosenzweig, *The Modern View: A System Approach;* John Beishon and Geoff Peters (ed.) Systems Behaviorer. London: Harper & Row Publishing, 1972, pp. 15-16.

想特別與社會科學有關。一般系統理論與社會科學有機說的發展有密切關係，有機說視社會猶如有機體，以結構、過程與功能來分析社會制度及瞭解社會部分的關係是一種整體而有機的觀念。這種有機說的觀點已顯示在所有的社會科學，從心理學經過社會學、政治科學、經濟學與人類學到地理學、法律學與語言學❻。

系統理論的發展根據英米卡特及彼里居的說法，系統理論是系統運動中一部份，其發展過程如下圖❼。

由圖一可知一般系統理論開始於一九二八年左右，其思想是基於整體（whole）、有機概念（organismic concept）、格式塔心理學者（Gestalists）及普遍主義者（universaties）思想綜合演進而來。對於以後行動研究法、系統分析與輸出分析、系統研究、數學式方案及系統工程的發展均有影響。

可見系統理論是現代科學的新理論，是綜合了自然科學、生物學及社會科學的骨幹與其溝通基礎，是在物理學之後尋求解釋與預測的新法則系統，是分析與發現事實的一次綜合與統整階段。是本世紀的新發展，是許多不同新系統（如圖一）演變的根源。

❻ Don Martindale, Functionalism in the Social Science, Monograph 5, *American Academy of Political and Social Science*, February, 1965, pp. VIII-IX.

❼ Glenn L. Immegart and Francis J. Pilecki, op. cit., p. 12.

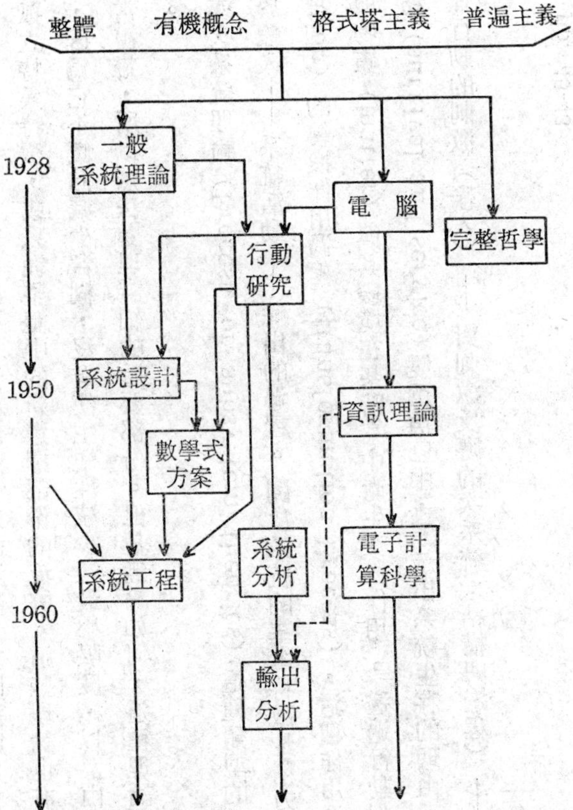

圖一：系統方法與强調系統觀點的進化過程

二、開放系統理論的類別

教育行政組織與學校組織都是人類組織開放系統，是生命的系統。英米卡特認爲開放系統理論的類別分爲下列五種❽：

㈠廣泛系統理論或整體的理論（Comprehensive system theories, or "theories of the whole"）這些理論是集中注意於全部或整體系統與其顯著成分及其成分的屬性，這些理論是將系統視爲實體，從其成分、屬性與關係，獲得獨一無二的意義。其優點爲具有統整的觀念，避免只重視局部孤立特異特徵，或只從整體中的新選擇部份的流弊。這些理論也有其缺點，在實用上多少受限制，因爲它不傾向減少含糊，沒有使主觀性減少至最小限度，以及由於大多數有意義的系統都是非常複雜，所以無法處理詳細的重要部份。但是無論如何，這種理論是檢驗與分析系統很好的起點。

㈡過程或次系統理論（Process or subsystem theories）這種類型的理論重視精細分析及集中注意於輸入——系統活動——輸出的過程。開放系統的基本特徵是精力——資訊（energy-information）的轉換作用過程（transformation Process），這種作用過程的產生是由於系統的精力與物質（matter）與其環境在某時空中產生交換作用。透過行動刺激過程在開放系統生存與服務（survival and service）雙重角色中，顯示出系統生存的理由。因此，過程系統理論提供處理行動的刺激（輸入）——對刺激反應的次系統（結構與過程）——系統行動的輸出

❽ Ibid., pp. 45-48.

或效果分析的輪廓。因爲系統的輸入與輸出潛能形式（potential form）是相當不肯定。以及有一種肯定但又廣泛不同的功能及過程的次系統是存在任何一種系統。所以這種分析系統活動的方法是最詳細與廣泛。這種理論優點，不但可檢驗系統屬性多方面，而且詳細審查從系統活動中顯示的關聯與關係。所以開放系統理論提供廣泛與仔細工具以瞭解系統。

㈢反饋理論或開放系統控制理論（Feedback theories or theories of open system control）反饋理論是來自電腦科學，其基本理論是認爲透過系統溝通與控制活動最能瞭解所有系統。並且認爲由於系統內外的系統活動，生命狀態與調整，可由該系統與其效果資料來檢查與評鑑，對於過去效果反饋或評鑑資料，系統能夠計劃與預估將來行動更廣泛。反饋理論重視資料、資料流動，以及資料對系統及其功能的價值與影響，而且兼顧量與質雙方面。

反饋理論在分析某一個系統上具有幫助決定系統動力控制、規則及過程發展的優點。這種分析輪廓可以用以清查與評鑑系統的過程，有關系統的生存與服務的效能。其重點是檢討過去，藉以測劃將來。

㈣系統特質理論（Theories of system properties）系統特質理論是從系統各種現象研究發現共同特徵、傾向與過程而成立的。這些理論可用以檢驗分析與比較其系統是否具備系統特質，以及有關特質進化階段。這些理論在分析開放系統的優點是能就唯一無二系統特質與有關系統進化的某特點，基於可觀部份來評估其生存能力。

㈤輸出理論或輸出分析 (output theories or output analysis) 這些理論重視有關係系統或其環境影響系統行動的結果或生產性。這種理論起源於作業研究運動 (operation research movement)，糾正過去對於系統活動效果的忽略，雖然有人認爲這種方法是主觀的，但是欲瞭解一個系統最好方法是瞭解其效果或行動的結果。結果是多方面的，有內在的或外在的，有具體的或不具體的，有生產性或系統行動的結果。所有這一切分類或結果方面可提供分析的輪廓。以結果理論爲分析工具，是具有容許主觀或客觀評價系統的優點。而且輸出分析是基於實際發生的

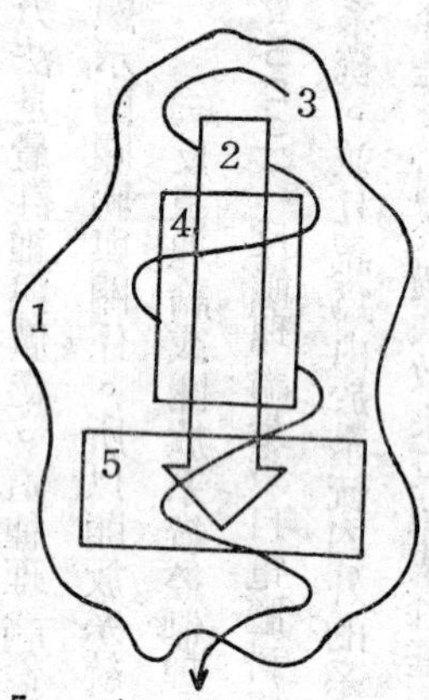

1. 廣泛系統理論
2. 過程理論
3. 反饋理論
4. 系統特質理論
5. 輸出理論

圖二：系統理論類別關係

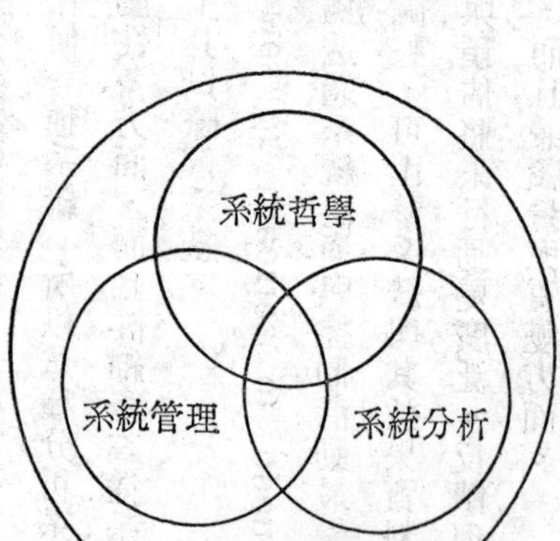

圖三：系統研究法之內涵

眞實資料。這種分析是最適合於大的、複雜的社會組織，學校就是例子。

以上五種開放系統理論可以圖二來說明其彼此間的關係與不同的觀點。

這些不同系統理論對於分析與瞭解系統的優點超過上面所說的，多方面的分析系統是有利於對系統的瞭解，從一般可觀察到的分析到更特別、更仔細的檢驗系統，從更主觀檢驗到客觀的檢驗。換言之，從廣泛理論或特質理論分析開始，接著過程理論分析，然後到輸出理論或反饋理論分析是最有助於對系統的瞭解，是評鑑系統最有價值的工具之一。因此各種系統理論都有其價值，綜合運用的效果更大。

詹森 (Richard A. Johnson) 等將系統理論的分類列為三種：一是系統哲學；二是系統分析；三是系統管理❾。其關係如圖三。

系統哲學是基於整體現象的一種思考方式，包括了系統所有各部門、組成分子以及次級系統，並且強調其相互關係。系統分析則涉及一些決策或解決問題過程中的方法與技術。系統管理則指應用系統的理論去管理組織的所有環境系統、競爭系統和內在系統以及任何一個特殊計劃或

---

❾ Richard A. Johnson, Frement E. Kast, and James E. Rosenzweig, The *Theory and Management of Systems,* Third Edition, New York: McGraw-Hill Book Company, 1973, p. 121f.

內在系統而言。

英米卡特與詹森等的分類雖有不同，但有共同之處，如整體理論與系統哲學；過程理論與系統分析；反饋理論、系統本質理論及輸出理論與系統管理均有相通之處。

三、系統理論與教育行政的關係

教育行政科學是不斷在發展中，在二十世紀初期，一般行政的研究趨向科學化，在第二次世界大戰期間，社會科學家也加入對一般行政的研究，使行政科學有長足的發展。一九四七年是開始重視教育行政的科學研究，迄今也不過二十多年，教育行政觀念的發展並非靠教育行政本身獨立的研究，而是隨著一般行政研究而進步，尤其目前一般行政及教育行政最受行爲科學的影響，行爲科學中系統理論則是最新的動力。

現代教育行政觀念的發展可分爲下列三個階段：第一階段大約是一九一〇年至一九三五年，偏重科學管理的教育行政觀念，這種觀念的建立是由於若干行政專家的提倡，其中最著名的科學管理專家的是泰勒 (Frederick W. Tayler)，當他擔任美國費城密梅羅鐵工廠 (The Midvale still works in Philadepheia) 監工時，他設計使懶惰而被動工人能賣力工作，他重視人體的生理機能，建議用高薪與嚴格而有效率的管理，以提高工作效率，因此在教育行政趨向權威式的行政組織，強調實現目的及工作效率[10]。

第二階段大約是一九三五年至一九五〇年，盛行人羣關係的教育行政觀念，在一九二五年美國西電公司（Western Electric Company）浩森廠（Haw-thorne plant）依照泰勒科學管理原則，實驗生產效率，經過兩年來的實驗，結果毫無所得，所以就請哈佛大學企業管理研究院教授梅約（Elton Mayo）及羅次力斯柏格（Fritz J. Rosthlisberger）兩位協助，在一九二七年開始第二次浩森廠實驗計劃，實驗結果發現組織是一種社會有機的機構，人類與社會因素必須協調成爲有機的功用。生產率的高低與上級主管是否重視工作人員合作有關，因此在教育行政上產生了新觀念，強調應用合作方式，促進教育人員貢獻個人的能力，以達成組織的目的[11]。

第三階段是一九五〇年之後，趨向行政行爲的觀念，美國行政學者巴納德（Charles I. Barnard）認爲組織是一種合作的制度，統整的全部總是大於局部的總和，他主張組織的平衡，即組織目的與工作人員需要得到適當的平衡，綜合了科學管理與人羣關係的觀念，另一位行政學者賽蒙（Herbart A. Simon）建立了行政行爲的科學，是用行爲科學應用在行政研究上，尤其系

---

⑩ Betrian M. Gross, *The Scientific Approach to Administration*, Daniel E. Griffiths(ed.), *Behavioral Science and Educational Administration*, Chicago, Ill.: The University of Chicago, 1964, pp. 34-58.

⑪ Ibid., pp. 50-56.

統理論與方法開始受重視。第一個採用教育系統分析的研究是一九五九年福特基金會所支持羅蘭公司（RAND Corporation）的教育研究，其研究目的是探求計量分析可協助教育做更佳決定的程度。其測驗學生基本學科成就以研究教育成果（output），這種測驗的研究曾受攻擊，因爲教育成果不應只限於成就測驗的分數，但是這種教育研究的設計有貢獻其新方法的推展，接着學者英米卡特（Glerm L. Immegart）設計研究教育組織行爲的類別：⑴廣泛系統理論或整體的理論；⑵過程或次系統的理論；⑶系統特質的理論；⑷反饋理論；⑸輸出理論或輸出分析。美國學者多瑪士（J. Alan Thomas）設計用系統分析研究教育效能。美國學者葛羅森（R. Oliver Gilson）提供教育決策的系統方法，包括檢查（monitoring）、診斷（dignosis）、選擇（Selection）、變換（transformation）及仲裁。美國衞生教育福利部教育署於一九六〇年代已用系統方法研究教育實際問題，包括學生流動模型（Pupil flow model）、教師流動模型（teacher flow model）、操作費用會計（operational cost accounting），人力與雇用（man power and employment）、教育成就的因素（factors in educational attainment）、成本效益分析（Benifit-cost analysis）。此外尙有系統分析作預測人口生長計劃、學校校地計劃、教學評鑑、分析教育目的、學校系統計劃模型等。因此目前美國教育行政觀念的發展已深受系統理論與方法的發展之影響，重視教育行政行爲的研究⑫。

⑫ Harry J. Hartly, "System Analysis in Education." Mike M. Milstein and James A. Belasco (ed.) *Educational Administration and Behavioral Science: A Systems Perspective.* Boston: Allyn and Bacon Inc., 1973, pp. 49–75.

系統理論對於教育行政的研究、理論發展、實際及培養教育行政人員都有應用價值，玆列述如下⑬：

㈠教育行政研究方面　有關系統文獻如米勒（James G. Miller）所稱「跨越水準」（cross-level）假定相當的多⑭。吸引了許多學者在這方面的研究。格爾費（Daniel E. Griffiths）使用系統理論，提出許多建議，適宜於教育行政與從經驗研究的有價值測驗。⑮斯萬森（A. D. Swanson）使用系統觀念與模型，探求教育成本效益（cost-quality）研究的可能性。⑯

系統特質理論所研究有關有系統相似特徵，對研究教育行政活動有相當貢獻，且擴充越過學科界的知識。系統理論對於教育行政研究方法有很大貢獻，採用各種學科方法論，修改研究方法，設計更成熟計量與其秩序，以及研究模型的改進。

---

⑬ Glenn L. Immegart and Francis J. Pilecki, op. cit., pp. 13-14.

⑭ James G. Miller "Toward a General Theory for the Behavioral Science," *American Psychology* 10, 1955, pp. 513-531.

⑮ D. E. Griffiths, "The Nature and Meaning of Theory," D. E. Griffiths (ed), *Behavioral Scionce and Educational Administration*, op. cit., pp. 95-118.

⑯ A. D. Swanson, "The Cost-Quality Relationship" in the Challenge of Change in School Finance, Committee on Educational Finance, NEA, Washington D. C. 1967, pp. 151-164.

尤其系統的觀念部份理論與透視法（perspective）是特別可適用於基本研究與行動研究過程，包括鑑定與編製問題、研究設計、科學研究方法論、資料分析、發現的整理與組織，將發現轉變成眞正系統的操作與行動設計。事實上沒有任何知識有那樣廣泛實用於基本與應用研究，這種觀念輪廓指導研究教育行政過程的優點是顯而易見。

㈡在教育行政理論發展方面　系統理論有幫助教育行政理論發展的貢獻，系統理論具有場地理論（field theory）與格式塔心理論（Gestalt psychology）所主張整體優於各部分總和的優點。因此系統特質可用以使系統內跨過界限以及通過系統各特質理論化，同時這種理論化可說明事實，即雖然輸入活動與輸出活動差不多相同，但通常有所損失。從系統思想得來理論發展基本上是經驗性的與可操作性，而且重視系統的整體與眞正動力以及影響它們的力量。從有關文獻可看出某類系統特質與法則有普遍說明，顯然具有使教育行政理論化的價值，而且系統觀念、工具與方法的利用以及從系統透視法的推理能力是有助於教育行政的理論活動。上述格爾費與斯萬森的研究，說明系統思想產生有關理論指導教育行政的研究。

㈢教育行政實際方面　系統理論對教育行政實際有很大的貢獻，在某種限度內，教育行政者可以瞭解思想系統模型，並應用於其工作，將得到便利。系統思想考會使他注意到在整個方面情境或問題，對教育行政組織有長遠觀點，自覺地分析以前條件與可能將來的影響。認知在組織生命過程關係與關聯，利用成本效益分析方法決擇，使整個組織功能有最大的發揮。從更有技巧方法與改進應付未肯定的事件，可促進教育行政者預測的能力。

㈣在培養教育行政人員方面　既然系統理論對教育行政研究、理論發展及實際有貢獻，因此就其提供實用觀念與內容，對培養教育行政人員計劃也有影響，而且提供對培養計劃高度探求統整的能力。因爲系統概念有利於邏輯地蒐集知識及激發知識的綜合，趨向採用適當科際的綜合知識。所以培養計劃，如應用系統結構則有助其有關概念與理論的建立。而且培養計劃亦成爲系統化。例如應用系統反饋理論與輸出理論，則可不斷改進培養教育行政人員計劃。

從英米卡特及彼里居分析系統理論對教育行政研究、理論發展、實地及培養教育行政計劃的貢獻來看，可見現代教育行政應用系統理論可以增進教育行政科學化。使教育行政科學化與系統化，則可以有助教育基本實用研究，增進組織的效能與效果，減少教育經費的浪費及培養優秀教育人員，因而使教育素質提高與迅速發展。

四、對系統理論的批評

一般系統理論曾受到嚴厲的攻擊，其中攻擊最嚴厲的學者是拔克（R. C. Buck），他在米里蘇達大學科學哲學研究叢書（Minnesorta studies in the philosophy of science）發表批評系統理論的文章，這叢書是近代實證主義（Positivism）權威著作。他批評米勒（J.G. Miller）和他芝加哥大學同道，其爭執的基本觀點是一般系統理論「有什麼好」（so what）假如我們發現兩個系統有類似或正式的相同，這一點毫無意義，他舉例某甲發現冰箱內結霜形成速率的公式，乙發現汽車保存碳速率的公式，丙是一般系統理論家，丙說出這兩種公式相同，照拔克的看法，數學與模型相似的巧合，不能證明冰箱就是汽車或汽車就是冰箱，他說：「一個人不能夠想到任何事情，或且許多事情的結合，它就是系統。的確的，應用到每件事件的觀念是邏輯的虛無。(logically empty)。」⑰

柏達林佛萊爲系統理論辯論，認爲不管米勒特別表現是否適當，但拔克忽略一般系統理論的課題，其目的多少不是含糊相似，它是建立原則應用到一般科學不包括的實體，拔克的批評原則也是與批評牛頓定律一樣，認爲其歸納不嚴緊的相似，在蘋果、行星、落潮與漲潮之間，或且就像宣佈或然率沒有意義，因爲它顧及骰子賭博、死亡率統計、汽油分子、遺傳特徵分佈以及其他現象的相似。一般說來，使用相似或相近的數目，使用觀念與數學模型，不是像詩的戲劇，而是有科學潛力的工具，難道物理學沒有「浪波」的相似與模型應用到不相似現象如水波、音波、電磁波以及原子物理的「波」嗎？所以他認爲拔克的批評不見得正確⑱。

---

⑰ R. C. Buck, "On the Logic of General Behavior Systems Theory," H. Feigl and M. Scriven (ed.), Minnesota Studies in the Philosophy of Science, Vol. I., University of Minnesota Press, Minneapolis, 1956, pp. 223-238.

⑱ Ludwig Von Bertalanffy, "General System Theory—A Critical Review." Mike M. Milstein and James A. Belasco (ed.), op. cit., pp. 21-22.

蘇俄學者力托斯基與沙多維斯基（VIA. Lektorsky and V. N. sadovsky）對柏達林佛萊的一般系統理論的批評如下⑲：

「柏達林佛萊強調一般系統理論不是含糊與表面的相似……如果這樣相似，便沒有多大價值，因爲在現象中總可以發現相異與相似，柏達林佛萊宣稱一般系統理論所關心的同形是事實的結果，在某一方面相符抽象與概念的模型可以應用不同現象。」他們又說：「我們贊成一般系統理論的目的，它企圖提供組織系統概念的一般定義，邏輯地分類不同的系統編製，描述系統的數學模型……柏達林佛萊組織與組織混合物的理論是一種特別科學領域，同時它實踐某一種肯定方法的功能（那就是避免用單一正式工具在不同學科重複努力）。」

「其數學工具可以利用以分析比較大規模系統目，爲生物學家、化學家、生物化學家、心理學與其他學者所興趣的。」可見他們贊成一般系統理論的目的與功能。但是他們也攻擊一般系統理論並不完善，他們說：「柏達林佛萊的定義是一種敍述，我們稱之爲系統，而不是嚴格地邏輯的定義，這種敍述不包括邏輯精密的痕跡。」「分析與綜合的初級方法對系統的分析是不夠的。」

「我們所已說到缺點，只是事實上一般系統理論，像其他科學理論，應該發展更進一步，以及在發展過程中應努力求能充分反應出研究之目的物。」

---

⑲ V. A. Lektorsky and V. N. Sadovsky, "On Principles of System Research," *General System* V. 171-179, 1960, p. 173f.

「其理論主要的缺點是缺乏方法論（那就是缺乏法則，以建立與應用系統）以及考慮一般系統理論為現代科學的哲學。」柏達林佛萊指出他們批評一般系統理論有二大缺點：第一缺點是缺乏方法論，他認為目前一般系統理論研究就是解決這問題。第二缺點認為一般系統理論是一種現代科學的哲學。他認為這是一種誤解，一般系統理論目前的形式，仍然尚未完善，只是在其他理論中的一種模型，假如發展很完善的話，它的確可以符合當前有機世界觀，強調整體的、組織的、導向等問題，就像以前哲學曾經有數學世界觀，一種物理學的世界觀（基本傳統物理的機械哲學），符合科學的發展，那麼有機世界觀不能視為只是哲學，可以瞭解，這只是代表眞實的一部分，比以前更充實與廣泛，符合科學的進步，但從來不是唯一的，最後的世界觀⑳。

可見系統理論或一般系統理論在現代科學中有其貢獻，固然其發展尚未達完善的境地，但是有應用的價值。

叁、系統理論在教育行政上的應用

在文獻探討已提及英米卡特將系統理論分為五類：一、廣泛系統或整體理論；二、過程或次

⑳ Ludweig Von Bertalanffy, "General System Theory—A Critical View," op. cit., pp. 24-25.

系統理論；三、反饋或開放系統控制理論；四、系統特質理論；五、輸出理論或輸出分析。茲就其在教育行政上的應用加以研討。

一、廣泛系統理論或整體理論　這是一種思考方式，一種整體的觀念。斯寇特（William G. Scott）與羅斯（J. E. Ross）曾從系統的主要部門、系統間互動的本質、適應的過程、以及追求的目標各觀點，設計出所謂組織的綜合系統模式，如圖四：

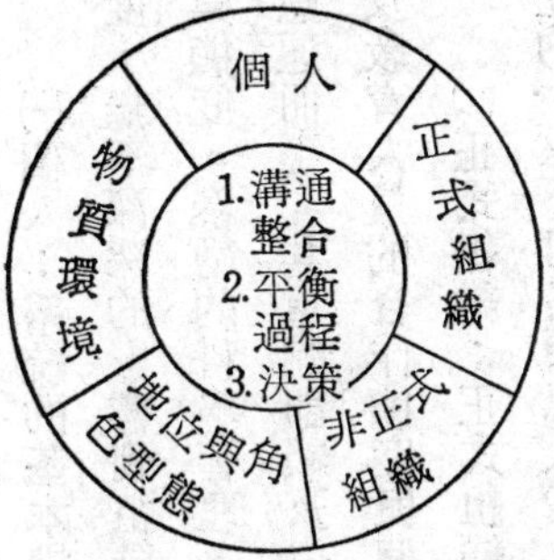

圖四：綜合性系統模型

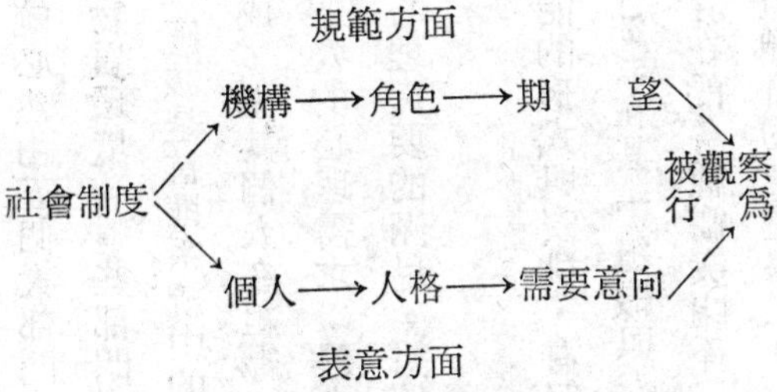

圖五：格斯羅角色理論的模型

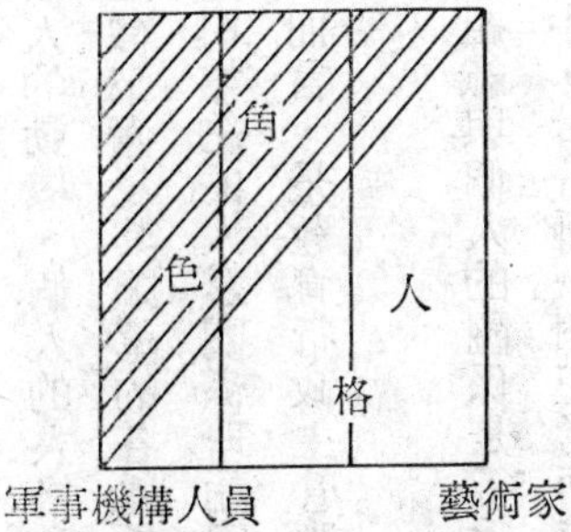

圖六：軍事機構人員及藝術家角色比較表

根據斯寇特的看法，任何組織系統必然由五個大部門所組成，這五個大部門是個人、正式組織、非正式組織、地位與角色型態及物質環境。這些部門相關如下：

(一)個人：系統的基本構成部門，應該是首推系統中的個人，個人的動機、個人的人格和態度，無不深深的影響到組織目的之達成，尤其個人在組織中，需要組織來滿足其願望的各種動機與態度。泰勒的科學管理，因忽略了工人的心理需求；羅次力斯柏克與梅約的人羣關係理論因而應運而生。其重點卽顧及組織中個人心理需要的滿足。對於教育行政而言，是教育行政主管應顧及教育人員的合作態度與個人發展。

(二)正式組織：正式組織是各種功能的形式與安排，有明確目的。組織與個人的關係是行政研究的中心，阿格爾思（Charis Argyris）在其「組織與人格」一書中，曾分析一個正常而成熟的人格結構和一個正式組織結構間所存在的各種衝突關係。同時許多學者常批評傳統組織理論與現代組織理論對於行政的不同影響。組織目的是提供工具，使得組織中的人員可以合作，當任何團體有共同任務，組織結構是需要的。

(三)非正式組織：這是人羣學派所謂「看不見的組織」，正式組織與非正式組織之主要區別是正式組織常比其組織成員壽命較長，而非正式組織常比其組織成員壽命較短。正式組織有長遠的目的，組織成員必須補充以達成其目的，而非正式組織成員常有短期目的，其目的趨向滿足組織成員個人的需要，當需要滿足，非正式組織卽消失。正式組織與非正式組織的差異影響組織的結構。正式組織有一種趨勢，是發展金字塔的階層的結構，帶有組織成員上下層關係（superordinate-subordinater relationship），而非正式組織通常範圍小，成員少，結構簡單，較少組織階層。巴納德認爲非正式組織是非常重要，其好處①溝通無明確的事實、意見、建議與決定，這些如透過正式管道，會有決定的爭執，影響客觀權威的尊嚴及增加行政主管過重負擔；②維持正式組織的團體與客觀權威的穩定；③維持成員個人完整自尊及獨立抉擇的感覺㉑。

㈣地位和角色的型態：組織中的地位，一方面固然明訂於組織的層級節制體之中，另一方面它也往往是由於個人的聲望或職業上的差別。格斯羅（J. M. Gatzel）的角色理論相當成名，在教育行政上，角色對組織行爲的影響值得重視。其理論模型如圖五㉒。

其角色理論公式爲B＝f（R×P），B是指行爲，R是指角色，P是指人格，即組織中成員行爲，是其個人人格與擔任角色相互關係。軍事機構人員個人人格發揮作用就不如藝術家，藝術家比較自由，軍事機構比較需要重視其角色的任務，其關係如圖六㉓：

㉑ Bertrian M. Gross, op. cit., p. 59.

㉒ Jacob W. Getzels," Administration as A Social Process," Andrew W. Halpin (ed.), *Administration Theory in Education*. London: The Macmillian Company, 1958, p. 156.

㉓ Ibid., p. 158.

(五)物質環境（the physical setting）：在一個複雜之「人與機器」所構成的系統之中，有關個人，團體和組織間的互動；必然是在該系統所處的環境中發生，而隨著環境的變遷。此一系統必將日益複雜，因此應從人類之心理的、社會的以及生理特性去瞭解人與機器的互動關係，認爲在機器的設計過程中，必須迎合人類的特性，而不應本末倒置，以人去迎合機器。

可見組織中，人、正式組織、非正式組織、地位和角色型態及物質環境五大部份是主要而交互作用的，是近代組織理論所常討論。這些共同特徵應用在教育行政上，顯明提供教育行政者注意到考慮學校或教育行政組織的問題，應有整體的觀念。人、正式組織、非正式組織、地位和角色型態及物質環境是健全組織的五大因素。至於這些五大因素之間如何交互作用，達到整合的功能，則需有溝通（Communication）、決策（decision-making）和平衡（balance）的過程，由於這三種活動使基本的互動成爲可能，並使組織得以維持生命與發展。玆說明這三類活動如下：

(一)溝通：溝通是一種過程，以維繫系統的各個部份成爲網狀型態的主要途徑。根據羅斯（J. E. Ross）的看法，認爲假定將正式的結構看成爲系統之構成體的話，則溝通過程就可以看成爲一種生理機能，有了這種溝通活動，不但可以促使系統內部各單位間發生互動，而且也可以加強系統單位與外在環境的關連，丹斯（Karl Deutsoh）認爲溝通活動，使得活動組織中的各個部門得以交換意見，不但從外面帶進了各種資訊，而且提供了各種儲存與運用資訊的方法㉔。

溝通過程在教育組織是非常重要的。因為溝通過程有直接與精巧地影響教育成果。例如：學生接受教師或其他人的教導，以及學生對別人反應與表達內在想法，都需要有適當溝通過程與方式。學校中教職員溝通的良好原則，根據費耶爾森等（Kathry R. Feyereisen, A. John Fiorino and A. T. Mowak）的看法，是：①瞭解學校與自己的責任；②開放的溝通；③相互信任；④相互支持；⑤衝突的解決㉕。

㈡決策：麥肯米（James E. Mc Calmmy）說：「決策是行政過程的中心，假如我們接受分析決策的輪廓，行政的討論將更系統化。㉖馬奇與賽蒙認為決策以「生產決策」(decision to produce) 與「參與決策」(decision to participate in the system) 為探討中心㉗。斯寇特

㉔ Karl W. Deutsch "On Communication Models in the Social Science," *Public Opinion Quarterly*, 16, 1952, p. 356f.

㉕ Kathryn V. Feyereisen & others, *Supervision and Curiculum Renewal, A System Approach.* Englewood Cliffs, New Jersey: Prentice-Hall, Inc., 1970, pp. 267–276.

㉖ James L. McCammy, "Analysis of the Process of Decision Making," *Public Administration Review*, Vol. 7, No. 1, (1947), p. 41.

㉗ James C. March and Hervart A. Simon, *Organizations.* New York: John Willey and Sons, Inc., 1958, Charpter 3 and 4.

說：「生產的決策，大多是由於個人態度和需要二者之間互動的結果，因此動機分析遂成爲研討互動之本質及其後果的中心；至於個人參與組織的決策方面，則反應在組織的誘導（organizational inducement）與組織需求間的交互關係之上。參與決策的另一重心，則在於探討個人之去留組織的原因。」㉘格爾費認爲行政是一種決策，他提出對決策一套觀念、知識、溝通、權力、權威，同時提出下列論點㉙：①決策是行政的中心過程。②而且組織結構是決定於決策過程的性質。③個人在組織結構中的地位與其決策權限的程度相同。④軍事、工業、教育、商業與公共機構組織結構不同，可以決策觀念不同加以說明。⑤假如正式組織與非正式組織觀點一致的話，整個組織會達到最大成就。⑥假如整個組織不趨向最大成就，那末，可能正式組織與非正式組織是分裂的。⑦非正式組織影響正式組織的決策。

他並且提出決策的步驟如下㉚：

㉘ William G. Scott, "Organization Theory: An Overview and an Appraisal," Joseph Litted (ed.), *Organization Structre and Behavior*, New York: John Willey and Sons Inc., 1965, p. 22.

㉙ Daniel E. Griffiths "Administration as Decision-Making" Andrew W. Halpin (ed.), *Administrative Theory in Education*. London: The Macmillian Company, 1958, pp. 148-149.

㉚ Ibid., p. 132.

①認識、闡釋與限制問題。
②分析與評鑑問題。
③建立評鑑與判斷標準。
④蒐集資料。
⑤編製與選擇解決辦法，並預先證驗。
⑥所決定解決辦法付之實施。

㈢平衡：在一般情況之下，成長、穩定和互動是任何一個系統所追求的三大目標。而平衡過程則爲達成這些目標的主要手段，此種平衡的過程稱之謂「生理的均衡」(Homostasis)，也就是說一種系統常能在一種預定的限制下運行，或經常維持穩定狀況的一種趨向。平衡大體上有兩種：一是半自動化的(Quasi-automatic)，即指一種控制和規範的過程；二、是改革性的(innovative automatic) 即指各種爲了維持內部和諧行動的新計劃㉛。

綜合上面所說，可知在一個大組織之下，所有各種影響力是來自四方八面。在教育行政上而言，學校就是一種大組織，其所考慮內容範圍，超過傳統的看法。茲分述下：

㈠個人：校長比以前更重視教職員個人的發展，以及教職員個人動機對於校務推行之影響。

㉛ William G. Scott, op. cit., p. 21.

(二)組織：校長比以前更注意教職員需要與學校目的相互一致。

(三)非正式組織：校長比以前更多利用非正式組織，溝通教職員對學校校務的意見。

(四)地位與角色型態：校長比以前較注意教職員個人需要與角色任務要求相互影響。

(五)物質環境：校長比以前更重視物質環境，包括經費、設備、校舍以及校外有關環境對校務的影響。

這些教育行政範圍的廣大，使校長所注意的問題更加廣泛而週到。而溝通、決策及平衡三種組織功能，是使這五大部門有統合的過程，強調組織內在變相和外在環境間交互作用的關係，一個學校之維持與發展必須有這三種功能，使校長更能有效推展校務，適應社會需要及健全學校組織。這種整體理論強調整體性及其成分屬性最能促使教育行政者有統整的觀念及知識。

在教育行政研究與實際均有重大影響，格爾費曾作一調查研究，發現在美國地方學區，成功與不成功學務長（superintendent）的差異，其是否有統整的觀念是重要的因素。格爾費而且強調大規模學校校長具有統整觀念是最重要的。如果其屬員具有事業技能與人際關係能力，校長單有統整觀念也可成功。如果小規模學校，校長必須是具有統整觀念，事業技能及人際關係能力，尤其其統整觀念能高度發展，統整所有的任務[32]。

---

[32] Daniel E. Griffiths, *Human Relations in School Administration*, New York: Appleton-Centuay-Crofts, Inc., 1956, p. 12.

二、過程或次系統理論

系統理論對於行政有很大的貢獻是提供黑箱模型，包括輸入、轉換過程及輸出。如圖七。

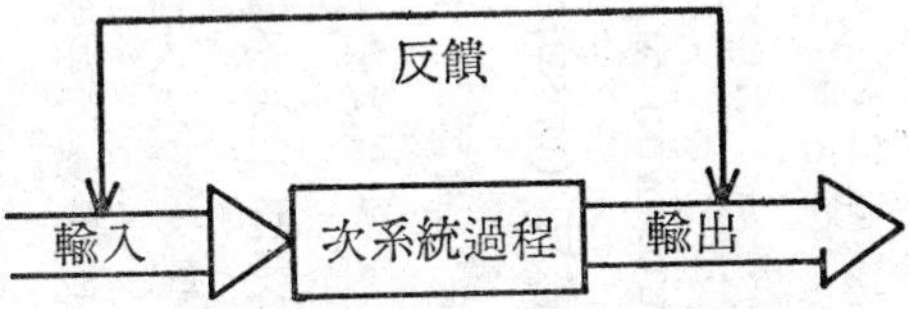

圖七：黑箱結構與過程模型

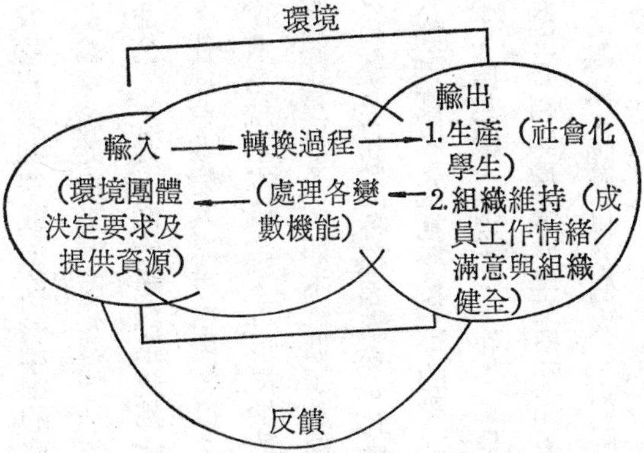

圖八：教育制度之系統與環境模型

黑箱（the black box）是物理學的概念，黑箱是一種把轉入轉換爲輸出的裝置。所謂「黑」

是指這種轉換過程只是代表一種不太明顯的程序，不易為人所知，因為黑箱內部十分複雜，無法找出其間的因果關係。同時由於黑箱不宜接受外界的檢查，各種檢查步序往往會改變它原有的機能。因此一般人所能瞭解的，只是從其輸入及輸出來觀察或推斷黑箱中的機能和各種轉換程序。一般組織者喜歡用黑箱的概念來說明人類的組織系統是由於其有相似的地方：一是人類的社會組織同樣把各樣轉入因素，轉換為輸出成品或服務；二是一般的組織系統都十分複雜，難以瞭解；第三是這種組織系統一旦受外來的干擾之後，往往會改變其原有結構，以求適應㉝。所以英米卡特與彼里居認為這種輸入、輸出過程關係是所有系統基本概念，可以提供教育行政系統功能的瞭解與系統分析㉞，這種模型在教育行政上應用相當廣。例如米羅斯丁及柏拉斯哥（Mike M. Milstein & Belasco）以輸入輸出模型來分析教育行政的各種因素㉟。其模型如圖八。

(一)環境（The environment）：所有人類制度（包括學校）的設立是為了滿足環境的要求，其生產有兩種：一是物品，如汽車、房子、照相機、椅子……等；二是非物品，如知識、休閒活動、福利或精神拯救（宗教）。但人類制度必須與環境發生交換關係，從環境輸入取得資源與輸出環境產品。環境包括與人類制度有關之組織、團體以及個人。如個人、家庭、非正式組

㉝ William G. Scott, op. cit., p. 234.
㉞ Glenn L. Immegart and Francis J. Pilecki, op. cit., pp. 77-97.
㉟ Mike M. Milstein and James A. Belasco, op. cit. pp. 76-492.

織、正式組織及國家等。如果是學校，則其環境包括學生、學生家長、上級教育行政機構、社會……等。可見一個學校的所輸入資源及輸出生產與學校環境有關。因此環境對教育行政的影響與重要性，可由此模型分析出來。

(二)輸入（Input）：輸入是學校行政的重要依變數（dependencies），學校接受環境輸入精力（energy）與資訊，包括人力資源與物質資源及環境輸入要求。人力資源包括學生與教職員及其態度、技能、敏感與性向等。物質資源包括設備、建築、經費。要求包括社會目的、價值觀念、知識。在廿世紀初期，教育行政者對輸入精力以物質資源爲重。所謂科學管理，而忽略人力資源，致行政教育效率未能發揮。可見在教育行政發展、人力與物力的輸入是重要條件之一。

(三)輸出（output）：學校輸入了人力資源與物質資源，經過轉換過程，所產生輸出，必須能符合環境要求。環境要求有二種：一是生產效果（Product output），如學生（輸入）經學校教育（轉換過程）後，成爲畢業生（輸出），其價值觀念、態度、知識、技能以及學習結果都是環境（社會）所期望；二是維持效果（maintenance output）組織接受輸入，經過轉換過程後所產生輸出，使組織健全，與組織統整，如學校接受人力與物質資源（輸入）後，經過學校行政活動，使教職員個人動機與學校目的均能達成，使學校組織更健全，發揮組織功能以適應社會需要。如果環境需要變遷，而教職員不願或不能適應新需要，則學校必漸衰退，反之，學校不斷改進，而有迅速發展。可見學校行政的成效要注意畢業生的表現能否符合社會期望，同時組織經人力與物質資源輸入後，經其轉換過程的活動能否使組織避免衰退，進而適應社會新需要，至爲重要。尤其其主張組織健全與組織統整，是近代教育行政的新觀念，這種輸出足可提供教育行政者分析教育行政成效的標準。

㈣轉換過程（Thruput or transformation）：轉換過程是處理輸入與控制輸出的必要過程，在轉換過程有兩大因素：一是在學校結構，有個人的態度、能力與人格；二是階層組織結構

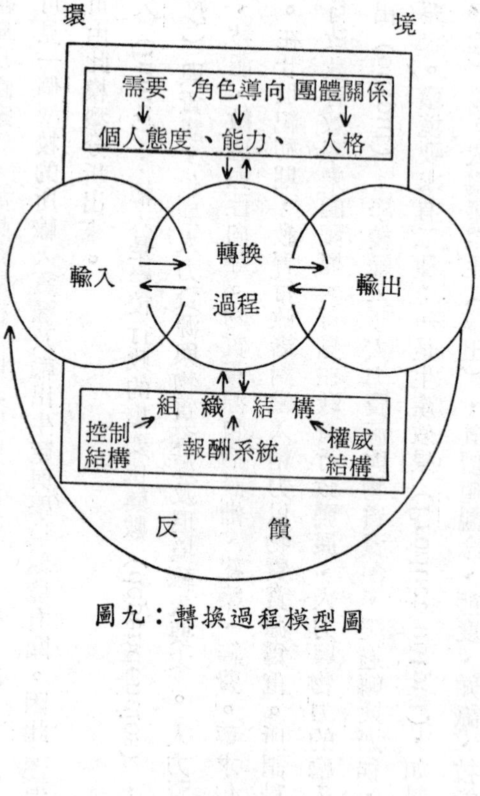

圖九：轉換過程模型圖

產生不同交互作用專門任務的工作成就。而組織結構是受「人類」變數的影響或修正，以及與「人類」變數交互作用，其關係如圖九。

這種觀念與格斯羅之角色理論有相似的觀點，基本上學校包括有教職員，每位教職員都有其需要、熱望、期望與矛盾，因此學校組織中個人與組織雙方均應被考慮。學校必須面臨如何任用與留用教職員而保證其行為配合組織需要的問題。例如要求教師應在上午八時開始上課，而不是九時。輸入學校制度，人類變數的特質基本是不固定，這些①個人因素影響其知覺與認知過程；②團體基本過程影響其知覺；及③個人與組織需要的衝突三種因素有關。

米羅斯丁與柏拉斯哥根據這種輸入——輸出模型，蒐集許多有關教育行政理論與觀念的著作，提供系統的研究，至有應用的參考價值。

美國教育計劃專家柯姆斯（Philip H. Coombs）在其著作「世界教育危機」一書研究世界各國教育發展，即以輸入——輸出模型來分析，如圖十㊱。

其分析的結論，頗受一般學者的重視。尤其其對教育計劃有很大的貢獻。

可見這種輸入——輸出過程模型對於教育行政研究與實際的應用均有很大的價值。例如：

1. 輸入與輸出關係模型提供教育行政者瞭解輸入與輸入功能的關聯。

㊱ Philip H. Coombs, *The World Educational Crisis, A System Analysis.* New York: Oxford University Press, 1968, pp. 11-12.

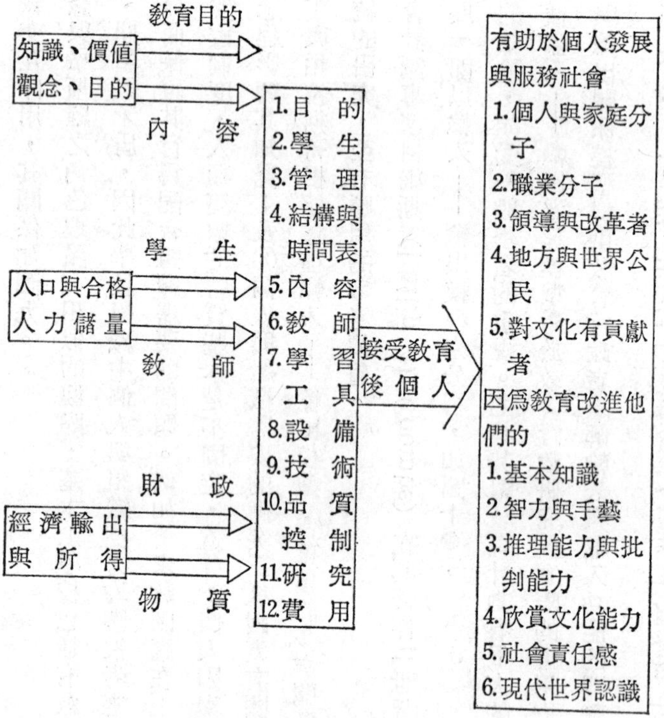

圖十：教育制度輸入——輸出模型

2.促使教育行政者注意到眞正組織或次系統目的達成，因爲系統活動是需要經費的，在資源有限之下，一切措施應先追求迫切需要的目的，例如舉辦教師在職進修，主要是重視提高其教學素質，而非個人休閒時間的利用或其他職業技能的訓練。

3.促使教育行政者瞭解欲使輸出有最大的結果，輸入與輸出有密切關係，必須有系統的計劃。

4.促使教育行政者各種措施的考慮應顧及輸入與輸出關係的最大功能。

5.促使教育行政者重視成本效益分析，有效運用經費。

三、反饋理論或開放系統控制理論　反饋是一種資訊（information）與溝通的特別過程，主要維護系統本身的自我穩定狀態。不但防止系統的不良變化而產生的惡果，而且還能調整各種干擾，而使之趨向於平衡。反饋是評鑑系統行動或其結果的資料。其所以反饋與控制的功能相提並論，因爲在整個轉換過程中，兩者同時發生作用。反饋的目的，固然在於達成控制的作用，而控制的運用則爲反饋提供應有的資訊。根據羅斯（J. E. Ross）的說法，所謂控制，是將系統的產生結果與既定目標進行比較的一種功能，反饋是提供各種有關產出與控制標準間發生一失調的資訊，並進而將這些資訊輸送到原來的過程中，以作爲未來產生的輸入項[37]。反饋的功能有二：

---

[37] Jael E. Ross. *Management by Information,* Englewood Cliffa, New Jersey: Practice Hall, Inc., 1970, p. 185.

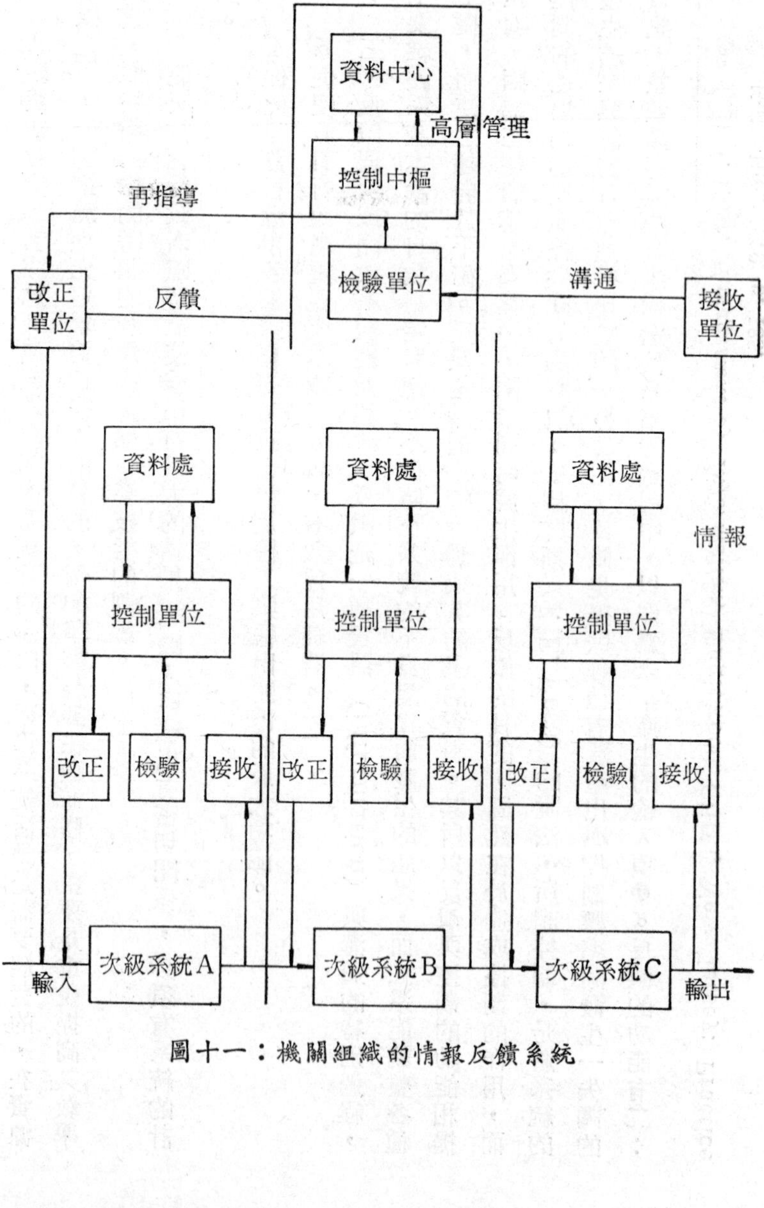

圖十一：機關組織的情報反饋系統

一方面固然在消弭脫節的現象於無形；另一方面在於作爲決策的參考與引導。前者例如教師在教學中，發現學生閱讀能力太差，未能達到教學的目的，而給予補習。後者如某一私立學校發現報考學生減少，是因爲該校畢業生升學率過低，因而對以後學業採取各種新措施，以提高畢業生升學率。羅德與模伊芝（W. A Shrode ane Van Voich, Jr.）提出機關組織的資訊反饋系統，如圖十一㊳。

從上圖中，大體上可將整個反饋問題分爲三個步驟：一是績效標準的設立；二是將工作結果與原訂標準相互比較並送回決策當局；三是採取修正的行動。

這種反饋理論或開放系統控制理論，在教育行政上是可適用的，但應注意若干原則：一是反饋的性質程度與形式必須符合組織功能與相關的標準。對於已有成效操作計劃除非用間隔期間檢驗，否則是沒有價值。例如：加強英文教學計劃，實施很成功，則用不著繼續不斷檢驗其成效，只要非正式間隔按期檢驗便足夠。假如某一校校務實施成效不理想，則需繼續不斷檢驗，此處所驗成果應與績效標準相關；二是反饋後，需要檢驗的適當設計、工具與行動計劃，使這些符合組織功能與相關的標準；三是反饋需要適當的平衡，平衡有兩種：第一種是對不同有關資料的平衡，例如評鑑教學，從校內教師與學生及校外學生家長與地方人士得來不同觀點資訊，如何加以

㊳ William A. Shrode and Van Voich, Jr., Organization and Management: Basic System Concepts, Homewood, Illinois: Richard O. Irwin, Inc., 1974, pp. 342-345.

綜合，得到均衡的見解；第二種是對相反意見資訊的平衡，如學校建築計劃，有贊成的意見，也有反對的意見，如何權衡輕重予以選擇，達到平衡的結論㊴。

這種反饋理論在教育行政上的應用，有其重要的價值。例如：

㈠學校校務或教育行政機構業務的推展，欲得到有效與正確，必須有反饋的制度，以避免失策的流弊。

㈡提供教育行政者有效控制各種措施，以符合計劃的目的。

㈢提供教育行政者可不斷改進其計劃與措施。

四、系統特質理論　教育行政系統或學校系統是一種開放系統的社會組織，其特質與自然科學關閉系統不會。

英米卡特與彼里居認為系統特質可應用在教育行政上，對教育行政新觀念有相當貢獻，例如：

1. 輸入與輸出的過程　這種過程特質在最近教育行政研究上，用以設計教育行政組織行為的分稱，說明學校組織具有接受環境資源以維持組織的生存，同時輸出環境所需的貢獻，這種過程理論，對教育行政的研究至少有貢獻。

㊴ Glenn L. Immegart and Francis J. Pilecki, op. cit., 61-62.

2.穩定狀態　開放系統趨向維持自己達成穩定狀態、系統尋求秩序、差異、變異與複雜，顯出生命與進化的狀態，系統本身決定自己命運，例如：某一種學科已不適用社會需要，學校往往經課程研究後加以廢除，使不致影響不良的後果，這種特質說明學校是有生命的、動力的、自我決定的、不應墨守舊規，任其自然發展，失去生存與進步的活動。

3.自我調整（self-regulation）　開放系統能夠自我控制影響本身的力量，例如教育部、教育廳局、各種委員會都是自我調整或控制的組織。這些單位不斷檢討行政各種失調因素，並予以消除。

4.殊途同歸的性質（equifiniality）　開放系統有能力從不同條件或過程達到最後的目的，所謂「條條道路通羅馬。」只要系統行動是合理的、有目的的與小心趨向目的的所採用的措施的不限於一種的。例如學校無論大小，鄉村或城市的，都同樣可達成同一教育目的。這種特質說明達成一種教育目的，教育行政可以採取許多變通的措施，選擇其一爲合理的辦法。必須有適當的過程才能合理的決定。

5.動力交互作用（Dynamic interaction）　這特質說明教育行政必須聯繫與協調所有學校活動，符合學校需要，不管一個學校有多少資源，除非其次系統能予以統整，及其活動有相關聯，則其效果必然降低。

6.反饋（Feedback）　開放系統檢討其輸入與輸出，反饋是評鑑與檢驗的過程，學校必須有反饋制度，猶如人類健康的維護，必須平時有體格檢查。

7. 進步的分工（Progessive segration） 開放系統顯示進步的分工，使系統功能與階層秩序可發揮，例如小學規模擴大，學校行政單位增加，原來設有教導處，班級增加後，則改爲教務與訓導兩處，而且學業方面是由教務處掌理，學生行爲方面是訓導處掌理，不相混雜。

8. 進步的機能（Progressive mechanization） 系統的任何一種過程與秩序都是有規定的安排，例如學校寄發成績單、辦理請假手續、繕印講義等，都是有規律的處理機能，比自我調整特質有更加廣泛的意義。

9. 防止衰退（Negentropy） 開放系統有防止衰退的特質，學校能努力用進化、適應和發展方法來維護其生存。例如教師年老，可使退休，聘用年輕人員補充，課程不合社會需要可以修改，如此使學校能隨時合社會需要，學校本身繼續健全下去，不致停辦。

以上兩種分析系統特質的說法，可以說是大同小異，對於教育行政新觀念均可適用。對教育行政者而言，提供對教育行政或學校組織有廣泛與深入的認識。對教育行政研究與實際均有很大的貢獻。

五、輸出論或輸出分析 由於系統分析（Systems analysis）與作業研究（Operation research）日趨流行，對於輸出的評鑑亦跟著重視。英米卡特與彼里居設計組織輸出分析量表如下㊵：

表一：組織輸出分析表

類別	測量項目	表現程度（零 0 1 2 3 高）
1.產品	(a)生產利益	||||
	(b)服務利益	||||
2.組織系整	(a)自我實現	||||
	(b)團體決定	||||
	(c)個人變更彈性	||||
3.組織健全	(a)測驗眞實能力	||||
	(b)感覺	||||
	(c)適應能力	||||
4.評鑑（反饋）	(a)願望的程度	||||
	(b)深入的程度	||||

㈠產品（productivity） 產品就是達成組織目的。例如以學校來說，產品就是兒童發生行爲變更。由於學校提供教育經驗的結果，這種行爲變更可以從知識內容的熟習、技能的獲得、態

㊵ Glenn L. Immegart an Francis J. Pilecki, op. cit., pp. 102-107.

度的培養或未來教育活動基礎的奠定表現出來。這種產品代表教學影響學生行爲的最大效果，也就是學校目的的實現。測量產品效果程度有兩方面：一是生產利益（productive utility）；二是服務利益（service utility）。生產利益是有形的。產品或結果，它是有利於組織或其環境。例如：畢業能否得到一技之長以謀生或能否充實知能以升學？服務利益是無形的能力或潛能。它也是有利於組織或環境。例如：學生能否增進學習閱讀能力，計算數目能力或分析式思考能力？

(二)組織統整（organizational integration） 組織統整就是組織目的與個人目的的相互協調，也就是組織與個人需要合而爲一。例如學校教師願意努力教學不但爲學校也是爲自己，這種輸出的效果顯然是很重要，測量這種組織統整效果程度有三方面：一是自我實現的潛能（the potential for self-actualization）；二是團體決策（group decision-making）；三是個人變更的彈性（individuals inflexibility）。自我實現的潛能，是指個人在組織能實現其最高個人目的的能力。例如教學努力的結果是否獲得學校鼓勵與賞勵？團體決策是指成員在組織中參與實踐組織目的的決策，例如教師有否參加校務會議？個人變更的彈性是指成員願意接受改革或積極從事改革，而不影響其安全感。例如教師有否願意努力教學研究以改進教學？

(三)組織健全（organization alhealth） 組織健全是指動力組織狀態，有生長潛能及能有目的的行動，也就是組織有維持自己的能力，而且在組織與環境動力的交互作用之下，會有好的產品。測量組織健全效果程度有三方面：一是測驗眞實能力（capacity to test reality）；二是認同感覺（identity sense）；三是適應能力（adaptability）。測驗眞實能力是指組織能發現與組織功能有關的環境特質，例如學校能否適當地探出環境的教育要求（如上級教育機構或社會的教育要求）與支持潛能。認同感覺是指組織表現出其對組織性質、目的及工作認識與領悟的程度。例如教師對其目的共同瞭解與實行者達到什麼程度？以及教師與其他職員對學校看法一致者達到什麼程度？適應能力是指組織解決問題與彈性反應環境新需要的程度。例如學校能否改變課程適應社會新需要的程度。

㈣評鑑或反饋（Evaluation or Feedback）　這是指基於系統行動所有別種輸出或結果，對於組織的資源、過程、程序或活動（在輸入或轉換過程）的偵察，提供改善參考。測量評鑑或反饋程度有兩方面：一是願望的程度；二是深入的程度。願望的程度是指組織對評鑑或反饋願意實施的程度。例如學校是否需要知道其校務實施達到什麼程度？深入的程度是指組織評鑑與反饋範圍普及的程度。例如校內外對於教學的評鑑是否達到教師本身或其停留在某地方？

以上輸出分析量表是用輸出理論應用到教育行政研究上，可以發現學校組織是否健全與能否達成教育目的。

詳細而言，這種輸出理論應用到教育行政上有下列一些啓示：

㈠開放系統的學校組織必須要致力於自覺的長期的計劃　因爲有許多學校往往過於重視輸出

的產品，而忽略了學校本身的健全，要防止產品與組織健全及統整顧此失彼，必須要有長期的計劃與反饋的自覺。

㈡教育組織必須追求眞正目的或目標　組織活動必須有效達成目的或目標，輸出理論提供了評鑑效果的項目，要求目的是具體的、行爲的、可操作的。而且可按期清查、檢討與修正。

㈢教育組織必須顧及減少浪費，有效分配與運用物質資源及人力資源　對有關物質資源與人力資源的分配與運用，作自覺的、系統的、抉擇的智慧，是獲得輸出多方面最大效果的基本條件。

㈣教育組織必須考慮到輸入適當與足夠的人力、財力及物質資源　因爲輸出的成效，直接依賴輸入與轉換過程，輸入資源不夠或不適當，必然影響輸出。

㈤教育組織需要吸引與運用競爭能力　組織必須能鑑定所要求的競爭能力，而加以有效運用，才有更大輸出的效果。

㈥教育組織應重視溝通，發現組織正在做什麼，做的好不好，是提供評鑑資料交互作用的基礎。

㈦教育組織成員活動是相互關聯，均應考慮整個輸出的成效。

㈧教育組織必須不斷地清查與評鑑工作的結果　因爲組織如果要瞭解其輸出貢獻以及其影響的趨勢，反饋是不可缺少的。

⑼教育組織應該重視改革　因爲組織改革可以改進輸出的成效，並適應新需要。

總之，輸出理論提供瞭解與改進學校的有效方法。

肆、我國教育行政應用系統理論的問題

我國近年來教育行政趨向科學化，對於系統理論的應用，已開始重視。但實施上尚無基礎，如果今後欲加強應用系統理論，有下列若干重要的問題值得注意：

一、教育計劃缺乏整體性　系統理論重要觀念之一，爲有整體的觀念，對於教育行政的各種因素與活動，能有整體的認識與考慮。以我國教育計劃而言，教育於六十三年成立計劃小組，並刊印教育計劃叢書，其中即有「教育計劃與系統分析」一書，教育部前任部長蔣彥士在各書序文明白指出，教育計劃小組成立目的有三：

㈠整體發展必須與社會經濟發展配合，教育計劃小組的成立，可以在人力規畫方面做一些工作。

㈡現代教育行政重視計劃與管理的理論，注意教育成本效益分析，教育計劃小組的成立，將有助於各項可行方案進行系統分析的作業，並對已實施的教育措施，從事評鑑與檢討改進的工作。

㈢行政與學術的結合爲教育行政現代化的重要途徑，教育小組的設置不僅可成爲行政部與學

術界的橋樑，且可影響到決策程序的改變。

可見教育部對於系統理論的應用已經注意，計劃對各項可行方案進行系統分析的作業。但從教育計劃小組參加人員成分來看，大體上包括三方面：一為教育部及廳局主管人員；二為教育學者專家；三為經濟及財政學者專家。顯然教育計劃偏重教育與財經的配合，缺乏整體性，因為教育的目的是多方面，包括經濟、政治、社會、文化等方面，教育促進國家現代化必然與社會其他方面發展相互配合，統整發展，而且在計劃小組會議已顯有一種爭執，有些經濟學者專家強調教育應與經濟人力的配合，大專學院科系設立及招生人數以經濟人力需要為依據，但一般教育學者專家則認為教育不僅應配合經建的需求，同時應配合其他方面的發展，究竟教育計劃小組包括那些學科學者專家？教育計劃應如何統整各方面發展？是值得考慮的問題。

二、教育行政人員缺乏系統理論的觀念與知識　國內有些教育者對系統理論有相當的研究，國立政治大學教育研究所並開授教育系統分析一科，但據筆者與教育行政人員平時接觸的經驗，多數教育行政主管對於系統理論的認識與應用方面缺乏研究，如果多數教育行政主管未具有系統理論的新觀念與知識，則系統理論在教育行政上的應用，收效必然大受影響。究竟如何使教育行政人員具有系統理論的觀念與應用知能？是值得解決的問題。

三、教育行政有關資料缺乏系統的處理與運用　系統分析及反饋必須基於確實與客觀資料。我國教育行政報告已有趨向重視計量與客觀的資料，但各級教育行政機關統計數字及資料，往往未符合系統設計或統計同一標準，缺乏正確性。亦未盡善於運用。教育部近年來曾用電腦設計，蒐集有關各級學校教師個人資料，對於將來教師數量與質量系統研究大有助益，但除此之外，各級教育機構資料處理與運用，缺乏適當單位與專門人才管理，而且少有應用電腦設計。因此在教育行政系統研究、評鑑與決策上往往缺乏有系統的客觀資料爲根據。如何建立資料科學處理與運用的體制？是值得考慮的問題。

四、教育行政評鑑功能未能充分發揮　系統理論重視反饋或評鑑，促進瞭解與改進組織，我國行政院設有研究發展考核委員會，各級教育行政機構亦有類似單位，其設立旨意與反饋作用頗爲相似，但就目前實際而言，教育行政組織反饋或評鑑功能尚未充分發揮，其主要原因有二：

(一)尚未建立系統理論與評鑑標準　無論反饋或評鑑需先有績效標準，例如教育部所舉辦大專院校評鑑，只規定評鑑內容及重點[41]，並無先訂立評鑑量表，固然教育評鑑與工商業評鑑不同，不能完全計量，評鑑標準較難評定，但是評鑑如不先建立，則無客觀的評鑑，黃炳煌教授批評稱：「固然訂有標準並不能就保證評鑑之結果必定絕對客觀，但依一套明細而具體之標準所行之評鑑，總比缺乏標準之評鑑來得更爲客觀吧？」[42]在評鑑標準的訂定，要具體而明細，確是繁雜

[41] 袁頌西著＜大學評鑑之目的意義與進行之方法＞，幼獅月刊，六十六年四月，第四十五卷，第四期，第十一頁至第十二頁。

[42] 黃炳煌著＜我所知道的美國大學教育評鑑＞，幼獅月刊，六十六年四月，第四十五卷，第四期，第三十頁。

的作業，但卻是重要的步驟。而教育機構內部經常性或間隔性自動評鑑亦應先訂立績效標準。

㈡評鑑體制未完全建立　評鑑有來自機構外面，有來自機構內部。此次大專院校評鑑是屬於前者。這不是經常性的。但我國教育行政機構與學校內部自動評鑑體制並未建立，例如一個教育機構，應有資料單位、控制單位、接收單位、檢驗單位及改正單位構成評鑑或反饋體系（見圖十一），並有專門人員負責，使組織接收單位及檢驗單位可以不斷偵察工作效果與績效標準比較，並送回控制單位，而後採取修正的行動，如此教育行政則可不斷改進。究竟如何在組織上建立反饋體制，以配合系統理論？是值得考慮的問題。

五、教育行政決策缺乏應用系統理論　目前教育行政上的決策大多爲會議商討方式，或主管獨自判斷，很少採用系統理論方法，如：決定具體目標——系統分析各種有關系統交互作用因素——提供解決問題各種變通辦法——依據成本效益分析決定最合理一種變通辦法，這種決策須有明細而繁多的程序及研究，不常爲一般教育行政機構所採用。究竟如何修正目前教育行政程序或組織，便利於決策應用系統理論？是值得考慮的問題。

伍、結論與建議

一、結　論

㈠系統理論是一種理論模型，它企圖提供組織系統概念的一般定義，邏輯地分類不同的系統，編製描述系統的數學模型，它實踐某一種肯定方法的功能，避免用單一正式工具在不同學科重複努力。固然其方法論尚未發展到理想的境地，但其在社會組織上的應用已有顯著的功效，爲現代教育行政的最新理論。

㈡系統理論對於教育行政研究、發展與實際以及培養教育行政人員計劃都有貢獻。尤其是系統理論的思想模型及程序在教育行政上的應用，值得重視。它不是可以有效地解決所有教育行政的問題，但是它已綜合了許多自然科學、生物學及社會科學的發現與法則，構成一種複雜、多方面而單一思想觀念的模型，有助於許多不同教育行政情境的科學分析，而且提供許多程序與工具，使教育行政人員能適當地處理所面臨的問題，並有效地策劃未來的發展。例如：

1.廣泛系統或整體理論　這些理論是一種思考方式，一種整體的觀念。如斯寇特與羅斯設計組織的綜合性系統模型，這種設計是基於一種假設，認爲任何組織系統是由個人、正式組織、非正式組織、地位與角色型態及物質環境五大部門所組成，任何一個因素都不應忽略，至於這些五大因素之間如何交互作用，則有溝通、決策和平衡等過程，由於溝通、決策和平衡三種活動，使組織基本的互動成爲可能，並使組織得以維持生存與發展。這種模型可適用於教育行政上，如果教育行政主管能對於這種模型中五個因素與三種活動有所認識與研究，則有助於其統整觀念的建立。

2.過程或次系統理論　這些理論最大的貢獻是提供輸入——轉換過程——輸出的系統模型應用相當普遍，米羅斯丁與柏拉斯根以此模型作教育行政的系統研究，柯姆斯以此模型分析世界各國教育發展。這種模型應用在教育行政上之價值爲：⑴瞭解輸入與輸出功能的關聯；⑵注意到眞正組織或次系統目的的達成；⑶重視有系統的計劃；⑷各種措施注意到輸入與輸出關係最大的功能。

3.反饋理論或開放系統控制理論　反饋是一種資訊與溝通的特別過程，主要維護系統本身的自我穩定狀態。這種過程應用在教育行政上之價值爲⑴避免失策的流弊；⑵有效控制各種措施，以符合計劃的目的；⑶可不斷改進計劃與措施。

4.系統特質理論　這些理論是以開放系統特質提供對行政組織的認識，英米卡特與彼里居則認爲教育行政組織特質爲：⑴輸入與輸出的過程；⑵穩定狀態；⑶自我調整；⑷殊途同歸的特質；⑸動力交互作用；⑹反饋；⑺進步的分工；⑻進步的機能；⑼防止衰退。這種理論應用在教育行政上，可使教育行政主管對於教育組織有廣泛與深入的認識，對教育行政研究與實際都有貢獻。

5.輸出理論　這些理論重視輸出的評鑑。英米卡特與彼里居設計組織輸出分析量表，將輸出分析分爲產品、組織統整、組織健全及評鑑四部分。在教育行政上應用之價值爲⑴重視自覺的長期的計劃；⑵追求眞正目的或目標；⑶有效分配與運用物質資源及人力資源；⑷注意輸入的資源；重視吸引與運用競爭能力；(6)重視溝通；(7)重視整個輸出的成效；(8)清查與評鑑工作的效果；(9)重視改革。

6.系統方法　系統方法是一種整體而廣泛的解決問題方法，系統方法應用在教育行政上是一種解決學校管理的工具，系統方法包括系統分析、系統設計及系統管理三部分。在系統管理上，有方案評鑑與檢討技術（PERT）及計劃——預算制度（PPBS）可應用在教育行政上，方案——評鑑與檢討技術可以有效蒐集輸入人力資源與物質資源，偵察出達成理想目的所遭遇的阻礙，以及評估設計方案與次方案所需完成的時間。是一種有效的管理技術，而計劃——方案預算制度也是一種有效用的管理工具，是一種合理的計劃與對有限資源作有系統的安排，以保證實現組織目的的最大效果。值得採用。

㈢根據以上分析，系統理論在我國教育行政上需要加以應用，使教育行政更加科學化與系統化，我國教育行政固然已重視系統理論的應用，但是在實施上尚無基礎，有下列若干重要問題有待解決：

㈠教育計劃缺乏整體性問題；

㈡教育行政人員缺乏系統理論觀念與知識問題；

㈢教育行政有關資料缺乏系統的處理與運用問題；

㈣教育行政評鑑功能未能充分發揮問題；

㈤教育行政決策缺乏應用系統理論問題；

二、建　議

㈠擴大教育計劃小組組織邀請政治、經濟、社會、財政以及教育各方面學者專家參加，根據國家政策與當前需要，商討長期與短期教育計劃，計劃內容應有整體性，使教育與各方面發展交互作用，相輔爲用，以求國家現代化的統整發展。

㈡師範院校、公立大學教育系以及教育研究所應開授教育系統分析或系統理論科目，各種教育人員在職進修課程也應列入這些科目。使教育人員普遍有系統理論新觀念與應用知能。

㈢教育當局應在各級教育行政機構設立資料中心，其人員、組織、設備與管理均有整套系統設計，使評鑑與決策均有適當客觀資料的依據。

㈣教育當局應在各級教育機構重新調整反饋或評鑑組織體系，建立績效標準與評鑑程序，延聘專家指導或專門人員負責，俾發揮反饋最大功能。

㈤教育行政主管應加強應用系統理論，分析教育、行政問題及設計未來方案。

㈥教育行政機構及國家科學委員會應委託或鼓勵教育學術機構研究設計系統理論應用在教育行政之各種實施方案，包括組織、經費、人員、業務、行政程序及設備整套作業，指定某些教育機構先行實驗，而後檢討改進，進而普遍實施。

青年工作與青年問題

各位敎師：

今天承蒙敎育部指定主講「青年工作與青年問題」，深感榮幸，學志與各位敎師一樣，都是從事培養青年的敎育工作，都很關切青年工作與青年問題，希望能給予適當輔導。青年是人一生的重要階段，按年齡來說，大概是從十二歲到二十歲。根據美國學者賀林（Holling Worth）的看法，青年時期常發生一些問題是由於下列的基本需要：

㈠需要脫離依賴家庭　在這時期稱之心理斷奶的時期，自己想獨立，常感到父母管束太多，因而容易產生父母與子女之間的衝突，如果父母管束過嚴，青年到了成年仍然依賴父母。

㈡需要與異性交往　性能成熟，對異性特別有興趣，爲了吸引異性注意，會注重儀表或其他行爲，並且常發生沉醉於愛情之中，如果無適當輔導，甚至禁止異性相互接觸的機會，有時過於極端，可能產生同性戀。

㈢需要自立　青年願望自己未來有理想的事業，在世界上有其地位，有所表現與成就。至於希望成爲什麼樣的理想人物，在兒童時期較爲幻想，例如想做救火員，警察等等。到了青年時期較爲成熟，可能希望成爲工程師，律師等等，這與升學與就業有關切，如果不能予以適切輔導，將難達成其抱負與願望。

㈣需要人生觀　人生觀不總只是一種自覺地想出來的哲學，而是有許多困擾個人的不同衝動和雄心的統整與平衡。人生觀是對自己、別人以及世界的看法與態度，道德問題常發生在這時期，如果沒有適當輔導，常導致少年犯罪，神經失常或自殺。

茲專就青年需要自立有關的升學與就業問題加以分析。

一、升學問題

與青年升學問題特別有關係的是學生數量擴充影響升學機會的問題。

一般學生家長都望子成龍，希望子女能接受高等教育，將來進入社會，建立最理想的事業，以光耀門庭。這不但我國如此，歐洲先進國家如英國何嘗不是如此。例如英國一九四四年規定小學畢業生依照其性向、能力與年齡分發到文法中學、職業中學或現代中學三類學校就讀。當家長接到分發通知，如果是文法中學，則高興萬分，表示其子弟將來升大學大有希望，稱文法中學爲「奶精」，品質最好；如果是職業中學，則不高興，因爲將來升大學機會不大，稱職業中學爲「奶粉」，品質已差一點；如果分發是現代中學，則大失所望，因爲畢業後只好就業，擔任店員、書記等低職工作，稱現代中學爲「脫脂奶粉」，品質最差了。世界各國到處呈現需要提供更多教育機會，學生期望入學猶如潮水湧來，加上人口膨脹，使教育現象不斷增加在量方面所引起的許多問題。一般來說，國家現代化必須國民教育普及，文盲率降低，但是由於教育的社會要求超過學校所能容納的學生數量，所謂教育的社會要求就是學生想進學校，肄業到畢業及畢業後又想升學的願望。因此許多國家固然逐漸增設學校及班級，但仍趕不上滿足教育的社會要求，也就是說申請入學學生數多於學校招收學生數，如果其差異大，往往產生社會對教育的壓力。

在第二次世界大戰以後，全世界各國教育更加普及，學校數量大爲增加，從一九五〇年至一九六三年，全世界小學學生註册人數增加百分之五十，中學及大學學生註册人數則增加超過百分之一百；而開發中國家小學註册人數百分比增加較大。而開發國家則是中學及大學註册人數百分比增加較大，如以整個學生註册人數與一百年前比較，其增加了一倍。第二次世界大戰以後，學生數量其所以迅速擴充的主要原因有三：

㈠學生家長與學生本人對於教育期望提高，對升學較以前有興趣，也就是教育的社會要求提高；

㈡各國政府均認爲教育發展爲國家現代化的先決條件與教育普及爲民主政治的理想要求。因此大多數政府強調提高教育水準，要求更多學生入學與要求修業年限延長；

㈢人口膨脹　人口增加率大，則求學人數必然增加。

當教育的社會要求超過學校所能容納學生人數時，如入學許可不嚴格，則便會形成在校學生過於擁擠或降低教育素質，因此各國都又開始趨向減少學生增加率及人口增加率，例如，在一九六〇至六五年，開發中國家學生數每年增加率爲百分之六點七，人口增加率爲百分之二點三，開發國家學生數每年增加率爲百分之三點五，人口增加率爲百分之一點三；但到一九六五年至七〇年開發中國家學生數每年增加率降爲百分之五點三，人口增加率卻升爲百分之二點四，開發國家學生數每年增加率降爲百分之一點三，人口增加率降爲百分之一。

就我國情況而言；學生數增加極爲迅速，三十九學年度各級學生數只有一、〇五四、九二七人，佔人口百分之十二點九六，到了七十三學年度學生數爲四、八七〇、八三八人，佔人口百分之二十五點五四。如依一九七六年統計，僅次於美國（百分之二十九），教育普及爲全世界佔第二位，可是如以高等教育學生數佔各級學生總人數爲百分之七（七十二學年度爲百分之八點二），則比美國（百分之十七點七）、日本（百分之九點四）、以色列（百分之八點二）及法國（百分之七點九）均低，顯示受高等教育學生數比例不如許多國家。如以目前大專學生學齡人口（十八至二十二歲）而言，有百分之八十二點五未在正規大專院校肄業，再從目前大學與高中聯招考試競爭劇烈，國中與高中教學顯有偏重升學非正常化現象以及惡性補習現象看，均顯示升學問題之嚴重性。

二、就業問題

就業問題是青年最關切的問題，但學校培養人才與社會需求往往不易配合，從世界各國來看：

㈠教育配合人力需求方面　許多歐洲國家有下列現象：

1.高中學生過多；

2.大學人文與法律學科畢業生過多；

3.缺乏技術人員，許多開發中國家技術人員與專業人員比例不適當。漢德（Gray Hunter）認爲技術人員與專業人員（如醫生與護士）之比例最理想是三比一與五比一之間，需視國家需要與學科性質而有不同，但許多開發中國家往往是二比一，有時甚至一比二。

4.缺乏衞生、農業及其他特別人才，這些特別人才大都是數學及科學基本學科人才，有的國家大學農業系畢業少於百分之四，數學及科學基本學科畢業生只佔極小部分。

㈡失業方面　在教育培養的人力超過經濟可能容納或雖教育培養的人力適合經濟發展，但缺乏有效利用人力的制度，則會產生失業問題，失業問題更趨嚴重原因如下：

1.國家現代化初期，因經濟技術發展與教育水準提高，使就業生產力提高，相對地減少雇用機會，那就是說國民生產毛額增加，而雇用機會可能並不同一比例增加，例如非洲坦尚利亞

(Tanzania)和肯亞(Keuya)兩國就有此經驗。

2.當國家開始實施現代化的過程，假如人口膨脹不正常的快速，那末失業問題更加嚴重，因為勞力人口的增加，比經濟所能容納新勞力人數多。

3.許多開發中國家教育所培養的人才，經濟制度未必有效利用之，其原因如下：

⑴由於工資或薪俸不適當的關係，使稀少的人力因謀高薪而轉業到錯誤的方向上；

⑵由於學校所培養工作的技術過於狹窄，不能適應職業機會的變化，或未能配合實際工作的要求；

⑶由於傳統偏見與社會地位觀念，往往輕視勞力，使許多人放棄國家所需要的工作，而轉業比較無建樹的工作，例如技術人員放棄實際技術工作，而喜愛做辦公室的小職員。

根據民國七十一年統計資料，主要國家失業率如下：

1.英國一四・三%　2.法國一一・七%　3.美國一〇・四%　4.荷蘭九・八%

5.西德七・三%　6.日本二・四八%　7.我國二・一%

由此可見各開發國家失業率遠比我國高。

㈢從學生選擇學科態度方面　國家需要各種人才而教育機構設置各種科系以配合其需要，但是如果國家教育制度是採讓學生自由選讀科系制度，而其可能不喜愛選讀國家所需要的科系，必然產生學校培養人才與國家所需要的不能配合的問題。影響學生選讀科系的態度可能有三因素：

一是學生本身性向或興趣；二是過去教師教學的偏見；三是社會觀念的偏見。例如歐洲許多學生喜歡選讀人文學科，而不重視數學與自然學科，在開發中國家事實顯示學生偏愛「白領」工作，即喜歡做辦公室工作，而不願擔任勞工，拉丁美洲國家就有此現象。

就我國情況而言，有下列各種現象：

㈠教育配合人力需求方面，根據七十三學年度教育部統計，大學生選讀工程學類最多，商業與管理類次之，二專與五專亦然，三專則以工程類最多，農林漁牧類次之。而海洋、文、理、農等類大學及三專畢業就業較為困難；

㈡失業方面　我國失業率七十四年約為百分之二點五左右，遠比美國低，而就業人口教育程度以七十二年而言，小學以下者佔百分之四十六點八，初中（職）者佔百分之十九點三，高中（職）者佔百分之二十二點三，專科以上者佔百分之十一點六。根據經建會七十一年第二季統計，國小程度求職者每一人有四個就業機會，國中程度求職者每一人有二點二就業機會，高中（職）程度求職者每一人有零點五就業機會，大學程度求職者每人有零點四就業機會。

㈢我國學生對升學與選讀科系方面　我國有兩種社會傳統觀念：一是升學主義；二是士大夫觀念。升學主義影響學生只求升大學，不管其智力與性向是否適合接受大學教育，由於對升大學期望很強烈，造成設法鑽進高中或大學的念頭，而不想念職業學校，如果考不上大學，念職業學校也只是過渡，畢業後仍想升大學。從一方面看願意升大學者多，可提高人民教育水準；但從另一方面看，升大學者多增加政府財力負擔與要求入學的壓力。而且中級技術人員及基層人員則無形中受影響而缺乏。士大夫觀念影響學生輕視勞工，期望從事行政工作及高級領導工作，固然工程學科及商業與管理學科因出路多與待遇較優厚的關係，已普受喜愛，攻讀者日增。但對於勞動工作仍然不受重視，偏愛勞心工作。不過我國教育制度對科系、學校與班級的增設均由政府統籌規劃而核定，因此一方面固然有賴社會對士大夫觀念有所改變，並不容易。但另一方面政府可有計畫控制招生各類科系學生數，以調整學生配合社會的需求。故較不擔憂學生態度會嚴重地影響人力資源的培養。

三、解決青年升學問題之途徑

世界各國大學入學制度大體上有兩種不同政策：一是開放政策；二是選擇政策。目前美國採開放政策，任何國民擬升大學均有機會，大學林立，大多大學均無入學考試，教育至為普及，稱為大衆教育。其優點為普及教育，不致埋沒眞才，其缺點則在大學生中途停學特多，教育性失業者也多。而歐洲先進國家大多大學採選擇政策，嚴格限制入學人數，通常以入學考試來選取學生，又稱英才教育。其優點是維護教育水準，並減少教育負擔及教育性失業問題，其留校率也較高。但其缺點是教育的社會要求壓力太大，造成若干學生有潛能升學而無機會及其他教學不正常的現象。我國大學入學制度採選擇政策，各大學聯合招生，考試競爭，至為劇烈，顯出惡性補習，中學教學不正常以及選讀學系不符志趣等不良現象，因此有檢討改進之必要，解決之原則宜有下列因素同時考慮：

㈠所有學齡青年如有接受大專教育的潛能與程度，宜酌量給予進大專的機會，不宜以固定錄取名額加以限制，似可增設醫學、工等專門學院及工專考慮酌予稍為放寬入學名額之限制，但非開放政策。

㈡各級學校容納學生數應顧及政府財力及學校本身有關之條件，以免影響教育素質之降低。

㈢學生數量擴充應儘量配合社會人力的需求，以免造成失業的問題。

在學校輔導學生升學宜加強下列措施：

㈠瞭解學生能力與志趣　除導師或輔導人員直接與應屆畢業同學面談或提供智力、興趣與性向等測驗，以發現其能力與志趣，才能給予適當輔導；

㈡與家長商談協助學生選擇適當學校　學生升學往往受其家長之影響，學生家長關切其子弟對科系或學校的選擇，甚至有些家長不顧學生自己性向與志趣，強迫其選讀某些熱門科系，所以學校最好與家長溝通，協助學生作合理的選擇；

㈢邀請專家或校友指導升學　學校可邀請專家專題講演，或請校友參加升學座談會，以其經驗報告協助學生升學準備與選擇；

㈣蒐集各學校資料並安排參觀，俾學生直接瞭解各校實況。

四、解決青年就業問題之途徑

目前各國教育與社會人力配合大體上有兩大不同制度：一是自由制度，學校培養人才與社會需求採自由調適制度，例如美國各大學及其科系之設置，政府不予任何限制，攻讀科系學生人數之增減由社會人力供需自動調整，如目前電腦爲熱門之科系，選讀學生特多，如果過一段時候，電腦人才供過於求，電腦科系畢業生找職發生困難，那末電腦科系便成爲冷門，極少學生選讀，又有其他熱門科系出現，如此不斷地自動調整；二是計劃制度，學校培養人才，由政府有計劃控制，學校與其科系及班級數之設置均由教育當局統籌規畫與核定，以求配合社會人力之需求，我國制度便是如此。但如上面所說，一般國家學校所培養人才未必與社會需求相配合，其主因有三：一是學校所培養人才的種類及數量與素質未能配合社會所需人力的要求；二是社會或經濟未能有效利用教育所培養的人力資源；三是社會偏愛觀念影響學生選讀科系的態度。因此宜加強下列各項措施：

㈠應先有人力規畫，調查研究各方面所需的人力資源，目前這項工作是由經建會人力規畫處作有計畫之研究，不過在規畫人力時除邀請經濟學者專家外，應也邀請政治、社會及教育等各方面學者專家參與，使社會所需人力的培養有均衡的發展；

㈡在教育與經濟發展所需人力配合上，應考慮到其人力的預測往往無法完全正確，而且經濟發展時有變遷，因此學校課程設計應在專門領域內有較廣泛基本能力的訓練，使畢業生可以有彈性地適應職業的要求，並且當職業機會變遷時，也可有轉業能力；

㈢加強辦理職業教育與訓練，使青年均有就業能力，並切實供應經濟發展需要的技術人員；

㈣有效安置青年就業，青輔會及各國民輔導機構已積極辦理安置就業，惟公私企業機構應切實予以合作，有效安置新進人員；

㈤學校與社會應加強職業平等觀念，使學生不受士大夫觀念與升學主義傳統思想的影響，有利於職業教育的發展，減少低級勞工及中等技術人員資源的缺乏。

總之，青年工作與青年問題要適當解決，我們必須瞭解青年學生本身能力與興趣，提供各種適當教育與就業訓練機會，兼顧學生潛能充分發展與社會建設人才需求。

參考書目

一、中文部份

1. 中國教育學會。《迎接二十一世紀的教育改革》。臺灣書店，民國七十四年十二月。
2. 吳俊升著。《教育哲學大綱》。商務印書館，民國四十一年。
3. 拉特拉著，吳克剛譯。《杜威學說概論》。世界書局，民國四十二年。
4. 卓播英著。《現代西洋教育思想》。幼獅文化事業公司，民國六十五年。
5. 羅素著，邱言曦譯。《西洋哲學史》。中華書局，民國六十五年。
6. 杜威著，商務印書館編審部譯。《民主主義與教育》。商務印書館，民國六十五年臺三版。
7. 葉學志著。《教育哲學》。華視出版社，民國六十六年。
8. 中華民國比較教育學會。《終生教育》。臺灣書店，民國七十七年十二月。
9. 中國教育學會。《教育發展與國家建設》。幼獅文化事業公司，民國六十九年十二月。

二、英文部份

1. A.J. Cropley, *Towards a System of Lifelong Education*, Oxford: Pergamon Press, and Hamburg: the UNESCO Institute for Education, 1980.
2. A. J. Cropley, *Lifelong Education-a psychological analysis*, Oxford: Pergamon Press, 1977.
3. Caroline Ellwood, *Adult Learning Today: A New Role for the Universities?*, London: SAGE Publications Ltd., 1976.
4. Christopher K. Knapper, and Arthur J. Cropley, *Lifelong Learning and Higher Education*, London: Croom Helm Ltd., 1985.
5. Ettore Gelpi, *Lifelong Education and International Relations*. London: Croom Helm Ltd., 1985.
6. Gareth Williams, *Towards Lifelong Education: A New Role for Higher Educational Institutions*, Paris: UNESCO, 1977.
7. H. W. R. Hawes, *Lifelong Education, Schools and Curricula in Developing Countries*, Hamburg: UNESCO, 1975.
8. James B. Ingram, *Curriculum Integration and Lifelong Education*, Paris: UNESCO, and Oxford: Pergamon Press, 1979.
9. Kenneth Wain, *Philosophy of Lifelong Education*, London: Croom Helm Ltd., 1987.

10. L. H. Goad, *Preparing Teachers for Lifelong Education*, Hamburg: UNESCO, and Oxford: Pergamon Press, 1984.
11. Peter Jarvis, *The Sociology of Adult & Continuing Education*, London: Croom Helm Ltd., 1985.
12. Peter Jarvis, *Adult and Continuing Education Theory and Practice*, London & Canberra: Croom Helm Ltd., 1983.
13. P. Lengrand, *Areas of Learning Basic to Lifelong Education*, Hamburg: UNESCO, and Oxford: Pergamon Rress, 1986.
14. R. H. Dave *Foundations of Lifelong Education*, Hamburg: UNESCO, and Oxford: Pergamon Press, 1976.
15. Rodney Skager, *Lifelong Education and Evaluation Practice*, Hamburg: UNESCO, and Oxford: Pergamon Press, 1978.
16. UNESCO, *Lifelong Education and University Resources*, Paris: UNESCO, 1978.
17. UNESCO, *The School and Continuing Education*, Paris: UNESCO, 1972.
18. Coleman, James S. (ed.), *Education and Political Development*, Princeton, New Jersey: Princeton University Press, 1965.
19. Curle, Adam, "Education, Politice and Development", *Comparative Review* 7 (Febru-

ary 1964), pp. 226-245.

20. Piper, Don C. and Taylor Cole (eds.), *Post-Primary Education and Political and Economic Development*, Durham, N. C: Duke University Press, 1964.

21. Eckstem, Max A. and Harold J. Noah, *Scieutific Investigations in Comparative Education* London: The Macmillan Company, 1969.

22. Merriam, C. E. *The Making of Citizen: A Comparative Study of the Methods of Civic Training*, Chicago: University of Chicago Press, 1931.

23. McClintock, C. G. and H. A. Turner. "The Impact of College upon Political Knowledge, Participation, and Values," *Human Relatione*, Vol. XV, 1962.

24. Bremback, C. S., "Education for National Development, *Comparative Education Review*, Vol. V, 1962.

25. Callahan, Joseph F. and Leonard H. Clark, *Foundations of Education*, New York: Macmillan Publishing Co., Inc., 1977.

26. Immegart, Glenn L., and Francis J. Pilecki, *An Introduction to Systems for the Educational Administrator*. Meulo Park, California: Addison-Wesley Publishing Company, 1975, pp. 3-8.

27. Halpin Jr., John L., "The Systems Approach and Education" Christopher J. Lucas

(ed.), *Challenge Choice in Contemporary Education.* New York: Macmillian Publishing Co. Inc., 1976.

28. Bertalanffy Ludwig Von, *General System Theory*, New York: George Brazilla, 1968, pp. 89-119.
29. Kast, F. E., and J. E. Rosenzweig, "The Modern View: A System Approach," John Beishon and Geoff Peters (ed.), *Systems Behaviorer.* London: Harper & Row Publishing, 1972.
30. Johnson, Richard A., Frement E. Kast, and James E. Rosenzweig, *The Theory and Management of Systems.* Third Edition, New York: McGraw-Hill Book Company, 1975.
31. Milstein, Mike M., and James A. Belasco (ed.), *Educational Administration and Behavioral Science: A Systems Perspective.* Boston: Allyn and Bacon., Inc., 1973.
32. Griffiths, Daniel E. (ed.), *Behavioral Science and Educational Administration.* Chicago, Ill.: The University of Chicago, 1964.
33. Halpin, Andrew W. (ed.), *Administration Theory in Education.* London: The Macmillian Company, 1958.
34. Feyereisen, Kathsyn V., and others, *Supevision and Curriculum Renewal, A System*

Approach. Englewood Cliffs, New Jersep: Prentice-Hall, Inc., 1970.

35. Coombs, Philip H., *The World Educational Crisis, A System Analysis.* New York: Oxford University Press, 1968.

36. McManma, John, *System Analysis for Effective School Adminstration.* West Nyack, N. Y.: Parku Publishing Company, Inc., 1971.

37. Shrode, William A., and Van Voich, Jr., *Organization and Management: Basic System Concepts,* Homewood, Illinois: Richard O. Irwin, Inc., 1974.

38. Griffiths, D.E. (ed.), *Developing Taxonomies of Organizational Behavior in Educational Administration.* Chicago: Rand McNally, 1969.

39. Banghart, Frank W. *Educational Systems Analysis.* London: The Macmillan Company, 1969.

40. Kershaw, R. L., and W. P. McKean, *System Analysis and Education,* Santa Monica, Calif: RAND Cooperation, 1959.

41. Bonlding, Kenneth, "General Systems Theory—The Shelton of Science," *Yearbook for the Society for the Advancement of General System Theory.* Ann Arbon, Mich: Braun-Brumfield, 1956.

42. Bowyer, Carlton H. *Philosophical Perspectives for Education.* Glenview, Illinois: Scott,

Foresman and Company, 1970.
43. Gutek, Gerald Lee. *Philosophical Alternatives in Education.* Columbus, Ohio: Charles F. Merrill Publishing Company, 1974.
44. Hamm, Russell L. *Philosophy on Education Alternative in Theory and Practice.* Danville, Illinois: The Interstate Printes & Publisheres, Inc., 1974.
45. Kneller, George F. *Introduction to the Philosophy of Education.* New Yok: John Wiley & Sons, Inc., 1964.
46. Mirtin, Wm. Oliver. *Realism in Educration.* New York: Harper & Row Publishers, 1969.
47. Ozmon, Howard, and Sam Craver *Philosophical Foundation of Education.* Columbus, Ohio: A Bell & Howell Company, 1976.
48. Peters, R. S. (ed.) *John Dewey Reconsidered.* London: Routledge & Kegan Paul, 1977.
49. Butler, J. Donald, *Idalism in Education.* New York: Harper and Row, 1966.
50. Horne, Herman H. *The Democratic Philosophy of Education.* New York: Macmillian, 1935.
51. Broudy, Harry S. *Building A Philosophy of Education.* Englewood. Cliffs, N. J. :Prentice-Hall, 1961.

[illegible] Brace and Company, [illegible]
13. [illegible] Ohio: Charles E. Merrill Publishing Company, 196[illegible].
14. [illegible] Philosophies of Education [illegible] Theory and Program. [illegible] Illinois: [illegible] Printers & Publishers, Inc., 19[illegible].
15. Kneller, George F. Introduction to the Philosophy of Education. New York: John Wiley & Sons, Inc., 196[illegible].
16. Morris, Van Cleve. Existentialism in Education. New York: Harper & Row Publishers, 1966.
17. Ozmon, Howard and Samuel Craver. Philosophical Foundations of Education. Columbus, Ohio: A Bell & Howell Company, 1976.
18. Peters, R. S. ed. John Dewey Reconsidered. London: Routledge & Kegan Paul, 197[illegible].
19. [illegible] Donald, [illegible]. New York: Harper and Row, 196[illegible].
20. Horne, Herman H. The Democratic Philosophy of Education. New York: Macmillan, 193[illegible].
21. Broudy, Harry S. Building a Philosophy of Education. Englewood Cliffs, N. J.: Prentice-Hall, 196[illegible].

滄海叢刊已刊行書目(八)

書名	作者	類別
文學欣賞的靈魂	劉述先	西洋文學
西洋兒童文學史	葉詠琍	西洋文學
現代藝術哲學	孫旗譯	藝術
音樂人生	黃友棣	音樂
音樂與我	趙琴	音樂
音樂伴我遊	趙琴	音樂
爐邊閒話	李抱忱	音樂
琴臺碎語	黃友棣	音樂
音樂隨筆	趙琴	音樂
樂林蓽露	黃友棣	音樂
樂谷鳴泉	黃友棣	音樂
樂韻飄香	黃友棣	音樂
樂圃長春	黃友棣	音樂
色彩基礎	何耀宗	美術
水彩技巧與創作	劉其偉	美術
繪畫隨筆	陳景容	美術
素描的技法	陳景容	美術
人體工學與安全	劉其偉	美術
立體造形基本設計	張長傑	美術
工藝材料	李鈞棫	美術
石膏工藝	李鈞棫	美術
裝飾工藝	張長傑	美術
都市計劃概論	王紀鯤	建築
建築設計方法	陳政雄	建築
建築基本畫	陳榮美 楊麗黛	建築
建築鋼屋架結構設計	王萬雄	建築
中國的建築藝術	張紹載	建築
室內環境設計	李琬琬	建築
現代工藝概論	張長傑	雕刻
藤竹工	張長傑	雕刻
戲劇藝術之發展及其原理	趙如琳譯	戲劇
戲劇編寫法	方寸	戲劇
時代的經驗	汪琪 彭家發	新聞
大衆傳播的挑戰	石永貴	新聞
書法與心理	高尚仁	心理

滄海叢刊已刊行書目(七)

書名	作者	類別
印度文學歷代名著選(上)(下)	糜文開編譯	文學
寒山子研究	陳慧劍	文學
魯迅這個人	劉心皇	文學
孟學的現代意義	王支洪	文學
比較詩學	葉維廉	比較文學
結構主義與中國文學	周英雄	比較文學
主題學研究論文集	陳鵬翔主編	比較文學
中國小說比較研究	侯健	比較文學
現象學與文學批評	鄭樹森編	比較文學
記號詩學	古添洪	比較文學
中美文學因緣	鄭樹森編	比較文學
文學因緣	鄭樹森	比較文學
比較文學理論與實踐	張漢良	比較文學
韓非子析論	謝雲飛	中國文學
陶淵明評論	李辰冬	中國文學
中國文學論叢	錢穆	中國文學
文學新論	李辰冬	中國文學
離騷九歌九章淺釋	繆天華	中國文學
苕華詞與人間詞話述評	王宗樂	中國文學
杜甫作品繫年	李辰冬	中國文學
元曲六大家	應裕康 王忠林	中國文學
詩經研讀指導	裴普賢	中國文學
迦陵談詩二集	葉嘉瑩	中國文學
莊子及其文學	黃錦鋐	中國文學
歐陽修詩本義研究	裴普賢	中國文學
清真詞研究	王支洪	中國文學
宋儒風範	董金裕	中國文學
紅樓夢的文學價值	羅盤	中國文學
四說論叢	羅盤	中國文學
中國文學鑑賞舉隅	黃慶萱 許家鸞	中國文學
牛李黨爭與唐代文學	傅錫壬	中國文學
增訂江皋集	吳俊升	中國文學
浮士德研究	李辰冬譯	西洋文學
蘇忍尼辛選集	劉安雲譯	西洋文學

滄海叢刊已刊行書目(六)

書名	作者	類別
卡薩爾斯之琴	葉石濤	文學
青囊夜燈	許振江	文學
我永遠年輕	唐文標	文學
分析文學	陳啓佑	文學
思想起	陌上塵	文學
心酸記	李喬	文學
離訣	林蒼鬱	文學
孤獨園	林蒼鬱	文學
托塔少年	林文欽編	文學
北美情逅	卜貴美	文學
女兵自傳	謝冰瑩	文學
抗戰日記	謝冰瑩	文學
我在日本	謝冰瑩	文學
給青年朋友的信(上)(下)	謝冰瑩	文學
冰瑩書柬	謝冰瑩	文學
孤寂中的廻響	洛夫	文學
火天使	趙衞民	文學
無塵的鏡子	張默	文學
大漢心聲	張起鈞	文學
回首叫雲飛起	羊令野	文學
康莊有待	向陽	文學
情愛與文學	周伯乃	文學
湍流偶拾	繆天華	文學
文學之旅	蕭傳文	文學
鼓瑟集	幼柏	文學
種子落地	葉海煙	文學
文學邊緣	周玉山	文學
大陸文藝新探	周玉山	文學
累盧聲氣集	姜超嶽	文學
實用文纂	姜超嶽	文學
林下生涯	姜超嶽	文學
材與不材之間	王邦雄	文學
人生小語(一)(二)	何秀煌	文學
兒童文學	葉詠琍	文學

滄海叢刊已刊行書目㈤

書名	作者	類別
中西文學關係研究	王潤華	文學
文開隨筆	糜文開	文學
知識之劍	陳鼎環	文學
野草詞	韋瀚章	文學
李韶歌詞集	李韶	文學
石頭的研究	戴天	文學
留不住的航渡	葉維廉	文學
三十年詩	葉維廉	文學
現代散文欣賞	鄭明娳	文學
現代文學評論	亞菁	文學
三十年代作家論	姜穆	文學
當代臺灣作家論	何欣	文學
藍天白雲集	梁容若	文學
見賢集	鄭彥荼	文學
思齊集	鄭彥荼	文學
寫作是藝術	張秀亞	文學
孟武自選文集	薩孟武	文學
小說創作論	羅盤	文學
細讀現代小說	張素貞	文學
往日旋律	幼柏	文學
城市筆記	巴斯	文學
歐羅巴的蘆笛	葉維廉	文學
一個中國的海	葉維廉	文學
山外有山	李英豪	文學
現實的探索	陳銘磻編	文學
金排附	鍾延豪	文學
放鷹	吳錦發	文學
黃巢殺人八百萬	宋澤萊	文學
燈下燈	蕭蕭	文學
陽關千唱	陳煌	文學
種籽	向陽	文學
泥土的香味	彭瑞金	文學
無緣廟	陳艷秋	文學
鄉事	林清玄	文學
余忠雄的春天	鍾鐵民	文學
吳煦斌小說集	吳煦斌	文學

滄海叢刊已刊行書目(四)

書名	作者	類別
歷史圈外	朱桂	歷史
中國人的故事	夏雨人	歷史
老臺灣	陳冠學	歷史
古史地理論叢	錢穆	歷史
秦漢史	錢穆	歷史
秦漢史論稿	刑義田	歷史
我這半生	毛振翔	歷史
三生有幸	吳相湘	傳記
弘一大師傳	陳慧劍	傳記
蘇曼殊大師新傳	劉心皇	傳記
當代佛門人物	陳慧劍	傳記
孤兒心影錄	張國柱	傳記
精忠岳飛傳	李安	傳記
八十憶雙親 師友雜憶 合刊	錢穆	傳記
困勉強狷八十年	陶百川	傳記
中國歷史精神	錢穆	史學
國史新論	錢穆	史學
與西方史家論中國史學	杜維運	史學
清代史學與史家	杜維運	史學
中國文字學	潘重規	語言
中國聲韻學	潘重規 陳紹棠	語言
文學與音律	謝雲飛	語言
還鄉夢的幻滅	賴景瑚	文學
葫蘆・再見	鄭明娳	文學
大地之歌	大地詩社	文學
青春	葉蟬貞	文學
比較文學的墾拓在臺灣	古添洪 陳慧樺 主編	文學
從比較神話到文學	古添洪 陳慧樺	文學
解構批評論集	廖炳惠	文學
牧場的情思	張媛媛	文學
萍踪憶語	賴景瑚	文學
讀書與生活	琦君	文學

滄海叢刊已刊行書目 (三)

書名	作者	類別
不疑不懼	王洪鈞	教育
文化與教育	錢穆	教育
教育叢談	上官業佑	教育
印度文化十八篇	糜文開	社會
中華文化十二講	錢穆	社會
清代科舉	劉兆璸	社會
世界局勢與中國文化	錢穆	社會
國家論	薩孟武譯	社會
紅樓夢與中國舊家庭	薩孟武	社會
社會學與中國研究	蔡文輝	社會
我國社會的變遷與發展	朱岑樓主編	社會
開放的多元社會	楊國樞	社會
社會、文化和知識份子	葉啓政	社會
臺灣與美國社會問題	蔡文輝 蕭新煌 主編	社會
日本社會的結構	福武直 著 王世雄 譯	社會
三十年來我國人文及社會科學之回顧與展望		社會
財經文存	王作榮	經濟
財經時論	楊道淮	經濟
中國歷代政治得失	錢穆	政治
周禮的政治思想	周世輔 周文湘	政治
儒家政論衍義	薩孟武	政治
先秦政治思想史	梁啓超原著 賈馥茗標點	政治
當代中國與民主	周陽山	政治
中國現代軍事史	劉馥著 梅寅生譯	軍事
憲法論集	林紀東	法律
憲法論叢	鄭彥棻	法律
師友風義	鄭彥棻	歷史
黃帝	錢穆	歷史
歷史與人物	吳相湘	歷史
歷史與文化論叢	錢穆	歷史

滄海叢刊已刊行書目(二)

書名	作者	類別
語言哲學	劉福增	哲學
邏輯與設基法	劉福增	哲學
知識・邏輯・科學哲學	林正弘	哲學
中國管理哲學	曾仕强	哲學
老子的哲學	王邦雄	中國哲學
孔學漫談	余家菊	中國哲學
中庸誠的哲學	吳怡	中國哲學
哲學演講錄	吳怡	中國哲學
墨家的哲學方法	鐘友聯	中國哲學
韓非子的哲學	王邦雄	中國哲學
墨家哲學	蔡仁厚	中國哲學
知識、理性與生命	孫寶琛	中國哲學
逍遥的莊子	吳怡	中國哲學
中國哲學的生命和方法	吳怡	中國哲學
儒家與現代中國	韋政通	中國哲學
希臘哲學趣談	鄔昆如	西洋哲學
中世哲學趣談	鄔昆如	西洋哲學
近代哲學趣談	鄔昆如	西洋哲學
現代哲學趣談	鄔昆如	西洋哲學
現代哲學述評(一)	傅佩榮譯	西洋哲學
懷海德哲學	楊士毅	西洋哲學
思想的貧困	韋政通	思想
不以規矩不能成方圓	劉君燦	思想
佛學研究	周中一	佛學
佛學論著	周中一	佛學
現代佛學原理	鄭金德	佛學
禪話	周中一	佛學
天人之際	李杏邨	佛學
公案禪語	吳怡	佛學
佛教思想新論	楊惠南	佛學
禪學講話	芝峯法師譯	佛學
圓滿生命的實現 (布施波羅蜜)	陳柏達	佛學
絶對與圓融	霍韜晦	佛學
佛學研究指南	關世謙譯	佛學
當代學人談佛教	楊惠南編	佛學

滄海叢刊已刊行書目(一)

書名	作者	類別
國父道德言論類輯	陳立夫	國父遺教
中國學術思想史論叢(一)(二)(三)(四)(五)(六)(七)(八)	錢穆	國學
現代中國學術論衡	錢穆	國學
兩漢經學今古文平議	錢穆	國學
朱子學提綱	錢穆	國學
先秦諸子繫年	錢穆	國學
先秦諸子論叢	唐端正	國學
先秦諸子論叢(續篇)	唐端正	國學
儒學傳統與文化創新	黃俊傑	國學
宋代理學三書隨劄	錢穆	國學
莊子纂箋	錢穆	國學
湖上閒思錄	錢穆	哲學
人生十論	錢穆	哲學
晚學盲言	錢穆	哲學
中國百位哲學家	黎建球	哲學
西洋百位哲學家	鄔昆如	哲學
現代存在思想家	項退結	哲學
比較哲學與文化(一)(二)	吳森	哲學
文化哲學講錄(一)(二)(三)(四)	鄔昆如	哲學
哲學淺論	張康譯	哲學
哲學十大問題	鄔昆如	哲學
哲學智慧的尋求	何秀煌	哲學
哲學的智慧與歷史的聰明	何秀煌	哲學
內心悅樂之源泉	吳經熊	哲學
從西方哲學到禪佛教—「哲學與宗教」一集—	傅偉勳	哲學
批判的繼承與創造的發展—「哲學與宗教」二集—	傅偉勳	哲學
愛的哲學	蘇昌美	哲學
是與非	張身華譯	哲學